U0069133

基督與生命訪談錄

從今時直到永遠

信仰、生命與見證

余杰、阿信　著

本書記錄：宋澤萊．康來昌．燕鵬．班忠義．
施瑋．陳宗清．謝洪果．冉雲飛　精彩的生命故事

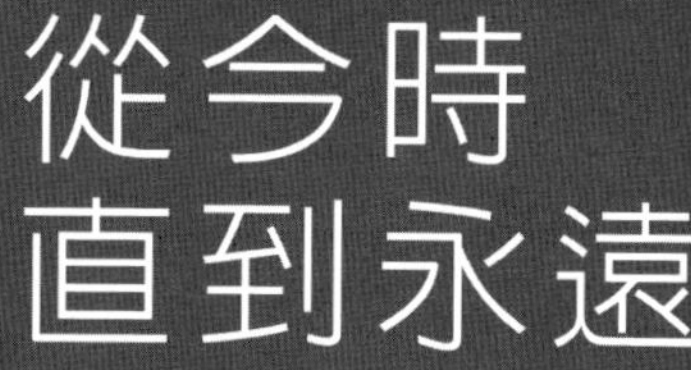

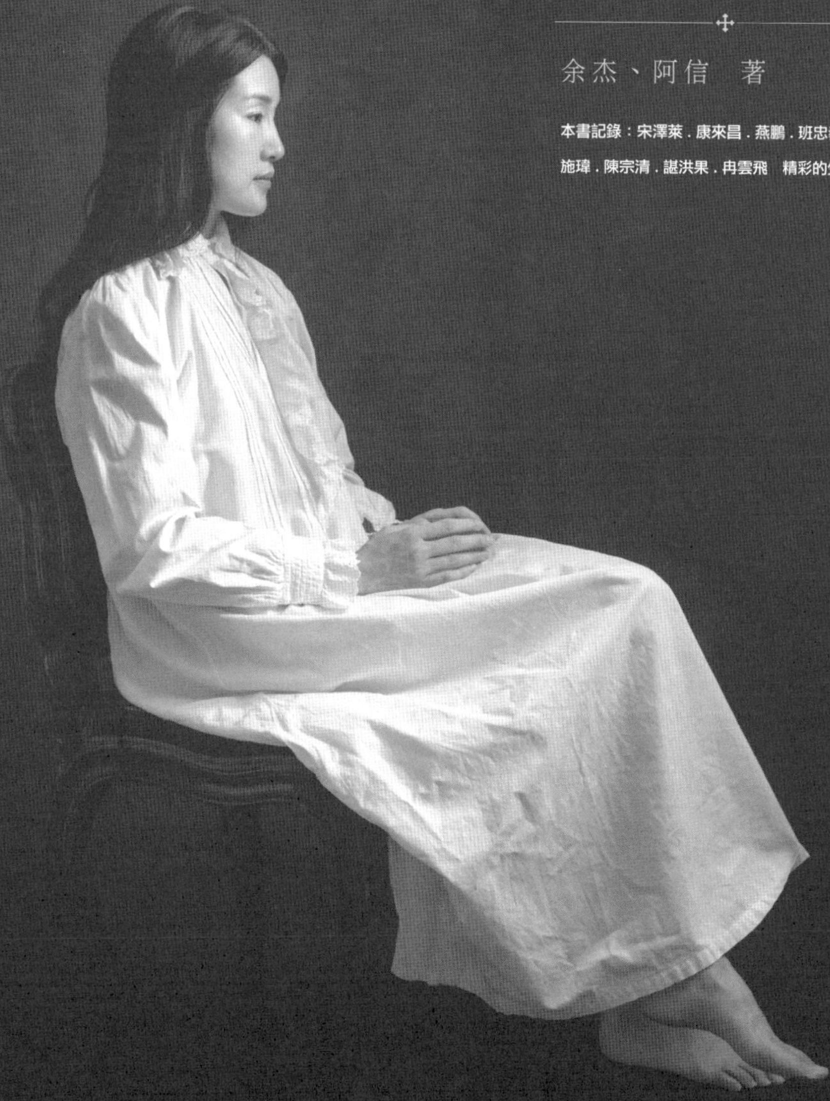

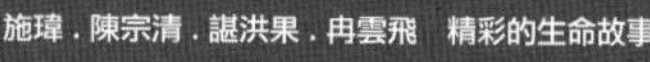

Contents

第 7 章 大學無自由，主內有真理
——基督徒法學學者、公共知識分子諶洪果訪談

第 8 章 當將你的糧食撒在水面
——基督徒作家、學者冉雲飛訪談

出版序

華人基督徒雲彩般的生命見證

從二零零九年開始，旅美華裔作家余杰與同伴們致力撰寫「基督與生命」訪談系列，希望以此呈現當代華人基督徒如同雲彩般的生命見證，《從今時直到永遠》是這一系列叢書中的第六卷。

《從今時直到永遠》展示了每位受訪者在不同空間、不同領域、面對不同挑戰時，如何在公共領域中靠主得勝、持守真理、榮神益人。本書共收錄八位華人基督徒訪談，包括宋澤萊、康來昌、燕鵬、班忠義、施瑋、陳忠清、諶洪果、冉雲飛，這些美好的生命見證，期待可以激勵當代信仰者鍥而不捨地奔跑天路，為新世紀的漢語公共神學開啟某種新的可能性。

希伯來書第十二章說：「我們既有這許多的見證人，如同雲彩圍著我們，就當放下各樣的重擔，脫去容易纏累我們的罪，存心忍耐，奔那擺在我們前頭的路程，仰望為我們信心創始成終的耶穌。」我們祈願，如果基督徒閱讀了這些如雲彩般的生命見證後，會更加堅定持守「煉我愈精」的信仰，並回應上帝的呼召，將福音傳遍地極，用聖經真理來影響這個世界。我們也期望，還未接受基督信仰的讀者有機會從這些含著眼淚的微笑中，體驗到什麼是基督徒的喜樂與平安，從而化解對基督信仰的偏見，有一天能進入基督信仰裡。

「基督與生命」系列訪談錄是以一群華人世界中的牧者、在基督教背景的機構工作的人士，以及基督徒公共知識分子、藝術家和專業人士為對象，作全面、深入的訪談，對於訪談的對象，作者有自己的選擇標準，不以受訪者的知名度或影響力為主要考量，邀請您一起進入基督徒精彩的生命歷程中。

最後，願主使用這些生命見證，成為所有讀者的祝福！

主流出版有限公司

第 1 章

在人心剛硬時代為人類書寫預言

——台灣基督徒作家宋澤萊訪談

背負著台灣的不幸和受辱來到這個世界｜

從「無我涅槃」的佛教到「愛人如己」的基督教｜

華人世界要有自己的《天路歷程》｜

鄉土文學和人權文學｜

宋澤萊簡歷

本名廖偉竣，一九五二年生於台灣雲林縣二崙鄉。一九七六年畢業於台灣師範大學歷史系，此後長期任教於彰化縣福興國中。妻子陳艷紅擔任國小校長，育有三子，全家定居鹿港。

一九七八年，以「打牛湳村系列小說」轟動文壇，成為鄉土文學新生代作家的代表人物。兩年間又出版《蓬萊誌異》等五本小說。一九八零年一度轉向參禪，後拋棄佛教，受洗成為基督徒，宗教信仰此後在其生命和創作歷程中成為至關重要的部分。

一九八一年獲邀參加美國愛荷華大學國際作家寫作班。二零零七年自教職退休後攻讀中興大學台灣文學研究所取得碩士學位，二零一二年考取成功大學台文所博士班。

一九七九年美麗島事件對宋澤萊影響甚鉅，以此為分水嶺，他重新思考自己的身份，一連串政治文學作品顯現出銳利的批判性。一九八五年以《廢墟台灣》復出小說界，獲選

・二零一三年第十七屆國家文藝獎頒獎典禮，左起宋澤萊、劇作家紀蔚然、總統馬英九、作曲家陳茂萱、電影導演李安。

當年度台灣最具影響力的書籍之一。此後，魔幻寫實長篇小說《血色蝙蝠降臨的城市》、《熱帶魔界》等更是以魔幻寫實主義風格在台灣文壇獨樹一幟。二零零二年出版短篇小說集《變成鹽柱的作家》、長篇小說《天上卷軸（上）》，還著有散文集《隨喜》，詩集《福爾摩莎頌歌》，論著《被背叛的佛陀》、《台灣人的自我追尋》、《台灣文學三百年》等，以及台語詩集《一枝煎匙》、《普世戀歌》。曾獲吳濁流小說及新詩首獎、聯合報文學獎佳作獎、吳三連文學獎、巫永福文學評論獎等重要獎項。二零一三年獲國家文藝獎，此獎項為台灣對作家文學成就的最高肯定。

除了作家與教師的身分，宋澤萊也是台灣本土意識及新文化運動的重要旗手和理論奠基者，曾結合同好創辦《台灣新文化》、《台灣新文學》、《台灣 ê 文藝》等雜誌，顯示其推展台灣本土意識與新文化運動旺盛的活力與文學力量。

採訪緣起

多年前，一位積極參與反核運動的台灣朋友推薦我讀

·《廢墟台灣》封面照片

《廢墟台灣》，我讀了之後大為感慨，這是華人世界中少有的預言文學，可以跟二零一五年諾貝爾文學獎得主、白俄羅斯女記者和俄語散文作家斯維拉娜・亞歷賽維奇的代表作《車諾比的悲鳴》參照閱讀。我又得知，宋澤萊是一位基督徒，早年一度沉迷佛教，後來對佛教做出系統批判，並在作品中彰顯基督信仰，由此對他更有興趣了。

上帝的安排真奇妙，我在訪問台灣期間，應「喚醒彰化青年聯盟」之邀到彰化演講。主辦單位正好安排我與宋澤萊老師對談，而安排者就是宋老師的女兒——在彰化中學任教的廖婉婷。

那一次，我跟宋老師一見如故，有談不完的話。宋老師不是那種「兩耳不聞窗外事」的「純文學」作家，他的小說具有社會批判性，他也寫文化評論和社會評論，從不迴避「敏感」議題。宋老師是前衛出版社的老作者，我近年來也在前衛出版了幾本書。前衛有將我的書送給宋老師，他都有仔細閱讀，對我的政治評論頗為稱讚。

此後幾年，我每次到台灣訪問，都會安排彰化、鹿港的

・應《台文戰線年會》之邀出席講談。

活動，並與宋老師對談。每次對談，宋老師都認真準備、言之有物，我們時常撞擊出思想的火花。

以宋澤萊作品的深度和廣度，中國同代作家中罕有人能企及。即便有諾貝爾獎殊榮在身的莫言，以魔幻寫實主義文學的維度而論，未必比得上宋澤萊的作品那麼詭譎奇幻、天馬行空且具強烈的政治批判意識。而在信仰與創作的融合上，宋澤萊像 C.S. 路易斯所說的那樣，用神話詮釋上帝之獨生愛子道成肉身來到人間、為人類的罪而死並復活的真理。

二零一六年四月，我有機會赴鹿港宋老師家，那是鹿港老城外圍連棟的住宅，簡單樸素。我們長談許久，完成了這篇訪談。

背負著台灣的不幸和受辱來到這個世界

余杰：宋老師，您是一位有草根氣質的知識分子，你本身就是農家子弟。比你更長一代的那些「高級外省人」作家，比如余光中、白先勇、李敖等人，我雖然讀過他們很多作品，但對他們並無親近感，他們的身上有一種刻意標榜

· 宋澤萊小說套書（前衛出版社）

「我不是芸芸眾生」的東西，也就是中國傳統士大夫「四體不勤，五穀不分」的傲慢，但您走在街上，就是一名質樸無華的普通人，不像是一位國家文藝獎得主。我想請您先從童年生活開始談起。

宋澤萊：我出生於雲林一個普通農家，沒有顯赫的家譜。我的祖父有三個孩子，他們都受過教育，那是得益於日治時代教育的普及。其中，我的伯伯特別值得一提，他是當年少數留學日本的農家子弟，他選擇研讀農業，學成後回到台灣，在西螺創辦了一所農業學校，就是今天的西螺高工。

戰爭時期，我父親被日軍徵召到南洋作戰，在婆羅洲服役兩年，死裡逃生地回來了，以後就在學校當老師。另外一位叔父也在國中教書。我們家族很多人從事教育工作，影響我以後選擇作老師。

我的祖父還有四個女兒，其中有三個都是基督徒。我的小姑姑嫁給一位安息日會牧師，我小時候由小姑姑帶大，長大後也曾去他們家小住，那時她已出來服事，幫助教會處理一些事務。我的二姑姑嫁給一位傳道人，全家到山上傳福音給原住民。當時，我從三位姑姑和她們的家庭那裡體會到，有基督教信仰的人與無信仰的人相比，差別真的很大。那個時代的台灣物質生活匱乏、精神也很壓抑，但他們似乎從不憂愁。基督徒的喜樂和平安是別人所沒有的。我們家族有濃厚的基督教氛圍，我長大後不像一般人那樣對基督教有排斥感，覺得基督教還不錯。

余杰：但是，我在您的一篇文章中看到，您從小深受家庭暴力，童年並不幸福。家庭暴力是華人文化圈中普遍的現象，加上台灣在日本統治下受日本文化的影響，日本文化中就縱容家庭暴力。這是留在台灣的日本文化中一個相當負面的部分。

宋澤萊：是的，跟三位姑姑相比，我的父親沒有宗教信仰，憑著保羅說的「人的天然本性」和日本教育作為為人處事的根本，活得非常辛苦。父母的感情也不好，始終沒有尋找到一個解決辦法。父親常常訴諸暴力，我是在一個充滿暴力的家庭中長大的。

父親在日治時期曾受教育，可算是農村社會的知識分子。然而命途的乖舛卻降臨在父親身上，他被迫當日本的二等兵去南洋打仗，那段顛沛流離飽受戰亂煎熬的痛楚，正反應出大時代的悲劇，也在父親心中留下陰影。後來我讀文學作品，發現很多從戰場歸來的老兵都有暴力情結。

我曾在短篇小說集《黃巢殺人八百萬》的序文中提到這段歷史：「他或者告訴我遙遠的南方戰役，或者告訴我他的遭時不遇，之時，他總揮揮手，說：『真是悲哀的台灣青年啊！』有時，飲酒的他竟會悲泣。」沮喪的父親常有暴力行為產生，方能宣洩他內心的不滿。當我成為基督徒之後，常常思考：父親怎麼會變成這樣？是日本教育的影響？是戰爭後遺症？是本來脾氣就不好？還是因為酗酒？儘管他是老師，卻不能節制自己的暴力傾向。為何他會如此對待自己最愛的妻兒？我從基督教的信仰出發，方知人的天然本性的可怕。我們每個人都是罪人，生活在犯罪墮落之後的世界上，所以會很辛苦。

而我的母親，由於忙於田事，與台灣鄉下的一般婦人無異，是瘦黑操勞的女人，任勞任怨、悲苦地度過一生。在封建家庭中，母親肩負了家務和農事，不曾歇息片刻，我也記得她和父親間不愉快的生活，也看到她低垂著犬儒般的臉，把穀子交給債主而斷炊無措的情形，她沒有怨言、更無反抗。從小，一幕幕父親軟弱無助、暴力宣洩，母親逆來順受、沉默是金的畫面，烙印在我心中。她就像一棵挺立不動的樹幹牢牢地站立在那裡，而暗地裡開花結果，供大家食用。

我把自己的家庭當成整個台灣的縮影，我們這批戰後出生的一代，不是背負著整個台灣的不幸和受辱，來到這個世界的嗎？因此，「家庭環境」成為我日後寫作內容上相當重要的素材。

余杰：在儒家文化和基督教文化中，都很重視家庭倫理。但兩種文化的處理方式完全不一樣。據史書記載，唐朝鄆州人張公藝，九代同居，相安無事。唐高宗甚是好奇，便問其故，張公藝取出一張紙寫下一百個忍字，唐高宗便賜號「百忍堂」，從此各地張姓大都以「百忍」為堂號，並列為祖訓。張公藝甚至作《百忍歌》教導子孫：「父子不忍失慈孝，兄弟不忍失愛敬，朋友不忍失義氣，夫婦不忍多爭競。」其實，「忍」是一種很可怕的精神，它的背後是仇恨與壓抑。與之相反，聖經提倡家庭倫理的原則是「愛」。「愛」與「忍」是何其不同！基督信仰對中國文明的更新，包括對家庭倫理的更新。

宋澤萊：的確，基督教家庭的夫妻生活總是比較合諧。我和我妻子在信基督教之後，夫妻之間的疏離馬上有了好轉，原因是有了共同的對耶穌基督的的信仰，不再會為了爭奪誰該為大，誰該聽誰的，而彼此遠離；同時有耶穌團結了我們，分散的就被聚攏。我們很能遵行基督的教訓，彼此寬大地體諒對方，甚至彼此認罪，最後就不再有衝突。教會內「弟兄姊妹皆平等」的觀念也影響了我們，因為夫妻關係就是自己弟兄姊妹的關係，這是非基督徒無法體會的，也是中國文化或日本文化裡非常缺乏的觀念。在中國文化或日本文化裡，不論家庭或一般社會，都分劃出層層的「階級」，使人無法跨越，要超越那些階級的規定是很難的，即使能忍耐，恐怕也是動心忍性，恨意愈深。生在中國文化與日本文化融合起來的台灣文化裡，我是在暴力家庭中長大的小孩，無法避免。幼年、少年、青少年的歲月比較難挨，尤其是很難承受突然的日本式毆打，不過我還是熬過來了，因為從小就培養了面對暴力、恐嚇、威脅的忍耐力。

另一方面，因為家境貧寒，我很早就需要像一般的農村孩子一樣，到田裡勞動，插秧割稻，都要幫忙。這樣，我對農民的勞動的艱辛有了實際的體認，以後我在寫農民的生活時，就有切膚之痛，不致於紙上談兵。

余杰：不過，你從小讀書就不錯，在窮鄉僻壤的環境下還能考到台灣師範大學，也是一件讓家族榮耀的事情。

宋澤萊：台灣跟其他華人社會一樣，講求「萬般皆下品，唯有讀書高」的觀念。這種「讀書」跟西方人追求純粹的真理和知識不一樣，只是「學而優則仕」，把讀書當作升官發財的敲門磚。

我上學以後，成績一直不錯，台灣的升學制度對學生很有壓力，我是在考試和競爭中度過了整個少年時代。少年時代所讀的書都局限在教科書，國中、高中對我來說，是一段無趣憋悶的時期。

然後，我從省立虎尾中學（現為國立虎尾高級中學）考上台灣師範大學歷史系。在當時、尤其是鄉下人家，確實是一件光耀門楣的喜事。但我並不感到高興，我的理想科系是教育心理系，因為我對研究人的心理很有興趣。

大學時期，除了學習歷史方面的課程，更不停的吸收其它新知。當時，正逢現代主義思潮大行其道，尤其是社會科學，包含人類學、心理學和社會學，我最有興趣。大學前兩年，我的思想懵懵懂懂的，不懂得世界是什麼，只知道唸書，認識的人也局限在一個狹小的範圍之內，沒有人可以引導我。我就自己找書看，修一些心理學相關的課程，接觸這方面的經典作品，比如佛洛伊德的書，想要去探討比較深層的心靈問題。

特別是志文出版社的「新潮文庫」系列出版了不少心理學的書，都是我汲取現代主義養分的來源。我當時已懂得從佛洛姆的心理學研究去讀亨利・詹姆斯、喬伊斯的小說。我發現文學家必須對心理學有所瞭解，也就是洞察人心，否則不能寫出優秀的小說來。

余杰：也正是在這段時期，你的身體出了很大的問題，病痛折磨著你，讓你開始思考一般風華正茂的大學生不會觸及的生死問題。

宋澤萊：在求學的過程中，身上的宿疾一直困擾著我。那時，我腎臟結石、神經衰弱、支氣管炎、便中有血，好像是大好時光裏自折而早衰的蒲柳，臉上透著慘白的、死亡的顏色。

早在十七歲的時候，我的身心方面開始發病，患了嚴重的腎結石，常常疼痛，大量出血。十九歲上台北去念師範大學時，已經沒有辦法在教室的椅子連續坐上兩個鐘頭，常常必須躺在學校宿舍床鋪上休息。家人認為腎結石死不了人，不願管這件事，我只好自己去買中藥和西藥來服用，吃藥之後的副作用卻讓我開始畏光、害怕噪音，而且出現神經衰弱的症狀。身體一天天虛弱，卻想不出該如何來解決。好幾次被送到醫院。大學四年差不多都是在生病當中度過。

那時，我血尿嚴重，臉色蒼白。當看到自己大量出血時，第一次感到和死亡很接近，覺得自己會死，有一種臨終的感覺，對死後的世界有了直覺性的領悟。對不幸的人、事、物有一種親切感，覺得自己的四周常被身心破碎的人或是死者的影子圍繞，精神狀態是相當悲慘的。

於是，我對自己的生命有了較深的反省，「我」這個存在是什麼？「我」是誰？「我」是由什麼成分組成？死後會怎樣？地獄是怎樣的？我不斷探討自我和生死的問題，已經趨向於一種哲學的思考。

那段時間，我認識了一群藝術界、文學界的朋友，大家一起討論「形而上」的問題。我也閱讀很多美術家的傳記，比如命運不堪的梵谷、高更，還有很多小說和詩歌。我希望透過種種方法，看別人如何活著，然後來解決「為什麼會有我」和「我能做什麼」等問題。但是，最後還是沒有辦法解決這個問題。畢竟我不能複製別人的生活，我的問題跟他們遇到的問題還是不一樣。

余杰：美國文學評論家蘇珊・桑塔格寫過一本《疾病的隱喻》，其中探討文學與疾病的關係。您的經歷或許驗證了她的理論。那時，你逐漸發現，寫作可以療傷，並由此走上了文學道路，文學可以說是自我救贖的一種嘗試。

宋澤萊：我在大一的國文作文課發現寫文章能使精神獲

得舒緩，就開始寫小說，靠寫小說抒發心靈和肉體的痛苦，在生命中找到了一個可以訴說的管道。身邊有人覺得我的小說還不錯，就鼓勵我去投稿，於是作品就刊登在台灣大學外文系系主任顏元叔所創辦的《中外文學》雜誌上，受到一些讀者和文學界人士的注意。

那時的作品，今天看來很幼稚，說不上有自己的風格和深度。不過，那些作品充滿黑暗的童年記憶以及大量死亡、可憐的人們，這些題材我多年來始終沒有放棄。我的寫作風格一直到二十三歲（大學畢業後）才逐漸改變，甚至有時文字變得頗為美麗，但仍然無法擺脫描寫那些可憐的人們。後來我成為基督徒之後才發現，耶穌不斷尋找可憐的下層人們當祂的夥伴、門徒，而我一直到今天都寫下層人，不正是效法耶穌嗎？

從「無我涅槃」的佛教到「愛人如己」的基督教

余杰：您曾經深入佛教團體和佛教思想。跟很多佛教或東方神祕主義宗教的信徒一樣，您一開始也是抱著想透過修

・在台灣文學館合照

行來改善身體和靈魂狀態的想法而走進佛教的，但佛教並不能滿足你在靈魂上的求索。

宋澤萊：我大學畢業後回到中部，在國中教書。這時，我覺得要改造自己的身體，就找鍛鍊身體的書來看。一開始是學習打坐、練氣功、因是子靜坐法等。比如，練習如何入定，如何使自己的身體膨脹如一座山一樣。透過打坐，使身體入定，常常就有這些神祕的體驗發生。

然後就是服兵役。當兵回來後，身體慢慢好了。身體好了，就覺得繼續盲目打坐沒有意義，沒有動態及對生命的追索。一九七零年代，台灣流行存在主義以及鈴木大拙思想。年輕人都在看，我也去找來讀，不太能看懂。我注意到鈴木大拙與胡適的那場辯論，覺得他們是兩個世界的人。胡適的世界我能理解，但鈴木大拙的那個世界我不能理解。我不明白他為什麼那樣想，超乎於邏輯之外。比如，我們一般人認為空跟色是對立的，但是鈴木大拙居然把它們等同起來。我覺得不可思議。

就這樣，我開始參禪。那時法鼓山的創辦人聖嚴法師開

· 攝於台南

始有名，他是軍人退役後出家，跟隨東初老人，在北投農禪寺修行。他們的路數比較接近曹洞宗，有神祕主義的一面，但比較溫和。我剛回來的一兩年，就沿著這個路徑學習，是聖嚴早期的學生。那時的修行，一日三餐非常簡陋，稀飯加豆腐乳，很辛苦。但由此對佛教有了非常深入的瞭解，彷彿打開一道窗，最後就「開悟見性」了。我的開悟與歷史上的香嚴和尚所經驗到的「香嚴擊竹」（聽到石頭被丟擲到竹林中所發出的清脆擊打聲，就開悟了）是一樣的。

開悟的經驗讓我體會到：個體如何變成宇宙本體；極小可以變成極大；「一」可以變成「一切」的神祕道理。這就是大乘佛教中的「一粒沙就是一天堂，一朵花就是一世界的奧義」，也就是《華嚴經》的萬物相等同、相互含攝的道理。由於萬物皆是無限的本體，這樣，相對的世界就等同起來，黑暗就是光明，光明就是黑暗。這種「萬物等同」的思想，有點像《莊子・齊物論》。由此神祕主義世界的一扇門打開了：老莊不都是在講這個境界嗎？天主教的神祕主義者斯賓諾莎、埃克哈特，新柏拉圖主義、諾斯底主義、印度哲學、伊斯蘭蘇菲主義，尼采……都在傳達這樣的觀念。我由禪宗進入到大乘佛教，讀了《大藏經》的般若系經典、如來藏系的經典以及印度教的吠陀經典、奧義書經典，旁及歐洲上古哲學，對於歐亞大陸神祕宗教的體驗有了基礎。這些神祕教的體驗可以說萬變不離其宗，就涵蓋在這一悟之中，它被千千萬萬亞洲、歐洲的神祕教信徒視為「無上的真理」。

然後，我對禪宗和大乘佛教開始有了質疑：如果遵循「不二法門」，也就是說黑暗等同光明、男等同女、殺生等於不殺生，兩邊皆變成「一」，這樣就將人間正面的價值全都摧毀了，留下一團混沌模糊的東西。人只能在裡面混，沒有辦法積極努力。既然不貪就是貪，那麼戒律就被毀壞了，這就帶來人格分裂的危險。比如，星雲曾經說，一般的殺人是罪，而政府、國家的殺人就是除暴安良；可見殺人是不可以的，也是可以的；一般的淫亂是罪，而以女色度眾生的因緣就符合佛法，可見淫亂是不可以的，但也是可以的。那麼，一切都可以和稀泥，一起都「同體」了。只是，既然真理是這樣，假如上帝與魔鬼同體、地獄天堂不分，我們又何必追求宗教信仰呢？

這種「佛魔同體論」也是印度教、老莊思想、大乘佛教最深奧部分。在現實政治層面，國民黨的二二八屠殺，共產黨的天安門屠殺，都可以解釋成為維護憲政體制和國家安全的正義之舉。我不能接受這樣的觀念，轉而進入原始佛教（小乘）。小乘的佛法是樸直的、平實的、分辨是非善惡的，是你我可以經驗的。我認為應當堅持佛教原初的教義，轉回到南洋的小乘佛教之中。我再用這樣的觀念透視華人的思想方式和心靈的結構就發現，中國的老莊思想和印度傳來的大乘佛教，改變了中國原始儒教中樸素的「區別心」，也改變了華人的基本性格與思考模式，變得特別是非不分、混水摸魚，或者就像胡適所說的「差不多先生」那種個性。原來，孔子特別強調要有所區別，比如君子與小人就該區分開來，才能邁向修身、處世之路。可惜儒家從唐朝韓愈之前就變了，到了宋明理學，儒教被佛教和道教滲透更厲害，讀書人表面尊奉儒家，暗地裡懷抱的是佛教與道教，不再相信區別，只相信真理在不分別中，這簡直是陽奉陰違，背叛儒教！如今有人倡導復興儒家，我認為要復興唐以前的儒家是可以的，只要把儒家思想裡的封建階級觀念去除，極力加入基督教文化裡的「自由、平等、博愛」的觀念就會美好起來，但是千萬不要保留宋明理學或更次等的儒學，以免耽溺於印度教或道教的玄想，忽視了現實世界的存在。我要向復興儒學的人提一個問題：如果說儒家可以融合印度佛教以及道教思想，為什麼不想辦法融合西方人的基督教思想？難道不想使儒家思想更優美嗎？

這樣，我一個人與大乘佛教對立起來。一九八九年，我在《自立早報》副刊發表「來一場革命吧！台灣佛教！」評論，批評釋昭慧、印順、星雲、龍樹，結果引發一場論戰。我才知道，佛教並不是一種寬容的宗教，此後我一有言論，就會被他們封鎖，他們買了《被背叛的佛陀》及其續集，然後燒掉。據說台灣和東南亞一共燒了幾千冊。這種舉動增加了我的版稅收入，但焚書是一種非常惡劣的舉動，只有納粹和共產黨才做這種事情。在孤立中，我對台灣人和華人的精神世界非常失望。

余杰：我對佛教思想沒有研究。但我觀察到，在現實層面，台灣的佛教基本上與國民黨的威權統治「同構」。這不足為怪，佛教進入中國之後，迅速演變成一種建制宗教，為皇帝提供「精神按摩」。原始佛教中怒目金剛、捨身飼虎的那些精髓都沒有了。在台灣的民主運動中，基督教長老教會是中流砥柱，卻很少聽說佛教有過參與。

宋澤萊：是的。我多年觀察，發現台灣的佛教界樂於被國民黨「御用」。在台灣的民主運動中，國民黨大量構陷民主人士於獄，佛教界並沒有秉承樂師如來反對刑獄的精神去勸解國民黨，卻在一場又一場的「護國法會」中為這個政黨乞求續命。他們還隱藏了一種流亡本質，不願在台灣本土化，不願學習台語，轉移財產在外國設立道場。他們更隱藏了一種權力及金錢的嗜好。所謂南星（星雲）北聖（白聖），星雲企業化經營佛光山觀光區，以及白聖死亡時覆蓋的黨旗，都說明了這些佛教徒涉入了世俗漩渦。

余杰：像我們這樣的社會批判者，當然不能接受建制宗教。中國的佛教跟台灣一樣不堪，看看少林寺方丈的醜聞就明白了。宋老師，當佛教無法滿足您靈魂的求索之時，您就開始轉向了基督教信仰？

宋澤萊：我的信仰之路不是那麼順利，沒有人引導，走得很慢。雖然幼時曾接觸過基督教，卻沒有信主。真正認真思考基督教的問題，是在讀大學時去姑姑家住才慢慢有所接觸。

在佛教中浸淫多年，無論如何參佛尋求心靈的解脫，但在經濟情況不佳及家務工作勞累的雙重壓力之下，我仍然身心俱疲，健康也每況愈下。我不斷問自己，怎會如此？儘管我讓自己依教修行，提升境界臻於阿羅漢之涯，終究生活現實截然不同，佛經從來沒有說阿羅漢會有三個小孩，並且和太太住在一塊的。在困境無法完全解除下，我瞭解到佛教有其侷限性，便停止研究原始佛教，於一九九零年再次轉往研究基督教。

我是將近四十歲才信基督教的。從人的眼光來看，我信基督教是意外的；從上帝的眼光來看，是上帝美好的計畫和揀選。

那一天，我在國中導師室閱讀聖經，旁邊座位的老師是地方教會（也稱小群教會）的基督徒。地方教會是這些年來在台灣發展得很快的宗派之一。他轉過頭來跟我說：「廖老師，你這樣看聖經是沒有用的，雖然很認真，但抱著研究學術的心態看，永遠沒有辦法看懂。我問你一個問題，如果你能答對，就說明你全都讀懂了。」

我聽他說話的口吻，有點像我此前非常熟悉的那些禪宗公案，就回答說：「是什麼問題呢？不妨說給我聽聽。」

他問了一個看上去十分簡單的問題：「你信不信耶穌死而復活？」

我想，我看很多禪宗的書、神祕主義的書，裡面有很多人死而復活的故事。中國的古籍中也記載，有人在山中看到魏晉南北朝的人，人不死的可能絕對存在。我就回答說：「我大概可以相信有人死而復活，既然人都可以，耶穌是神，他死而復活當然更有可能。」就在我說完這句話的時候，突然看到一個異象：耶穌的形象，像放電影一樣顯現在我的眼前，以後還特別看到耶穌被掛在髑髏地上的十字架，我大吃一驚。後來我才知道這是聖靈異象的帶領，從此以後聖靈再也沒有離開我心，祂給我大把的異夢啟示。

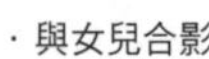
・與女兒合影

・攝於溪頭小木屋

有一段時間，我專揀「四福音」來看，四福音就是耶穌的傳記，講耶穌是怎樣的人、怎樣的神。我從耶穌身上發現了愛（犧牲自己），那是佛教中沒有的愛。由於愛人如己，耶穌為我們的罪被釘十字架，為我們罪人贖罪獻祭。我知道，不論儒家或佛教，他們的道德來源都是「己所不欲，勿施於人」，能把握這個心法，就能瞭解自己該做的與不該做的，釋迦牟尼說這叫作「使自己通達到聖人殿堂的方法」，所以才有不殺、盜、淫、誑……十種戒規，這些規定我還做得到。但是耶穌卻說，「你們願意人怎樣待你們，你們也要怎樣待人（太七 12）」，也就是「己所欲，施於人」的道理，還說這是律法和先知的道理，這就等於叫我們把自己完全犧牲掉，去成全別人。我有錢就必須把錢給別人，有飯就給別人吃，有衣服就給別人穿，有生命就為別人死。這種犧牲不是人人可以做到的！我非常震驚，一直到現在，我還不敢說自己是耶穌的好信徒，因為我還做不到！這就勝過了儒家與佛教太多太多！我讀四福音書是很入迷的，完全相信其中的每一句話都是真的。不但相信耶穌死而復活，更發現聖靈將我身體的病痛都治癒了。我相信聖經裡耶穌的一切話語，也相信耶穌所行的各種神蹟。

一九九零年左右，有一天我在辦公室翻聖經，看到《創世記》最先的的幾句話：「起初神創造天地……神的靈運行在水面上」。忽然，我感到頭頂空了，有一股很大的力量降下，像一座山那麼大。那力量一直如影隨形。我很緊張，懷疑自己是中邪了嗎？便請教傳道人、牧師，告訴他們，我發現有一個很大的東西在我的後面，我也不知道是什麼，靠近的時候感到像火一樣熱，能讓自己身體溫暖起來，一伸手就可以摸到。牧師不敢斷定那是什麼。那種感覺持續了三天三夜，我不敢做什麼，不敢像平日那樣抽煙，擔心「後面的物體」看到我有不好的行為，就連講話也要很小心。這使我在生活上很不方便。我就禱告說：我知道祢就是上帝的靈，是要告訴我聖靈是存在的，聖經是可靠的；那麼，我已經知道了，請祢離開吧。禱告之後，果然祂就離開了。

此後，我的行為有很大的改變，讀聖經很熱切，也有過醫病趕鬼的經歷，甚至在教會裡專門教導信徒如何說方言。聖靈在我的內部運作，是一種類似五旬節教派中常有的那種經驗。一九九四年，我將這些經驗寫入長篇小說《血色蝙蝠降臨的城市》，這本書被一位中部地區的牧師看到，推薦給中部牧師團的牧者們閱讀。十年之後，我在二零零四連年受洗前夕，將這段經歷寫成〈耶穌、聖靈臨在與異夢發生的經驗〉一文，在基督徒作家胡長松主持的「基督教通訊」網站上發表，我寫這篇信仰經歷不是為了宣揚我領受的特別異象，而是為了傳福音。

後來我慢慢體會到，當神要顯現救恩時，往往不是抽象的。祂會藉著我們可以感知到的種種內外在事物顯現，有時是突然而單獨的，有時則是一連串的。譬如說是以視景，或者是以夢境，或者是以語言，或者是我們的日常生活中正在進行的工作、活動等來顯現它。

余杰：我相信您的靈恩經驗是真實的，相信聖靈在人身上的工作。而且聖經中的神蹟奇事一直都有發生，並不是某些人所說的聖經成書之後就結束了。我沒有經歷過您的那些異象和異夢，但我真切地感受到上帝在我生命中的帶領，包括如何帶領我們全家像當年猶太人出埃及一樣出中國，我在美國拿到綠卡的那一天居然恰好是我的生日，這也是一個小小的神蹟。不過，另一方面，我對極端靈恩派有所警惕，基督信仰不是以異象、不是以神蹟奇事、不是以醫病趕鬼為標誌，而是認罪悔改、重生得救。

宋澤萊：當然，上帝對每個人的帶領方式不一樣，有人有靈恩的體驗，也有人沒有。我們不能以靈恩經驗作為得救的確據，而以此有屬靈上的驕傲。我的基督徒朋友中也有很多沒有感受過靈恩的「神祕經驗」，比如長老教會的劉峰松，他是「美麗島事件」受刑人。我曾問他在監牢裡的那幾年裡有沒有看到什麼異夢或異象？然而，劉峰松說，除了鐵窗外，沒有看到或夢到什麼，對於靈恩的體驗少之又少。即便如此，劉峰松寫的一些基督信仰方面的書，頗有深度，顯示出他與耶穌之間有著親密的關係。可見，基督徒中好像很多沒有經驗過「靈恩」的人，對於基督信仰也非常堅強。

余杰：多年的信仰追求中，你在不同宗派和類型的教會聚會過，而不是像大部分基督徒那樣「從一而終」。請您分享一下對各類教會的觀察和思考。

宋澤萊：我是在信義宗教會受洗的。這間教會創建於一九七零年代，由挪威傳來台灣。本來是以外省人、眷村居民為主體，後來他們打破藩籬，往外傳福音，會眾的組成變得相當多元。

我是持強烈本土意識的台灣知識分子，一般不會跟外省人深入接觸，上帝的帶領卻讓我打破種族限制，跟這間教會的牧師往來密切。當我聚會一段時間之後，牧師就問，你要受洗嗎？洗禮是你宣布從此以後就屬於上帝了。此前，我也認識長老會的牧師，去過長老教會聚會，長老教會在政治立場上跟我更加接近。但長老會從來沒有一個牧師跟我說，你趕緊受洗吧。

我就不假思索地回答說，我願意。那一次，我跟立委作家王世勛等一群弟兄姊妹一起受洗。什麼是得救？保羅說：「你若口裡認耶穌為主，心裡信神叫他從死裡復活，就必得救。（羅十9）」我後來很多次在異夢中看到耶穌的形象，當然更加相信耶穌死而復活的事實；其實第一次我看到耶穌現身在我眼前後不久，我就知道我已經得救了。

每個教會都要有正確的神學立場，因為基督教信仰很難離開教會對他的教導，教會不可以教錯信徒。

那麼，我的神學立場是什麼呢？是兩千年大公教會的傳統，是五百年來宗教改革的傳統，是新教傳教士進入台灣四百年的傳統。台灣某些新興教會離開這個偉大的傳統，比如靈糧堂、真耶穌教會等，在信仰上往「成功神學」的方向走，是一種初階的信仰，走得還不夠深，最後他們必須都回到十字架神學的懷抱。比如，只講神蹟的顯現，卻不講十字架的道路，對不對？當然不對。聖靈內住會讓基督徒對「罪」有強力的認知進而「認罪悔改」；我們要保守在馬丁・路德的、加爾文的範圍中，要持守保羅、奧古斯丁的傳統內。

談到基督教在台灣社會的影響力，老實說無法跟佛教相比。台灣的基督徒人數太少。西方的新教宣教士進入四百年，本來應當有更多的台灣基督徒，但在長達半世紀的日本統治時期，日本當局推廣天皇崇拜和神道教信仰，壓制基督教的發展，不僅日本基督徒少，台灣的基督徒也很少。目前，台灣的基督徒大約只佔總人口的百分之三吧。（根據二零一六年出版、每兩年進行一次的《二零一五年台灣基督教會教勢報告》顯示，基督徒人口現今約有 146 萬人，約佔全台總人口的 6.53%。）

信仰基督教才知道精神的現代化何等重要。比如，基督教文化是一種「分享」的文明，要將福音和文明傳播出去，不是獨自佔有，就像吃到一塊糖，覺得很甜，一定要分享給別人，即便是素昧平生的陌生人；而中國文化是一種「獨享」的文化，好東西只留給有血緣關係的親人，武功祕笈只傳給兒子，將自己看作文明的中心，而視別人為蠻夷。日本其實也是一個外強中乾的民族，外表很好看，內在卻很空虛。我幼年從父親的身上看到日本人的文化教育何其不堪，所以，台灣的未來還是要從基督教文明中汲取資源，學中國和日本都沒有出路。

華人世界要有自己的《天路歷程》

余杰：我們再來談您的創作與信仰之間的關係。我觀察到，有不少基督徒作家的信仰與創作是脫節的。也就是說，從他們的作品中看不出作者是個基督徒、有基督教信仰。他們認為，信仰是信仰，寫作是寫作，兩者可以截然二分。我不同意這種觀點，按照清教徒的傳統，基督信仰是一種整全的世界觀，這套世界觀統轄生活、工作、家庭的每個方面，而不是僅僅在禮拜天上教會才是基督徒。當然，基督徒作家的作品不是簡單、粗陋的福音單張和傳教式的說教，但是，基督徒作家的作品卻可以蘊含信仰的本質，彰顯信仰的偉大。

您在尋求信仰的過程中，有一部重要的著作《血色蝙蝠降臨的城市》，我很喜歡這部小說。它既有通俗小說的形式和情節，像金庸和古龍的武俠小說、明朝小說《封神演義》那麼好看，又具有深刻的信仰內涵和社會政治批判精神。請分享一下您的創作過程。

宋澤萊：退伍後，我回到曾經實習過的彰化縣福興國中任教，整整卅三年都在這所國中教書，直到退休。我三十六歲才結婚，結婚前因為沒有什麼家累要操勞，所以成為我一生當中看書、創作的黃金時期。當時白天需要教書，空閒的時間不是很多，寫作的速度必須很快，常常一個夜晚就寫完一篇五、六千字的小說，然後第二天寄到報社發表。印象中，除了《廢墟台灣》被退稿外，寫作還算順利。

結婚後，小說就寫得很少了。因為妻子在國中擔任主任、校長，工作很繁忙。家務分工的結果，由我照顧小孩、買菜、煮飯，我白天又要教書，忙不過來，時間變得非常稀少；加上寫小說是一個精神高度集中的工作，一寫起小說，什麼事情都忘了，甚至不知自己身處何時何地，我非常不放心，特別怕小孩出事，就停停寫寫，有時乾脆整年不寫。雖然很難過，但也只能興嘆連連、莫可奈何，這就是成家的代價。

余杰：記得在一次對談中，我們互相交流「煮夫」（負責煮飯的丈夫）的經驗。雖然辛勞，每天操勞家人的一日三餐，也是對寫作辛勞的調劑。

宋澤萊：寫作的時間永遠不夠用。一九九四年，我還是利用一個暑假寫了第一本基督教長篇小說《血色蝙蝠降臨的城市》，大概有二十三萬字，開啟了我日後基督教長篇小說的書寫。這本書的寫作讓我意識到，寫作不能只靠肉體的血氣，小說要繼續寫下去，必須從基督信仰中汲取智慧，如果不這樣做，真的沒有辦法寫下去。

《血色蝙蝠降臨的城市》講述黑暗勢力與基督信仰決戰的故事，充滿我個人信仰的經驗。這本小說裡的主角彭少雄，被設定為懂得這些神祕宗教的體驗、哲學的人，他能進入後現代主義的思想裡和尼采的思想一脈相通。彭少雄不是一個簡單的人物，能夠講述似是而非、但一般人卻會喜歡的理論，除非是對基督信仰有深入思考的人，否則無法知道他理論上的錯誤。彭少雄也是魔鬼的一部分，除非是基督徒，看不出他是魔鬼。對於基督徒而言，彭少雄是一個可怕的對手。這本小說不只是我思想辯證和鬥爭的過程，也是我放棄大乘佛教、世界上各種神祕教而走入基督教世界的一個里程碑。寫這本書，彷彿和魔鬼進行一場吵架和爭戰，覺得壓力很大、很大。還好，我終於一氣呵成寫完了。

《血色蝙蝠降臨的城市》是我寫的第一本基督教小說，採取比較流行的通俗小說、大眾小說的方式來寫，讓非基督徒也會有興趣閱讀。書中有很多法術戰爭的場景，神祕現象、異夢異象等層出不窮的情節，有些來自自己的靈恩經驗，有些根據五旬節教派的書籍來演繹。我盡量寫得通俗易懂，不要故弄玄虛。其中也有偵探小說、武俠小說的成分，寫黑社會火拚、寫警匪槍戰。這本書比較受年輕人的歡迎，常常被人提及。我在書中明確顯露了宣揚基督教的成分，甚至直接告訴人家說這是一本宣揚基督教的小說，具有宗教目的，但很多非基督徒還是願意買來看，甚至有很多人瞭解、相信基督教，就是從這本書開始的。

關於現實批判的部分，我在書中對台灣社會的嚴重黑金政治作了揭露。一九九零年初，李登輝面對國民黨保守勢力的反撲，企圖壯大本土派，就扶持地方黑道和黑金勢力，讓很多黑社會人物漂白成為民意代表，他用這種方式來動員地方人物。我雖然認同李登輝的本土傾向，但非常不認同這種與黑道勾結的做法。那段時期，很多縣市的議長、議員都有黑社會背景。台灣很多民間宗教也與黑社會有關，台中市大甲媽祖廟就與黑道息息相關，有關人物的竄起得到了李登輝的默許和縱容。我覺得這是台灣社會的毒瘤，直到現在這個問題仍未解決，就在書中對此作出批判。這本書的主角是一名黑道青年，漂白成為政治明星，競選市長，呼風喚雨。

《血色蝙蝠降臨的城市》寫完後六年（二千年），我又寫成《熱帶魔界》，也是長篇小說。這篇小說敘述了一個魔界在北回歸線以南的台灣，逐漸成形，開始捕捉對魔界很有嚮往的人，以便魔界更形壯大的故事。

如果從屬靈的意義上揭示，這一切的背後彰顯出台灣社會是「熱帶魔界」，甚至整個亞洲大陸何嘗不也是如此？我從台灣看亞洲大陸，發現整個亞洲大陸都在魔界中。我是從這個角度來看待和批判中國傳統文化的。許多人也看出它可以涵蓋來批判中共所帶來的新文化。因為中共不單單是無神論和唯物主義，更是屬靈層面的邪惡力量。比如，中共的天安門屠殺讓我備受刺激，我在《背叛了的佛陀》中早有寫到。那種蔑視人命，獨裁專制，耽溺太一，反對民主，階級統治都是亞洲大陸的一種精神取向，無論是印度教、回教、中國大乘佛教、被移植的馬克思主義，都是如此。我無法忍受這些邪惡的思想文化和政治實踐，必須提出自己的批判。

我在《熱帶魔界》中描繪了充滿邪惡氣息的魔宮，那裡聚集著躲藏在地底深處的古代帝王，依次是秦皇、漢武、唐宗、明祖下及好戰軍閥。宮闕之上有一個皇座，坐著身纏巨蟒的妖獸，它一手釋放殺戮，一手釋放虛無。它就是魔鬼，就是「魔神仔」。

余杰：除了古代暴君，還有蔣介石、毛澤東等現代獨裁者。他們的背後是充滿魔性的中國文化。

我們再來談基督徒的文化使命。這是趙天恩牧師提出的一個概念。佛教進入中國的過程中，一部《西遊記》家喻戶曉；基督徒進入中國，迄今為止沒有一部被廣泛傳誦的文學作品。我常常想，華人的基督徒作家應當創作出類似《天路歷程》、《失樂園》、《納尼亞傳奇》、《魔戒》那樣偉大的作品。我們不能停留在低層次的福音文字和個人見證上，要在上帝的恩典和啟示中，發揮上帝賦予的才華，寫出第一流的基督教文學。或許，上帝對您就有這樣的呼召。

您最新的長篇小說《天上卷軸》是邁向基督教文學高峰的嘗試。這本書寫台灣北部一名厭惡社會政治鬥爭的青年，從北一路向南，驚心動魄的身份認同之旅，有點類似高行健的《一個人的聖經》和《靈山》。

宋澤萊：《天上卷軸》是我寫得最辛苦的一本書。《血色蝙蝠降臨的城市》二十三萬字，我在一個暑假（兩個月）就完成，《廢墟台灣》十萬字，只寫了一個月就完成。而《天上卷軸》寫了六年卻只完成一半，差不多二十萬字。這是一本更標準的基督教小說，有西方流浪漢小說的模式，但又有心靈往上提升的過程。寫完上卷我就停止了，為什麼呢？我發現必須對基督教懂得更多才能繼續寫下去，不能急，上帝給我的時間還沒有到，寫作和信仰需要同步往前發展。我目前還是一個在「認罪、悔改、重生」路上緩步行走的門徒，經過的歷練還不夠多，對基督信仰所知有限，我希望在《天上卷軸》的下冊裡，能涵蓋更多聖經觀，所以就暫時停下來。

我跟基督徒作家胡長松的筆談中，對這部作品有一些自我闡釋：它描述一個人在基督信仰裡的更新過程，由「初信」到「得救」，其中的轉變都要寫得很清楚。在這個意義上，它是一本基督教信仰「脫去舊人穿上新人」的小說。另外，這又是一篇滿是異教、神蹟、法戰的小說，有大量的奇異視景。在這個意義上，它是魔幻現實主義小說。而魔幻的部分，很多是來自於跟聖經相似的異象，所以它又是一本「異象小說」。

我曾經注意到，聖經文學的異象描述往往會重複出現在不同作者之間，這就表示，這些異象不是一個人物所獨自看到的，是很多人都曾經看到過的。許多人儘管生存在不同時代，但看到的異象卻是雷同的。這就告訴我們，以前先知看到的異象，我們現在也可以重複看到。在我信主後，有過很多異象和異夢的經驗，我在小說中也會寫入這部分。

班揚《天路歷程》這樣的作品，目前還很難在華人世界出現。《天路歷程》是一本非常成熟和深邃的作品，作者的經歷和思想都足夠支撐這樣一本巨著。而我在寫《天上卷軸》的時候直接體會到，要認識和思考的東西還有很多。也要祈求聖靈的幫助，求聖靈對作者天然本性的某些部分進行拆毀和改變，由天然的血氣轉化成基督徒的美德，如此，我的作品才會顯現出真正的神國光芒。可是這是很困難的，除非主與我同行，不然靠自己的力量是不可能達到的。

就整個台灣文學而言，基督徒小說家很少，優秀的作品不多。雖然每年基督教出版社出版很多基督教方面的書，其中也有一些文藝著作，但像《天路歷程》、《神曲》那樣的作品還沒有出現。我在台灣寫作還有一個負擔：以前我寫世俗的小說，讀者很多，批評家也很捧場；現在寫基督教小說，讀者就少了，非基督徒的批評家看不懂，以致於無法評論。為此，我不免感到失望躊躇。我曾經把這種牢騷、委屈向神禱告，祂也回應了我：即使我與一般的通俗小說家一樣，書寫了數千萬字，又有何用？人一旦死後，就沒有人會再記念那些文字；但是寫基督教小說，儘管也許不被人看重，卻永遠會被神記念。聖靈說得很直接、實在！的確如此。豈不知「今生的榮耀」俱如草花，太陽一照耀，它們就都枯萎了！

余杰：您是台灣「國家文藝獎」得主，這項殊榮可謂「榮神益己」。最讓我敬重的是，你在頒獎典禮上發表的得獎感言，儼然就是一篇牧師的佈道詞。只是佈道的場所不是教會的講壇，而是冠蓋雲集的文藝盛會。很多知識分子基督徒，有一種「以福音為恥」的心態，不敢在其他知識分子面前表達自己的信仰，基督徒的身份好像會讓別人覺得你很愚昧似的。您在演講表達了要在一個人心剛硬的時代為上帝寫預言的決心，雖然這個時代不再是先知的時代，但先知的使命沒有結束，每一個基督徒都應當成為說出真理，帶領身邊的人「因真理、得自由」的先知式的人物。

宋澤萊：我在第十七屆國家文藝獎的得獎感言中，首先講述了我對聖經的理解。聖經這本完成於上古時代的書籍，其實就是一本記載著大量預言的書籍。在《使徒行傳》第一章第一節到第十一節，記載著耶穌經過被釘十字架、埋葬、復活後，整整有四十天的時間，他又和他的門徒們相聚的若干故事。在耶穌即將升天的那一天，當著門徒的面，說了一些簡短的預言：「但聖靈降臨在你們身上，你們就必得著能力。並要在耶路撒冷、猶太全地，和撒瑪利亞，直到地極，作我的見證。」當耶穌說這些話時，事情還沒有發生；不過兩千年之後的今天，基督教果然已經廣傳世界，就是地球的南北極都存在著信仰它的人。《聖經》裡還有一些文學家比路加更大膽，直接書寫自己從神那裏體會到的、聽到的預言，約翰所寫的〈啟示錄〉就是一個典範。

在現代文學中，我景仰的有三位預言作家。艾略特是一九四九年諾貝爾文學獎得主，他可算是時代的先知。一九二二年寫了詩作《荒原》。詩人筆下的「荒原」土地龜裂、石頭燒紅，草木凋萎，人類精神恍惚渙散，上帝與人、人與人之間不再有聯繫。赫胥黎於一九三二年發表的反烏托邦小說《美麗新世界》中，假設將來有一個人類社會，裏面的人類被劃分成五個階級，第五階級被強制以人工的方式導致腦性缺氧，把人變成癡呆。這本小說預言了如今的科技社會，所有的人都在科技人員的管理底下過著被制約的生活，毫無主動性可言。歐威爾他在一九四八年寫作《一九八四》這本描寫極權監控統治下的新社會小說。這本小說預言了如今現代化政府的社會控制手段和人們的無奈。

以上三位都是英國（不列顛聯合王國）作家，卻可以代表同時代全球的預言作家。他們預言的犀利和神權時代的預言家可說不相上下；但是他們已經沒有中古世紀的預言文學家那麼幸運了。首先，他們已經不能用神的名義說預言。同時，沒有信仰的現代人的人心已經剛硬了，他們對任何預言毫不在乎，痞子一般的現代人似乎說：「我們不在乎你們的預言，不管世界變得如何，習慣了就好！」因此，自從眾多的作家作了預言以後，如今這個世界看起來仍然一樣虛無，科技控制愈來愈囂張，獨裁專制日甚一日。

時間來到了後現代的今天，預言更難寫。由於人心的剛硬更甚，對於所有的預言已經發展出更痞的說詞，他們說：「也許預言是對的，但是我們不怕，因為災難會在別的國家身上發生，可就是不會發生在我們的國家裡。」

儘管如此，我仍然要寫關於這個時代的預言。三十年前，我在《廢墟台灣》中預言台灣人由於漠視公害撲擊的威力和核能發電廠潛在的危險性，在廿一世紀初期，終於導致核電廠爆炸，台灣瞬間變成一座巨大的廢墟，台灣人幾乎全部滅絕。自一九八五年出版這本書以來，我的心情並不輕鬆，常常處於焦慮的狀態中，我多麼害怕預言成真！烏克蘭的「車諾比事件」和日本的「福島事件」的悲慘情況，恰巧和《廢墟台灣》所寫的一模一樣；如果發生在台灣，台灣當然只能變成一片廢墟。

我擔心的還不只是無法完全操控的核分裂本身，而是台灣的人心比世界各國更加剛硬，吉凶不分；歷來主政人的心更是剛硬中的剛硬，他們患了唯利是圖、貪圖眼前的惡性心病，對於核電廠的興建從不曾鬆手，卻是草率行事。我感到危機就要發生。

鄉土文學和人權文學

余杰：除了基督教作家和預言作家的身分之外，您還是台灣鄉土文學和人權文學的代表人物。請您再從這兩個維度作一些分享。

宋澤萊：我創作的過程大致可以分為這樣幾個段落：最早是在大學期間，在那四年裡面，一邊求學，一邊摸索如何寫小說，主要是學習寫作技巧。我開始寫心理小說，但當時年紀輕，對社會也沒有太多認識，只能寫自己的心理，是一種體驗性的、自傳性的寫作。

那時，我受到弗洛姆影響，將弗洛姆的理論小說化，挖掘到人的破壞性。弗洛姆是一位精神科醫生，他對希特勒和史達林都有很多研究，對極權政治有獨到的分析。他有一本書名叫《逃避自由》，討論人為什麼逃避自由，即便在自由地區也要放棄自由？我運用弗洛姆的心理學理論寫人類的破壞性、虐待性，深入精神和心理歷程的層面。有人讀了我的小說之後驚嘆說，二十幾歲的人居然寫得出如此洞察人心的小說！其實，不是我有多麼了不起，而是弗洛姆了不起。

余杰：我也受弗洛姆的影響很大。這位納粹集中營的倖存者，終身對極權主義、大屠殺、集中營的起源問題感興趣。這大概也是經歷過二二八屠殺和天安門屠殺的台灣和中國都應當重視他的原因吧！弗洛姆研究過「人類的惡意侵犯、惡意性和殘忍性」，並發展出「戰爭發動心理學」或者「破壞心理學」。他發出這樣的追問：從一方面說，許多種動物都會同類相鬥，人也是一樣。但從另一方面說，在千萬種同類相鬥的動物中，人卻是唯一相殘的動物——人是唯一的集體屠殺者，唯一不能適應他自己的社會的生物。為什麼一定要這樣？他的結論是，唯有愛和自由能戰勝仇恨、奴役和殺戮。如果人們能及時發現自己熱力追隨的領袖心中那些抑制的性格特徵——諸如自戀、虐待症、全能欲望、冷漠無情、無意識間對自己人格的出賣，這世間將獲得別樣的新生。

宋澤萊：後來，從大學畢業後，我就離開了心理小說的寫作。我開始接觸到社會，過著社會化的生活。我曾經抽煙、喝酒、嚼檳榔，交際很廣泛。跟一些政治界的人作農村運動，去瞭解農村的貧困。長期以來，台灣用農業來輔助工業，犧牲農業、壓低稻米和農產品的價格，為工人做免費的便當。這一經濟政策使得青年轉移到都市，進入工業加工區，到加工廠當廉價工人，這樣老闆賺錢就更多了。

犧牲農業獲得工業發展，日本、英國、中國都是如此。日本後來有回饋農村，農民的日子比較好過。但台灣至今沒有這樣做，直接將農村犧牲掉。最近有錢的企業還來徵收農村耕地，發生了「大埔事件」抗爭。

我在農村長大，比較瞭解農村的狀況。所以第二階段就寫農村小說，把政府對農村的漠視、剝奪寫出來。農村題材的作品中，《打牛湳村》比較有名。這個題材我寫了四、五本書，長篇和短篇都有，因此被歸類為鄉土作家。我希望以小說構建「福爾摩沙庶民圖」。

余杰：宋老師，您的鄉土題材作品，讓我聯想起沈從文。在五四以來的文學傳統中，左翼作家寫鄉村，基本上是刻意用馬列主義、階級觀念來圖解鄉村。即便是魯迅這樣的大師也是如此，所謂「怒其不爭，哀其不幸」，他自己是一個回故鄉訪問的「旁觀者」。而沈從文是少數真正的「鄉下人」，他靠直覺來寫農村，而不是靠意識形態來統籌安排。我發現您也是如此。很多台灣所謂的鄉土作家，根本沒有在農村生活過，也沒有幹過一天的農活。而您就是土生土長的

農村人，生活在書中的鄉村人物之間。

宋澤萊：台灣有一位人類學教授曾對我說，要他們人類學家把農村寫得像《打牛湳村》那麼仔細、深入是不可能的，它超過了一般人類學的調查。這位教授也許說得對，我曾閱讀過美國人類學家前來調查台灣農村的《小龍村——蛻變中的臺灣》那本名著，我也覺得那本書雖然寫得非常用心，但還是沒有真正寫到農民的心聲，是不勞動人的旁觀作品，流於浮面了。我自幼生在農村，在動筆寫《打牛湳村》之前，已經整整在農村生活了二十年以上，寫農村的勞動與農村被剝削的狀況，既不必觀察，也不需理論，都是日常農村生活習慣的一部分。除非你真正的勞動，且自幼就生長在那裡，才能真正瞭解台灣的農村真相是什麼。《打牛湳村》暴露的農村問題，現在依然有效，是台灣農村的最根本問題。

寫完農村題材之後，我的創作進入第三個階段，是「美麗島事件」之後，我轉向寫台灣更加廣闊的社會問題。

比如，台灣社會在經濟高速發展過程中，發生了嚴重的公害問題。我生活的鹿港發生了「反杜邦設廠」運動，是台灣環保運動的起點。我開始關注環保問題，而環保問題中最為迫在眉睫的是什麼問題呢？是核電廠的問題。

一九八零年代中期，蔣經國還活著時，台電炮製出一個駭人聽聞的口號，要在台灣修建二十座核電廠，把台灣的海岸線包圍起來！那時，已經發生了美國「三哩島核洩露事故」，這樣的事故若發生在台灣，彈丸之地的台灣難以承受。如果建造二十座核電廠，只要有一座出問題，整個台灣就毀掉了。

我想要對此寫文章，但不知道如何寫。蔣經國還活著，台灣還處在戒嚴體制下，若要直接寫評論，沒有媒體敢於刊登，寫作者還可能被抓捕。我就考慮用小說的方式來寫，寫成科幻形式的作品，總能過關吧？我就寫了十萬字的小長篇《廢墟台灣》，寫未來台灣因為核電爆炸而毀滅的情形。

寫作倒是很順利，很快完成。但投稿的過程卻很艱辛。我投給《中國時報》副刊，卻遭到退稿。編輯說，你這篇東西雖很好，但我將它刊登出來，我的職位就不保了，因為核電是國民黨的既定政策，非議核電等於是對抗黨國。我就跟他們商量，是不是可以刊登部分章節？他們回答說，部分章節也不能刊登。

既然報紙無法發表，我就只好出書，就找本土的前衛出版社出版。十萬字正好是一本小書。出版社對此書的定位是「核能災害預測小說」。一九八五年剛出版這本書時，幾乎沒有人買，台灣人的反應並不熱烈。大半的人都認為作者在危言聳聽。有經濟學家和核能研究者看到之後非常生氣，將書丟在地上踩。

第二年，也就是一九八六年，蘇聯發生車諾比核電廠爆炸事件，人們這才發現核電廠的危險近在咫尺。這本書在幾個月間賣了數萬本，成為當年的十大暢銷書之一。前幾年，日本福島再次發生海嘯地震引發核電廠事故，對日本人的心靈傷害和打擊非常巨大，此書在台灣也再度熱銷。

其實，現在油頁岩開採技術出現突破，石油非常便宜，實在沒有必要冒險去興建核電廠。但台灣還是有很多人躍躍欲試，他們背後有龐大的利益集團。

這個階段之後，我的創作重點又轉向基督教文學、魔幻寫實主義文學。

余杰：您也是台灣「人權文學」最早的倡導者。你較早直接書寫「二二八」這個禁忌的題材，在小說《抗爆的打貓市》中，有對蔣介石父子掀起偶像崇拜的嘲諷，也寫到慘絕人寰的屠殺場景，如文學評論家陳建忠所言：「宋澤萊是以屠殺的角度來看待二二八事件，他所著重的與其說是重視那段駭人聽聞的歷史，毋寧說他是追究了屠殺者及其幫凶的歷史責任。」您的作品就構成了一個嚴峻的人權法庭。

我很喜歡你的《誰怕宋澤萊？人權文學論集》這本三十年前的老書，放在後太陽花時代公民社會勃興的台灣來看，一點也不過時。不過，那個時候，你的觀點引起很大的非議，即便是所謂的進步陣營，也對你有一場圍剿。

文學評論家陳芳明曾經用「美麗島傷痕文學」來命名之，傷痕文學是中國當代文學中的一個概念。後來，你提出人權文學之後，他非常認同，並認為「它的涵蓋面比較廣泛縱深，它暗含了台灣文學抗爭的、落實的、積極的精神」。而最讓我感動和欽佩的是，當時，您還不是基督徒，就已經從聖經真理出發闡釋人權的來源。人因為被上帝所造才享有尊嚴、自由和權利。而人權又離不開上帝的律法，特別是上帝頒發給人類的「十誡」。

宋澤萊：我最早整理出了〈台灣人權文學小史〉篇章，從日治時代的賴和、楊逵、楊華，一直寫到當代的楊青矗、黃春明、王禎和、施明正、林雙不、呂秀蓮等人，台灣文學就是一頁爭人權的文學史。當人權把人定義為「需擁有四大自由」的生物時，已經飽含了眾多人類的共識。而當人類尚未辨別出那個定義時，作家就應率先將之指出。我提出「人權文學」就是要作家勇於反抗統治者「反人權」的行為，作家應該為人類爭取「人民對自由權、平等權、受益權、參政權的充分獲得，不容打折扣」。

在《誰怕宋澤萊？人權文學論集》這本書中，有一篇最重要的文章，也是引起最大爭議和反駁的文章——《文學・誡命・人權・法治》。我在這篇文章中指出，人權不能離開道德和誡命。在這個「去道德、去誡命」的時代，講道德和誡命當然為那些「進步分子」所不容。

但在我看來，宗教誡命是人類在信仰的歷史階段所遺留的可貴財產，它總是朝向對人類惡德的指控，希望禁戒人類本性裡惡德所不可避免會犯下的過錯，那些惡德正是人類使自己身陷慘境的最大原因。在我們這個「去聖已遙遠」的時代裡，我們能對誡命的理解愈來愈淺薄。我們原本應當清楚地看出來，我們的大半痛苦是因為違背誡命，但在無休止的焦慮、彷徨、恐懼中，我們的眼睛被自己矇住了，乃誤認眼前的都是敵人，誡命也是敵人，將誡命踩在腳下。然而，我們必須回到誡命，文學家踐行誡命也如同水裡救火。

我在文章中點名批評了某些作家說：由台灣眾多有名作家對「道德」、「誡命」的反對，顯露出台灣文學的困境，一個比一個通向道德識別力破毀的頂點。我們的文學家彷彿竟成了惡德的傳聲筒，變成破毀真善的先鋒！捨去了真善，美何能單獨存在？

余杰：正如你對佛教領域中釋昭慧的批評，顯示了你的先見之明，近年來此人已將當年的「進步」面紗全面脫去，為深陷環保風暴和腐敗醜聞的慈濟辯護，暴露出威權主義的本質；你也是很早就對陳映真提出批評，一九八零年代他還是左翼文學教父，批評他簡直就是「政治不正確」，難怪你這個初生之犢會招致長輩們的圍攻。但到了今天，陳映真虛假的左派面目已然暴露無遺，他已墮落成中共的國家資本主義、權貴資本主義的幫凶。三十年後，讀您三十年前的評論文字，仍然感到暢快淋漓。

宋澤萊：在台灣的佛教裡，釋昭慧將來必然還會有驚人的舉動，也還會引起人們的公憤；這是大乘佛教無法避免的，我總覺得台灣大乘佛教裡頭實在很不乾淨，是佛魔同體、戒與不戒同體的世界，彷彿時刻都會發生問題，也不知道有誰能收拾它，真可怕。在文壇上，台灣現代主義流行的一九七零、一九八零時代，作家都持道德、價值的相對論，好像一旦相信道德、戒條，就會被視為傻瓜。陳映真的私德還很不錯，畢竟他是神學家庭出身。有些沒有宗教信仰的文學人的品性就很壞，我當時年輕，聽了覺得很害怕。所有的這些，都是因為毀壞、不信道德戒條的結果。我們知道，一個民族的道德好，民族就強盛；假若道德衰敗，人民要活著尚且不能，更不要說什麼強盛。我們也知道以色列民族是靠上帝的誡命、保持民德而維持下來的，甚至復興了他們的國家。由此可知，台灣的未來，包括中國的未來，也在於讓全盤的宗教自由以及人權得以展開，以期在民德被破滅殆盡時以誡命、人權作憑藉，這也是文學家不可怠慢的使命。

第 2 章

在濁浪滔天的時代信如磐石
——中華基督教長老會台北信友堂康來昌牧師訪談

教師之家中的孩子如何被聖靈光照？|

留學美國，體驗基督教社會的美善|

從神學研究到牧會：神學就是在日常生活中學神|

家庭是基督徒的聖殿，孩子是上帝賜予的產業|

作「既批判文化又開創文化」的基督徒知識人|

康來昌簡歷

康來昌，一九四九年生於台北，在一個知識分子家庭中長大。從小在父母的帶領下到和平長老教會聚會，在教會中成長，其間也經歷了信仰上的懷疑和掙扎。畢業於文化大學、中華福音神學院。後赴美國留學，一九八九年於美國範德堡大學取得基督教倫理學博士學位。

一九八九年至一九九五年，康來昌出任中華福音神學院教務主任。一九九六年至今，任中華基督教長老會台北信友堂牧師、中華福音神學院兼任教授。

在台灣及華人世界，康來昌牧師的講道深受基督徒喜愛。他以聖經為本，以真實為原則，既有屬靈的看見，又有充滿智慧的風趣幽默，平凡誠實，深入淺出。他以數十年的信仰經歷和牧會經驗，體察信徒心裡的疑問和軟弱，帶領信徒認識神，建立信心，從屬世向屬靈轉變，對信徒成長有實質性的幫助。

牧會與教學之餘，康來昌也勤於著述。他曾與陳濟民

・一九九七年康來昌牧師於台北信友堂封牧典禮合照

博士一同校訂神學著作《當代神學辭典》。多年來，出版有專著：《流浪的神》、《井歌》、《當十字架變為十字軍》、《基督徒的最後試探》、《喜從何來》、《聖經內外》、《聖靈論》、《門徒的學習》、《與我共遊奇幻國度：魔戒導讀》、《吉光片羽》、《度金針》等；翻譯有：《神啟示權威》（四冊）、《新約經文鑒別學》、《早期基督教教義》等；還出版釋經講道的DVD多種。

採訪緣起

第一次訪問台灣時，我聽很多基督徒朋友談到康來昌牧師，比我先去台灣訪問的王怡告訴我，康牧師堪稱台灣講道第一人，在華人基督徒中幾乎形成了一個「康派」。

後來，由鄭哲民牧師夫婦做東，請我們夫婦和康牧師夫婦一同在台北郊外劍潭的原美軍俱樂部餐敘。那是我第一次見到康牧師，跟在講道影片上看到的西裝革履、神采飛揚的模樣頗不相同：他個子矮小，小平頭，圓圓的娃娃臉，看上去比實際年齡小很多。樸實的衣著，謙卑的微笑，如同住在

·康來昌牧師年輕時照片

隔壁的阿伯或工友，完全不像是神學院的教授和大教會的牧師。他亦沒有很多年長牧師給人的那種居高臨下的威嚴感與距離感，他平易近人、言語風趣，很快我們就如同老友般熱烈地聊起來。

最有意思的是，那天康牧師不吃主食，一連點了三道甜點。師母勸他少吃甜點，他卻像孩子一樣貪婪地說：「我對甜點有一種狂熱的愛。」在這一點上，他倒是跟我們家的兒子有共同的語言。當了多年的牧師，還能保持一顆天真的童心，真是太不容易了。

之後，我到信友堂去訪問康牧師，那是一間我所見過最狹小的牧師辦公室。康牧師不像我的很多訪談對象那樣正襟危坐、斟詞酌句，而是盤腿坐在椅子上，天南海北地談開了。談到激動之處，他發出朗朗的笑聲，臉上生動的表情，讓我聯想起四川的老朋友、公共知識分子、同時也是基督徒的冉雲飛——冉雲飛有一個外號叫「冉匪」，所謂「匪」是相對於拘謹的學院派而言，有渾然天成的山野之氣。在康牧師身上，除了天真的孩子氣之外，也有這種不拘一格、逍遙自在、不受教會內部某種僵化文化傳統束縛的「自由精神」，或許這就是「因真理、得自由」的基督徒的本真狀態。

幾度訪問台灣，經過跟康牧師持續三年的多次面談，我整理出了這份訪談。

教師之家中的孩子如何被聖靈光照？

余杰：康牧師，先請您從童年生活談起吧。我知道您是一九四九年出生的，那年剛好是兩岸分治的開始，台灣歷史掀開新的一頁。在冷戰的大背景下，此後數十年兩岸的武力

對峙，在台灣人心靈深處必定留下深深的陰影。

康來昌：我的父親康洪元是中央大學數學系畢業生，母親董有蘭是復旦大學化學系畢業生，他們都是在抗戰的硝煙中完成的學業，一九四八年在上海結為夫婦。之後，他們來到台灣，本來是計畫在台灣蜜月旅行，過一段日子就回去，卻從未想到再也回不去了。

後來，父親在台師大數學系任教，曾擔任系主任，一九六零年代赴美取得碩士學位，台灣的大學裡使用最多的那本數學教材是他參與編寫的。再後來，他又到台中的教會大學——東海大學「為主所用」，主持數學系並擔任訓導長。母親則常年任教於北一女及台師大，也曾赴美進修，是師大化學系有名的「董媽媽」。

爸爸媽媽剛到台灣時，台灣社會人心惶惶。國民黨的威權統治引發台灣人的反抗，發生了二二八事件。屠殺之後，人們心驚膽戰、「道路以目」。而彼岸的共產黨似乎隨時都會打過來，國軍尚未有喘息之機，更無招架之力。大家都在惶恐不安地想：如果共軍打過來該怎麼辦？直到韓戰爆發，美國協防台灣，台灣的局勢才穩定下來。

美軍來台灣改變了台灣的命運，這是歷史的事實。父親有一位朋友，是北大畢業的，在國防部工作，負責科技方面的工作。他有一次對父親說：國共兩邊都宣傳美軍是花花公子，其實美軍真的非常厲害。美軍駐防台灣之後，迅速在全島建立起雷達體系，對此前日本建設的軍事設施瞭如指掌，很多情況連國軍都不知道。金門炮戰能取勝，就是靠美軍運來的大口徑砲彈，讓共軍聞風喪膽。國民黨的戰史卻不提這一段，國民黨依賴美國卻仇恨美國。

余杰：我最近讀《俞大維回憶錄》，其中有提到這一段。俞大維向美軍爭取到大砲，才扭轉前線戰局，迫使中共停戰。

康牧師，請接著分享您的童年生活。我在您的姐姐康來新教授那裡，看到您母親寫的一篇回憶文章。您父母先抵達台中樹仔腳高工教書，在日式的宿舍中居住，四個臥房，住了六家十四口人。您們家三年間添了三個孩子，好心的鄰居常常幫著照看。一九五三年，您們再舉家北遷，住進溫州街師大宿舍，雖然只有兩間房，但有了自己的廚房和廁所以及小院。

您母親還寫道：「老二最愛打球，問他將來做什麼，他會說考體育系，天天有球打。老二那時最喜歡一位擦皮鞋的上海伯伯，總是對人說：『阿拉長大了去擦皮鞋。』」您母親還說：「老二天生會講話，未滿一歲就能說很多話。有一次抱他在院子玩，他的小手指著天空說：『媽媽，太陽蓋被被睡覺了。』」看來，上帝在您小時候就為您預備了口才，讓您擁有當牧師的首要條件。

康來昌：我是一名典型教師家庭的子弟，生活單純，家境清貧但還不至於捱餓。在我的童年時代，台灣經濟還沒有發展起來，孩子們沒有什麼玩的東西，家庭生活也比較正常。

父母經過抗戰八年的磨難，知道如何過日子。他們發的薪水，在買了奶粉之後就所剩無幾。那時，米比麵貴，他們就買麵粉回家做麵食，我們這個南方人的家庭居然習慣了以麵為主食。我記得一家人週末一起包餃子的場景，爸爸負責在廚房張羅，媽媽負責擀麵皮，我們三個孩子負責包，一邊包一邊聽收音機中白銀阿姨教唱歌：「小河裡，有白鵝⋯⋯」吃完飯，又一起聽中廣星期天晚上八點半的廣播劇。

余杰：您爸爸媽媽是如何信主的，您們全家一起去教會嗎？

康來昌：我們一家在溫州街的宿舍裡住了好多年。一開始，家中沒有人信主，後來有一位友人把信耶穌的道理向父母親傳講，他們覺得有理，就在真理堂參加一個英文查經班，然後跟友人一起到和平長老教會聚會。兩年以後，爸爸媽媽受洗，成為我們家第一代基督徒。

多年之後，我才知道，父母那一輩人，天天怕共產黨打過來。共產黨勢如破竹，國民黨把整個大陸都丟掉了，又怎能保住台灣？在那個朝不保夕的時代，人們的心很柔軟，信主很容易，就好像溺水的人主動伸手抓住救命稻草一樣。

父母受洗之後，我們三個孩子也都受了幼童洗禮。我從小被父母帶到教會上兒童主日學，教會給我的感覺很好，心想主耶穌應該是真實存在的，祂不會騙我們才對。不過，我對基督信仰只有模糊的認識，還算不得真正的基督徒。

到了國小五、六年級時，我再受堅振禮，信仰才有了根基。小學時，我曾偷過學校的書，後來聖靈光照我，明白這是罪，我就寫信給學校，承認偷書的罪。校長收到信後，非但沒有責備我，反而還表揚了我一番，讓我的靈程又往前進了一步。我愈看重神的話，心就愈被聖靈光照，在上帝面前承認自己對祂的信心太小了，主也藉此加添我力量，讓我繼續信下去。

當我就讀師大附中時，參加了校園福音團契。附中團契的另外兩位同工，一位是著有《貝德士的名單》、專攻中國教會歷史的學者魏外揚，另一位是校園福音團契的彭懷冰牧師。讀初一那年，我參加校園團契主辦的退修會，當時的講員是王載和韓偉，他們所講的道很有屬靈的生命，深深吸引我心，讓我對靈修生活產生興趣，也穩定地讀經禱告，靈命慢慢有了長進。

余杰：真信仰的體現是認罪悔改、重生得救。我小時候也在學校的圖書館偷過書，在物質匱乏的年代，哪個愛讀書的孩子沒有偷過書呢？但若不是上帝光照我們、聖靈感動我們，人不會承認這樣的罪，因為人對罪不敏感。在信仰之路上，青年時代的您有過哪些掙扎和困惑？

康來昌：我的信仰之旅並非一帆風順，曾遇到嚴重的信仰危機。所謂的「內心掙扎」就是，我始終覺得有上帝，但又認為上帝不夠善良，祂的作為很令人費解。我常常想，為什麼上帝會讓這麼多不公不義的事情發生？讀《約伯記》，卻很長時間都讀不懂。

我特別不能容忍不公不義的事情發生，但我又是一個膽小的人，當這些事情真的發生時，又不敢像武俠小說中的俠客那樣衝上去制止。我對他人的痛苦比較能感同身受，在街上看到趕牛車的農夫、拉三輪車的退伍老兵，他們辛苦謀生，卻遭到凌辱、打罵。我就想，如果能設計出機械來幫助他們，他們就不必受苦了。機器需要科學，我就迷信科學。但我看到蘇聯的科學很發達，有宇宙飛船，但在獨裁制度下，人民仍然很痛苦，看來科學也解決不了問題。於是，我又想，或許可以靠民主政治；就偷偷讀很多左派的、社會主義的書，從對蔣公的崇拜變成對共產黨有好感，記得周恩來去世時，我還偷偷地哭泣過呢！但接著我又發現，民主政治也不能解決問題，不能制約人性的惡，民主制度下人們的人生仍是虛空的虛空。我意識到，人的問題不能靠科技和民主政治解決，而是要改變人心。而改變人心的方法，唯有靠福音。

另一個類似的問題是，我曾覺得，聖經充滿矛盾，聖經難道真的是神的話嗎？比如，有一次，我在讀四福音書時，很認真地把其中相同和不同的地方找出來。然後，我就有了一系列的追問：為何四個作者所記的內容不同？為何神是獨一的真神？為何聖經是神的話？這些疑惑都在我內心引起很大的波濤。即使我心裡知道聖經很真實，不可能否定它，但我也不能無視於心中的疑惑。

為了這兩個問題，我掙扎了幾十年，神卻對我滿有恩典，讓我愈來愈心悅誠服。青少年時代，每個星期日，我繼續教兒童主日學、參與詩班的工作，也去外面為青少年佈道，在這些行動中，神慢慢淡化了我對聖經的疑惑。

後來，我讀了更多書，特別是加爾文對聖經的正面看法給我不少影響，從中我明白到，聖經抄寫會有筆誤，但聖經是神的話，這是絕對無誤的。

余杰：你在大學一年級的時候就蒙召做了傳道人，那是在一個什麼樣的契機之下發生的？

康來昌：讀大一時，上帝呼召我一生作傳道者。我的蒙召並非在什麼特別的情形下發生，而是我領會到人需要福音、只有福音才能救人，然後自然就發生了。以前，我認為科學能救人、醫學能救人，唯獨基督教不能，因為跟人沒有什麼實際關係。長大後，我發現自己錯了，政治、科學、醫學救不了人的靈魂，但唯有福音才能。正如我對人缺乏憐憫、缺乏愛，靠我自己的方法怎能去愛？不行，唯有靠耶穌赦罪的生命進入我心，才能學會去愛。

怎樣才能愛人？這是我體驗信仰的另一個新里程。即使我成為傳道人、擁有博士學位後，若是靠「職稱」、「頭銜」、「社會地位」去愛人，我的愛仍是非常有限的。人不可能依靠學識和道德約束去愛人。由於對人缺乏愛，我從華神畢業後，選擇當一名高高在上的神學家，認為將自己關閉在書齋中，只要平時動動筆就好，不用去管愛不愛人的問題，這樣可以安全地過一輩子。但上帝讓我出國念書，用十年讀博士的時間重新調整我。

媽媽說我從小能說會道，但我的個性其實比較孤僻。個性孤僻的人如何當傳道人呢？上帝一直磨練我、雕琢我，包括在學業、婚姻、生活各個方面。我的功課從來都不好，普普通通，一直到大學和神學院。我喜歡讀無助於考試的書，讀了很多閒書——直到現在，除了研究神學、教導真理之外，我最大的興趣愛好是讀偵探和間諜小說，從中琢磨人性的複雜幽微。

· 康來昌牧師全家福

余杰：我讀過您寫的評論間諜小說大師勒卡雷作品的文章，比文學評論家者寫的還要精彩，因為從基督教的人性倫出發，才能深切洞察人心的豐富維度。我記得神學家 G. K. 切斯特頓除了寫神學著作之外，也寫偵探小說。

康來昌：我在神學院時，大家都覺得我沒有蒙召，因為我說不出別人那種大起大落的經歷，也沒有聽到上帝親口對我說話。我是漸進式地蒙神呼召，最早想進神學院是因摻雜著不想在世俗大學念書的動機，是想躲避問題。但是，對神的愛，我愈來愈有體會，覺得福音愈來愈寶貴。主引領我，到後來念了博士，再回台灣來教書。

一九九六年，上帝又帶領我到信友堂參與牧會，一直到今天。特別需要提的是，父親退休之後，於台北、台中兩地之間來去自如，或偶訪中國大陸的親友。他每週日都到信友堂聚會，這成了他生活中最大的喜樂。他和媽媽做完禮拜後，再和小輩、小小輩去旁邊的館子吃牛肉麵、水餃，回家回味講章，地糧、靈糧乃至免費的公車，無不津津樂道，充滿感恩。在信友堂內，曾留下我們全家十口的合影，其中每

· 康來昌牧師（二排最右邊）和平教會青年團契郊遊合照

位成員身上都充滿了上帝的恩典與神蹟。

留學美國，體驗基督教社會的美善

余杰：我們暫時跳過您的大學時代和在台灣念神學院的那段時期，請您分享美國留學生涯對您的信仰和生活的影響。據我所知，您是在一家新派神學院念書，在那種氛圍中如何持守自己的信仰呢？

康來昌：一開始，我並不積極去美國留學。神學院畢業後有一段時間，我在家安靜地做翻譯工作，翻譯了好幾本神學著作。那時，我想，翻譯很重要，我願意以這個時代的嚴復為願景，架設一道思想文化的橋樑（嚴復透過翻譯西方經典帶動了中國的近代化），如果沒有嚴復，就不會有戊戌變法，甚至後來的五四運動。這樣，還可以在家工作，不必跟人打交道。但上帝為我開道路，讓我跟妻子一起到了美國。

卻沒有想到，我讀的是一家新派（自由派）的神學院。我申請的時候只看重他們給全額的獎學金，進去才知道，那裡真正信耶穌的人並不多，這是不是有點荒謬呢？——神

・康來昌牧師留美家居生活照

學院中，大部分師生居然是「不信派」？這就是西方學術機構、包括神學院的現狀。

余杰：教會的衰敗，跟神學和神學教育的偏差有直接關係，近半個世紀以來，西方主流神學的自由派趨勢，對教會傷害甚大。

康來昌：我的指導教授雖是一名著名的神學教授，卻又是一名拒絕相信神蹟的無神論者。這批學者的想法是，神蹟不可信，不符合人的理性。這更讓我體會到，人一旦對聖經的權威失去信心，之後會帶著永無止盡的心去懷疑一切，我的老師就是如此，許多神學生也是如此。

在那種情形下，我求神憐憫我，讓我知道如何降服在祂的十字架下，讓我分辨何謂真偽。後來，神的話提醒了我，保羅說：「我曾定了主意，在你們中間不知道別的，只知道耶穌基督並他釘十字架。」唯有耶穌和祂的十字架才是使我謙卑的唯一祕訣，我不能靠自己的聰明才智去研究或牧會，那我就會變得跟那些自由派一樣。這句話讓我在那種環境之下仍然堅持自己的信仰。

余杰：剛到美國，有過怎樣的「文化震撼」的體驗？

康來昌：到美國，首先給我們帶來巨大衝擊的，是美國人的日常生活方式，我可以舉例說明。我念書的地方是一個小城。我們星期六到達，住在一位美國教授家裡。我們第一次去，他就把鑰匙給我們。我和我太太出去探訪朋友，吃完飯，拿了鑰匙，就出去了。主人已經出門了，我們把門一鎖就出去了。等我們回來時，看到這對美國夫妻站在門口進不去。我就問：「怎麼回事啊？」男主人說：「你們把我們鎖在門外了。」我說：「你們自己不帶鑰匙啊？」他說：「我們很少帶。」我就奇怪了：「那你們裝鎖有什麼用？」他回答說：「我們從來沒有鎖過門。」那時，我有一顆好羡慕的心啊！美國人擁有的金錢、武力、科技，我都不羡慕；我羨慕的是，大家可以「習慣不上鎖」，不怕有人會來偷你、害你。這就叫平安。我們多麼希望有這樣的平安。

另一個例子是：我們隨身帶了幾千塊錢美金的生活費，我問房東說：「這錢放在哪裡比較好，哪個銀行比較好？」房東告訴我，某個銀行不錯，他的錢都放在那邊。我就帶著幾千塊美金去了那家銀行。行員問：「你需要什麼幫助？」我說要存錢。工作人員領我到一個房間，裡面有一位先生說：「你要存錢啊？把錢給我吧！」我把幾千塊錢給了他。他一邊在表格上填寫資料，一邊跟我聊天，很快就說：「都辦妥了，你可以走了。」我是一個很笨的人，也是一個很膽小的人，心裡想：「不太對啊？他最少應該給我一張收據吧？」但那是我第一次到美國的銀行存錢，害怕人家罵我是笨蛋，不敢跟他要收據，就那樣兩手空空地走了。我回去跟房東講：「我都沒有任何憑證，他會不會騙我啊？」房東說，「不會啦不會啦，這裡不會有這樣的事。」一個月以後，我收到了完全入帳的銀行通知。多年後，我講這個事仍然要掉眼淚。你知道那是多大的幸福嗎？人和人之間沒有欺騙，這是多大的幸福啊！

余杰：美國雖然不是一個基督教國家（以基督教為國教），卻是深受基督教文明影響的國家（基督教文明滲透到社會生活的方方面面）。很多人到美國旅行，甚至到美國念書，只是在幾個大城市，如紐約、波士頓、芝加哥、洛杉磯，就以為認識了全部的美國，以及美國文化的每個層面。

其實，那些大城市並不能代表美國，真正的美國文化和精神沉澱在中部、南部，沉澱在小鎮和鄉村，那裡居民的生活，延續了清教徒傳統，美國社會生生不息的力量從那些地方孕育生長。

康來昌：即便很多在美國生活很多年的華人，並沒有融入美國社會，他們永遠在自己的圈子裡自說自話。我想起那些來華傳教的前輩，他們融入中國社會，到鄉村，甚至最偏遠落後的地方扎根下來，這種態度才值得我們學習。

我到美國留學時，決定住在美國人家中，跟他們一起生活、體驗他們的信仰、學習他們的長處。不要怕被說成是崇洋媚外，要在生活的每個方面觀察基督信仰潛移默化的作用。中國文化的轉化需要這樣一種日常生活方式的轉化，不單單是上層建築的轉化；劉曉波說「三百年殖民地」是有道理的，印度只當了一百多年殖民地，雖然建立起英國式的民主制度，但仍然存在賤民制度，那是一種不可思議的罪惡，說明他們的文化深層結構、精神和心靈還沒有被清潔和替代。這需要聖靈很長時間的工作。

我在美國發現，美國人崇尚勞動和為他人服務，這是一種來自基督教很特別的理念。很多美國朋友，自己蓋房子或裝修房子、整理花園，在勞動中享受快樂。好幾位公司的董事長，都自己修汽車、修洗衣機，我跟他們握手，感覺到他們手很粗糙，手上有老繭。這讓我想起一個細節，我讀一名當年紅衛兵領袖的回憶錄，說他曾被毛主席接見，跟毛主席握手，感到毛的手很光滑、很柔軟——這是沒有幹過粗活的手。毛出身富農家庭，自稱無產階級，在「延安文藝座談會上的講話」中，他推崇體力勞動，說「挑糞種田、手上沾糞的人」才最光榮，但他自己從未勞動過！

中國人一向看不起勞動者，體力勞動和腦力勞動有明確的區分，所謂「勞心者治人，勞力者治於人」。中國人特別愛面子，常說「給面子」，但面子是自尊，不是別人給的。基督教改變了「四體不勤、五穀不分」的精英觀念，用手勞作，汗流滿面，不是羞恥，而是光榮。上帝讓我們看守、管理世界，世界的每一個部分都是上帝所造，每一項工作都很光榮。在英國，有嚴格的階級制度，但又不是一個僵化的等級社會，麵包師也有尊嚴，並不比貴族低賤。即便是國王，也要教育王子和公主們，對僕人一定要尊重。

余杰：就像《簡愛》裡女主人公的那句名言，「我的出身雖然低賤，但我有高貴的靈魂。」柴契爾夫人在自傳中記載了她的父親、雜貨店老闆艾爾弗雷德・羅伯茨的一句話：「我寧願在英國擦皮鞋，也不願意成為其他重要國家的大人物，因為我知道，在英國我才能得到寬容和公正的待遇。」歷史學家麥克法蘭在《現代世界的誕生》中也強調，英國的勞動階層比在其他任何國家都受到尊重，可以出任教會的執事、市鎮的治安官。英國人的榮譽感來自於一個人應當誠實、公正、廉潔、守契約、重然諾、不欺詐、講公平。美國文化源於英國文化，又比英國更平等、更平民化。這跟清教徒「人因被造而平等」的理念有關。

康來昌：我住的那個地方，是美國鄉村音樂的聖地，大部分人都是基督徒，都去教會。我去的那個教會，禮拜日在一個舊的戲院聚會，一千多個座位都滿滿的，富人、窮人，白人、黑人，都在一起聚會。九點開始唱聖詩，沒有主持人，唱完之後就讀經、禱告，然後是講道。教會的執事，都是在社會上有工作的人，有服務大家的心，包括打掃和維修教堂，用手服務的心，不單單是用嘴（教導）來服務。他們重視家庭，禮拜日全家一起去敬拜上帝，然後去公園休閒和運動，晚上再一起吃一頓簡單的披薩，度過快樂的一天。

我發現，基督信仰對人們日常生活的影響非常大。有一次，一位在教會服事的董事長夫人分享說，她原來的夢想是酒會、鑽戒、旅行，認為那些東西能帶來快樂。後來，上帝改變了她，讓她在教會帶領那些剛剛結婚的年輕夫婦查經、禱告，差不多成了一名全時間的神職人員，她在服事他人的過程中感受到真正的快樂。他們有一個剛剛二十歲的小兒子，在聖誕節的晚上，在停車場遭到匪徒的搶劫、殺害。他們傷心欲絕，但上帝堅固了他們的信心。幾天以後，他們夫婦雖然還在痛苦中，得知教會裡有一對夫婦吵架、要離婚，就在暴風雪中開車去那戶人家中，跟他們一起讀經禱告，幫助他們挽回了差點破裂的婚姻。而對方還不知道他們剛剛失去兒子。

還有一對老夫婦，我們都叫他們馬丁爸爸、馬丁媽媽。他們是工人，特別喜歡幫別人修東西，當地的華人都認識他們。不管是不是基督徒，不管你的房子、車子、電視機出了什麼問題，一打電話給他們，他們就上門幫忙；如果你沒有錢，他就分文不取。有些華人貪小便宜，明明經濟條件很好，卻不付修理費，他也不追究，樂呵呵地就離開了。有一次，我問馬丁爸爸：「你對這些貪婪的人為什麼不生氣呢？」他回答說：「我為什麼要生氣呢？我的技能是上帝給我的恩典，我已經豐衣足食，幫助別人有什麼不好呢？」每到下雪天，他常常幫左鄰右舍撒鹽化雪，他自己的生活很節省，卻給華人的孩子買很好的禮物，他認為這些華人家庭離開祖國千萬哩，更需要得到關愛。

余杰：一般人看不到這樣一個美國，看不到這個基督教社會美善的面向。在台灣和中國，反美思潮是一種時尚，知識界和媒體界更是如此。就連很多基督徒也是逢美必反。您是少數敢於公開讚揚美國的牧師。

康來昌：在美國讀書那幾年，我的個性有很大的改變，在這種基督教氛圍中享受愛，也學習去愛人，這比在課堂上學到的神學知識更重要。我不覺得教授給了我多少東西，很多思想都是我自己讀經、禱告，到圖書館中慢慢琢磨出來的。

當然，我不是說美國和美國基督徒完美無瑕，人都是罪人，美國社會也有自己的問題。我在速食廳打工時，遇到過被有「種族歧視觀念」的人羞辱過，這是美國尚未解決的一大問題。但我仍然向上帝深深感恩，讓我有這一段異域的生活，並深切體驗信仰對日常生活的改變。

從神學研究到牧會：神學就是在日常生活中學神

余杰：康牧師，從美國留學回國之後，您為何只教了幾年書，就投入更為艱難的牧會工作？您不是說教書是您最愛的事情嗎？

康來昌：我在大學時，對未來的職業有兩個想像：一個是當老師，把真理告訴別人，聖經說，因真理，得自由。即便我不明白真理，至少可以做到告訴別人真相。那麼，第二種職業也不錯，就是當記者，專門揭露官場和社會黑幕，說出那些不為人知的真相。當然，我很喜歡讀偵探小說，以及法庭辯論的文本，但當員警或律師對我太難了。

回國後，我在中華福音神學院當教授，這不正圓了我的老師夢嗎？我確實很喜歡教書。但是，我對當今神學院的走向十分憂心，如果神學院的老師都以升到正牌教授為目標，以被政府承認為目標，以發表論文和著述為目標，長此以往，信仰就會發生偏差。神學院裡所教導的教義，不管說起來多麼純正，如果老師本人對神、對人沒有愛，最後都會發生很大的偏差。學生跟老師的關係是耳濡目染、日積月累的，連儒家都知道「言傳身教」的道理，神學院裡面有多少老師做到這一點？老師在課堂上講「標準答案」是很容易的。比如，一定要好好愛主、愛靈魂、好好讀經禱告、聖經要熟悉等等；但這些都是口號，雖然是正確的，但如果不能實踐，就等於零，對學生毫無幫助。我認為，如果學生在靈命方面出了問題，老師負有很大的責任。老師必須要讓學生知道，老師所講的真理是最寶貴的，老師不是在炫耀學問，乃是在傳遞神的話，這裡要有很大的智慧、聰明、知識，但最重要的是「有愛心」。

余杰：是的，現在無論是華人的神學院，還是西方的神學院，很多都成了跟世俗的大學一樣的學術研究機構，培養不出有愛心的傳道人。甚至有年輕的、躊躇滿志的、愛神愛人的學生，念了神學院之後變成了不信神的人，這是多麼讓人覺得遺憾的事情。

康來昌：當初我離開神學院，是神感動我，讓我認識到，我這個沒有愛心的人，繼續教下去是不好的。我需要學習去愛人，否則教書只能是死路一條，也不能把學生教好——只是講授一些知識和教條有什麼用呢？我們一天到晚講，上帝是愛，要彼此相愛，結果我不過是愛自己的學術地位而已。我覺得是神憐憫我，讓我看到我需要在另外的崗位上被上帝雕琢、打磨。

那時，我常常應邀到教會講道、帶領退修會。如果是一連好幾天的退修會，我會跟大家吃住在一起，跟他們有生命的連接和交流，而不是泛泛而論、坐而論道。我就想，如果永遠在神學院教書，是不是「光說不練」呢？我很希望能跟一群基督徒共同走天路，一起笑，一起哭，一起經歷生命的艱難，一起享受上帝的恩典。後來，沈正牧師邀請我到基督教中華長老會台北信友堂擔任副牧師，我欣然同意。我向神學院的黃子嘉院長請辭，並答應繼續當兼職教師。

余杰：信友堂是一家怎樣的教會？您一開始是如何展開牧會工作的？

康來昌：我們家來自上海，信友堂也是一家來自上海的、有一百多年歷史的長老教會。信友堂由原上海的三間長老教會所發衍出來，即滬南清心堂、滬北鴻德堂及虹口閘北堂。此三間教堂原由美北長老會上海西差會所派的范約翰宣教士於上海傳道時，自一八八八年左右分別設立。一九二七年，中華基督教會全國總會於上海成立，三堂均隸屬於中華基督教會。

中共佔領中國大陸之後，三堂信徒失散避難台灣，假台北市中山南路三號「濟南街基督長老教會」聚會，由閻靜平牧師牧會，時約五十人聚會，並同時聘得陳維屏牧師、沈辰遠牧師配搭事奉。一九六二年，教會購得現在所在這塊地方建成禮拜堂，名為「基督教長老會信友堂」。

一九七九年，教會延聘沈正弟兄牧會，次年按立沈正弟兄為牧師，全面加強成人主日學與教會事工同步化，成立各項部門各司其職。因會友人數增加、空間擁擠，一九八九年教會擴建為地上五層地下一層之建築，也就是我們今天所在的建築的狀貌。

如今，我們的主日崇拜共有四堂，會友人數增加到兩千多人，主日參加敬拜的有近三千人。我們另外在羅斯福路上租了兩個房間，裝了播放投影的設備，會眾可以在那裡看講道的錄影。另外，我們還有一個相對獨立的英文堂。

我們重視宣教，先後設立多家分堂，也持續差派並支持海外跨文化的宣教師在各地宣教。比如，幫助台灣鄉下的弱小教會，以及去中國大陸宣教。

我剛到信友堂時，雖然我長於講道，但我發現做愛心關懷對我更有幫助。我們教會的牧師，每個都讓我很佩服，他們都比我了不起。比如，有一位牧師患肝癌，肝已切掉一半，本來教會安排他休息，他還常常去醫院探望病人，去安寧病房做臨終關懷，以及主持追思禮拜。這些看起來都是沒有盼望的工作，他卻做得那麼喜樂。服事主是從最微小的地方開始，不要把服事主想成一定要做到多了不起的地步，比如搬桌椅、分菜、倒垃圾，都是很榮耀主的事情。我就是從這些細小的事情一點一點開始的。

在牧會中，上帝讓我明白，不能只在書齋裡過自得其樂的生活。讀書確實是一件很愉快的事情，但一旦出了書房，不管遇到任何人，真正相處起來就會發現有各種各樣的困難。然而，服務、愛和喜樂，就在這個過程中得到學習和建造。你領受神的話，再被艱難的事磨練，那是最有意義的事情。

余杰：康牧師，您是華人教會中少有的將全本聖經逐句講解完的牧師，您的講道深受會友及網友的喜愛。是否可以請您分享一下，每次您是如何準備講章的？當年輕一代傳道人走上講台的時候，您認為最該提醒他們的事情是什麼？

康來昌：我的講道準備過程，第一，確定這段經文在講什麼？第二，確定我要根據這段經文講什麼？第一和第二有密切關係但不同；第三，確定會眾要聽什麼？第一、第二、第三關係密切，但又有不同。我不怎麼看注釋書，但常常參考聖經字典和彙編。

我認為，講道有二要事：首先是敬畏神、敬畏神的話；其次是愛會眾，那是主的羊。只有先做到這兩點，才能講好道。

余杰：信友堂是一家大型教會，牧師如何在傳講聖經真理與教會日常事務管理之間平衡地分配時間和精力？

康來昌：我自己的時間安排是每天早上四、五點就起床，然後到教會，趁時候還早、很安靜，就讀書、禱告、靈修。到了上午，就給有需要的弟兄姊妹打電話，上午要打若干個電話，也有會友到教會來找我談話，那是比較繁忙的一段時間。

很多教會的牧師整天都很繁忙，教會的事務確實千頭萬緒。如何處理各項事務，我個人的經驗是：第一，牧師必須要有時間禱告、讀經並閱讀各類書籍，充實自己。如果牧師不讀經及閱讀其他書籍，生命就變得很淺薄，講道也會很乏味。第二，勤於探訪，在探訪中跟弟兄姊妹建立起親密的關係。第三，行政總務的事，多給長執來做。這一點很多牧師都不容易做到。牧師不要被事務性的工作纏累，不要事必躬親，像諸葛亮那樣被累死。第四，喜宴應酬等不參加。

余杰：康牧師，您除了平日的牧會工作，還在基督教媒體做節目，錄製講解聖經的系列專題片。這是一項很艱鉅卻能造福更多弟兄姊妹的工作。

康來昌：我星期一、二常常到佳音電台、好消息電視台錄音、錄影。以前，一天可以錄八小時都沒有關係，但現在體力差了，不能再這樣做，但我仍然盡力去做。

我知道台灣以及華人基督徒群體中有一些弟兄姊妹喜歡聽我講道，但我更知道靠我一張嘴皮子不能成就什麼，若不是基督在我裡面作我的主，我一點都不能說、不能做。另一方面，到教會牧會與人更多接觸之後，神讓我知道，若不是藉著祂，我什麼都不能，我像是大衛所說的：「我是蟲，不是人。」蟲只能求神憐憫恩眷，其餘別無所求。

余杰：康牧師，您對台灣教會乃至華人教會的現狀，有怎樣的觀察和思考，並有哪些期望？

康來昌：我對華人教會的期望是，應當對正統的教義有正確的認識，這方面改革宗做得很好。

我比較擔憂的一點是，很多教會太注重組織大型聚會、特會、佈道會，把所有的資源都投入其中。這不是教會應有的常態，當年宋尚節做過大型聚會，但不是每個教會、每個傳道人都要這樣去做。更重要的是，大家在一家一百人左右的地方教會，會眾好好聚會，講員老實傳道。現在大家喜歡用聲光電來刺激，靈恩派又有醫病趕鬼、哭泣歡呼，陷入某種狂熱狀態，認為是了不起的見證。其實，教會最不需要這些東西，教會恰恰需要的是回歸常態。不能刻意去追求所謂的「大復興」，大復興的領袖、講員及時代背景，可能幾百年才出現一次，我們不一定恭逢其會。而且，從歷史上的大復興來看，很多都是人亡政息，並未能持久下去。

上帝在我們生活中的多數時候是平凡的，我們要滿足於過平凡的教會生活，注重跟正統教會的歷史聯繫起來。這就牽涉到宗派問題。我們教會是有宗派的，是長老教會的傳統，但又是國語長老教會，跟台灣主流的、本土的、台語的長老教會不同。在宗派中，一切都規規矩矩，不會出現大的偏差。我甚至要說「宗派萬歲」，我的意思是說，今天華人教會的很多問題，都是因為沒有宗派背景、亂解聖經導致的。宗派會有流散、變化的過程，但華人教會需要調整混亂狀態，謙卑地向大公教會的傳統學習。

余杰：請將您的牧會經驗做一個小結，特別是對年輕一代傳道人和平信徒，回顧自己的牧會經驗，最想說的話是什麼？

康來昌：回顧信主這四十多年，神藉十字架的愛不斷雕塑我，使我知道自己是屬祂的人。我原是個不修邊幅的人，但因著主，在什麼場合我就學習做什麼人，為要得著他們歸向基督。神改變了我，從前我很隨興，想怎樣就怎樣，才不管那麼多，但與主同負一軛後，是主的十字架破碎了我，使我更懂得順服祂。我相信這一切皆是主在十字架上的愛雕塑了我。

家庭是基督徒的聖殿，孩子是上帝賜予的產業

余杰：現在請您談談家庭的「祕密」——您與師母的愛情與婚姻。

康來昌：我和康師母是在神學院裡認識，興趣相同而生

感情。我們之間沒有什麼驚心動魄的愛情故事。

我太太是神給我的極大的恩典，她會聽道、會講道，但同時會實際操作、會行道，我這方面差遠了。當年，太太大學畢業，在高雄中學教生物，離開學校就回父母家，生活很單純，從來沒有交過男朋友。二十三歲時，她就在教會做執事，先後帶領一百多個學生信主。

康師母在大學畢業後不久，就聽到上帝對她的呼召，上帝說的每句話都是讓她出來服事主。當時，她的心跳得很厲害，想逃避這件事，因為別人對她說，如果做傳道人，生活非常清苦，也沒有影響力，不能孝順父母。但是，她每天翻開聖經，看到的都是上帝催逼她的話，她就像約拿一樣，想跑都跑不掉。

聽到女兒說想當全職傳道人，她的爸爸媽媽都很生氣，說你要當傳道人就是不孝順，我們寧願撞死算了！她就回到自己的房間裡面放聲痛哭。她的弟弟勸告媽媽說：「媽，如果您不讓姐姐去讀神學院，她整天精神都恍恍惚惚的，容易出車禍！」就這樣，她的媽媽才勉強同意。

我們結婚以後，太太非常勝任師母的角色。我們兩個人在很多方面很不一樣，很多地方是互補的。我喜歡看書，我太太喜歡關心人；我太太很注重禮節，我卻很不懂禮貌；她非常節省勤勞，我卻不會持家。我沒有太太那樣清楚的、具體的蒙召經歷，我對個人的這一經歷不是十分看重，我更重視對上帝的認識；而太太的經歷讓我認識到，上帝對每個人的揀選是不一樣的。我們當年在神學院念書的時候，我很驕傲，很喜歡批判別人，看不起太太的同學，但太太仍然包容我。我有這樣的太太，是不配且幸福的。我們的相處，能有主的愛和智慧，實在很蒙恩。

余杰：康來新教授說，你們家有「不孕而孕、連生二子」的美好見證，能請您分享一下嗎？

康來昌：我們結婚以後，好多年都不能有孩子。等我們到美國留學時，我對這個問題已經很憤世嫉俗了，我就跟太太說：「何必一定要有孩子呢！」但是，我太太仍然希望有孩子。她後來到餐廳打工，餐廳給她買了保險，保險可以覆蓋懷孕方面的費用。她就去做不孕檢查，經過一年的治療，手術很成功，醫生說，一年內有百分之三十的懷孕幾率，以後逐年提升。但她還是沒有懷孕。

於是，我太太痛苦地向上帝禱告：「求您賜予我們一個孩子。」就好像聖經中撒母耳的母親哈拿的禱告一樣。我太太聽到上帝對她說：「如果我不給你孩子，你還服事我嗎？」這是何等大的挑戰！她回想起自己多年來的服事，即便在美國的這些日子，她也在教會裡有很多的服事。這些服事難道是可以向上帝邀功的嗎？這時，她又聽到上帝嚴厲地反問說：「我是不是你的主？如果我不給你孩子，你還要服事我

·康來昌牧師（左）和康貢島華師母（右）及兩個孩子合照

嗎？」她就哭著點頭。但上帝再次追問說：「我是不是你的主？如果我是你的主，你就要快快樂樂地服事我！」她終於擦乾眼淚，露出笑容，繼續服事上帝。

上帝的愛和試煉有多麼奇妙，八年之後，上帝才給了我們孩子！然後，上帝的恩典超乎我們所思所想，又給了我們第二個孩子！

余杰：感謝主，聽說這兩個孩子都要獻身做傳道人？

康來昌：是的，老大 John（康強）、老二 James（康健）在美國出生，在台灣受教育，在美國念大學。在教育孩子方面，我太太比我付出多得多的時間和精力。台灣的教育有很大問題，是東方威權式的教育，而且升學壓力大，競爭激烈，家長只看學習成績。我太太對我說，你不要學鋼琴家郎朗的爸爸，雖然培養出了一名一流的鋼琴家，但那種魔鬼訓練的方式讓孩子的心靈受傷、父子關係緊張。她在教育孩子的過程中，特別注重愛和公義的平衡，該愛的時候就愛，要管教的時候就管教，將孩子的品格教育放在第一位。

老大原本在華爾街工作，做得很好，擔任主管，到世界各地出差。前兩年，他決定辭職，放棄高薪，念神學。老二也是，放棄職場的成就，要走服事主的道路。他們的方向是牧師或宣教士。現在，他們都回台灣了，都向著標杆直跑。我從來沒有要求過他們什麼，是上帝親自帶領他們的人生。我們一家人全都在為神國而奔跑，感謝主！

余杰：康貢島華師母長期負責信友堂兒童主日學的事工，信友堂一向重視這項事工，請您代師母談談這項工作。據我所知，大多數華人教會在兒童主日學方面都是敷衍了事，這是一個很薄弱的環節。

康來昌：康師母多年來投入兒童主日學的事工，比我更加辛苦。信友堂的兒童主日學從幼稚級到兒童級，超過三百個孩子在教室裡聆聽聖經故事的教導。這一大群孩子都有一個共同的經驗，只要是「康師母」來上課，再怎麼頑皮的孩子都會認真專心，這不但因為孩子們對康師母又敬又畏，也因為心裡充滿期待：知道康師母愛他們，向來會用有趣的方法來教聖經故事！

在來到信友堂服事前，上帝已經在兒童主日學事工上裝備了康師母。她二十四歲蒙召、進入中華福音神學院就讀，就是主修基督教教育。那時，她意識到，教會不只是講台信息與牧師的牧養，教會更是孩童的學校，一定要重視對下一代的基督教教育，這是一項需要埋進去、經過長時間耕耘，才能看見果效的生命投資事工。

那個年代，台灣教會在兒童主日學的方面很缺乏，那時的觀念傾向重視成人事工而忽略兒童主日學。受過基督教教育訓練的康師母，卻有不一樣的眼光，她相信，教會要復興，就要栽培兒童的屬靈生命。在那個階段，康師母經歷過在大樹下、屋簷下、原住民山區、大廣場上教兒童主日學課程。

我在美國攻讀博士期間，康師母也進入美南浸信會總部學習與操練長達十年的時間。在這個看重基督教教育的宗派裡，神大大拓寬與掘深康師母對兒童主日學事工的眼界，她像海綿般不斷的吸收、受訓、累積各種不同的教育方法。美南浸信會看重生命長遠、整體、有計畫、按部就班的栽培，在建築設計上，一整排的教室比教會的主堂還大，其中空間與採光最好的那間教室是給兒童使用的。在軟體上，美南浸信會出版許多有系統的主日學教材，同一個年齡教材就有好幾種。那十年間，康師母看到美南浸信會的弟兄姊妹活出豐盛扎實的生命，敬畏神，愛人，都落實在生活中。

康師母認為，從家庭的角度來說，當孩子進入神的國度，會對家庭產生許多正面影響。如果教會栽培好孩子，自然會吸引父母走進教會、追求生命造就，教會從小到老各年齡層都同得幫助、自然增長。並不需要等二十年才能看到栽培孩子的生命果效：這些年來，信友堂的孩子經歷栽培一一站出來服事，在服事中承擔領袖之責，甚至進入兒童主日學團隊當老師。康師母說：「面對服事，他們全力以赴，像蒲公英般，隨著聖靈的引導在不同崗位上服事神。常在不經意間，一封電郵，一通電話，或直接走到我面前，這些在教會受兒主栽培的孩子們，分享他們生命的成長，是我的喜樂。」

余杰：為康師母的忠心服事感謝主，更為您們夫婦在教會的完美配搭感謝主！我在中國的時候，觀察到有不少傳道人，因為忙於教會事務，忽略家庭、夫妻關係和孩子教育，搞得家中一團糟。他們還美其名曰說，為了教會犧牲小家。這樣的服事方式，不符合聖經的教導，不能好好經營家庭，豈能牧養好教會！

康來昌：我認為，尤其是那些被上帝呼召的神職人員，更應當重視家庭倫理。這些年來，我們身上的擔子很重，但我還是盡量抽出時間來，跟師母一起散步、吃飯、交談。我不希望花費太多時間在教會日常事務上，比如討論預算這些事情，我一般不參與。我的重點是把講道、探訪、關懷做好。然後，有時間自修，有時間跟家人在一起。教牧人員豈能沒有和睦美滿的家庭生活。

我講一個小故事：在中韓圍棋對抗賽中，代表中方的棋手是常昊，代表韓國的棋手是李昌鎬。這兩人的實力不相上下，但是，在大多數比賽中，常昊都輸給李昌鎬。這是什麼原因呢？有人說，是心理素質方面的原因，常昊的心理素質不如李昌鎬。這個說法也對、也不對。

有記者去采寫這兩位棋手的家庭生活，發現兩人處理家庭生活的方式大不一樣：常昊將圍棋看得重於家庭、重於妻子，即便跟妻子在一起的時候，他想的還是下棋，似乎他對圍棋更加執著。與之對照鮮明的是，李昌鎬回家之後，如果太太不讓他摸棋，他就不摸，他開開心心地跟家人一起享受天倫之樂，似乎他沒有全神貫注於圍棋上。

有評論人由此指出，李昌鎬贏就贏在這裡，他的心中沒有將圍棋當成一塊放不下的大石頭，他能看得開，他知道在圍棋之外還有更加豐盛的生活。這個小故事告訴我們，對我們每個人而言，優質的家庭生活比職業上的成功更為重要。

作「既批判文化又開創文化」的基督徒知識人

余杰：我這幾年到台灣訪問，發現台灣的偶像崇拜特別盛行，就精神層面的現代性而言，今天的台灣似乎還比不上數百年前的英國。麥克法蘭指出，英格蘭社會的一個驚人表徵是「系統性地消除儀式、魔力和偶像」。基斯・托馬思也論證說，英格蘭早就消除了「神祕世界觀」。基督教去除了膜拜江河、井泉、森林的世界觀，幫助英國進入「去魅」的歷史階段，也即是韋伯所說的「現代社會成長的關鍵一步」。然而，台灣民眾一般都很關心政黨輪替及獨立議題，卻忽視精神現代化，這是非常危險的——各大政黨的黨魁都到寺廟中去拜拜、燒香、撞鐘，政治的現代性從何談起？那麼，教會在這方面可以做些什麼推動台灣社會走向真正的現代文明？

康來昌：除了傳福音，讓真理光照人心，沒有其他辦法。中國人從近代以來那麼強調科學，五四運動中高舉德先生和賽先生（民主與科學）的旗幟，但大躍進、打雞血、特異功能這些迷信始終不斷，政治人物和高級知識分子也陷入其中。我認為，要認識真神才能去魅。

余杰：此前您曾談及公義問題，這也是華人教會教導中的弱項。由於片面、斷章取義地理解聖經，教會中常常會有，「打你左臉，把右臉也給他打」，「恆久忍耐」，「等著主來伸冤」、「順服掌權者」等似是而非的說法，忽視了聖經中關於律法和公義的教導。

康來昌：我們身上都有上帝賜予的正義感，我們不能壓抑這種正義感，而成為沒有是非、善惡觀念的犬儒主義者。不悔改的惡人必然滅亡，《詩篇》中說得很清楚，一點折扣

· 余杰夫婦與康來昌牧師（中）在信友堂合影

都沒有。當有會友受騙，我建議他們去打官司，上帝設立法庭和司法制度，就是為了維持正義和公平。對付流氓該用什麼手段呢？不能說一定要用耶穌的「登山寶訓」、甘地的非暴力不合作模式。上帝設立強力機構，比如員警和政府，都可以為我們所用。

馬丁・路德說過，若不處理小偷，對小偷也不好！現在社會上善惡不分，尤其是教會內部的綏靖主義（又稱姑息主義）氛圍很嚴重。我們努力去改變外在的惡、尋求公平正義，並不違背「愛鄰舍」的原則。不管對哪種惡人，都要尋求對其作出相應的製裁。比如，有姊妹遇到可怕的家暴，有弟兄姊妹居然勸說要忍耐到底。我就對她說，你去找人，把家暴你的丈夫打一頓！弟兄姊妹都很吃驚：作為牧師，你怎麼能作這樣的建議？我說，這不是以暴易暴，而是制止其惡行，讓其受到應有的管教。當然，我們更需要懂得法律，帶著愛心去追求公義，至少要讓我們的良心有平安。

基督徒對國家政策和國際政治，也有要屬靈的看見。當人類發明原子彈之後，我們怎麼做呢？如果按照羅素那種「絕對的和平主義」，那麼，西方在冷戰中乾脆向共產主義集團投降好了，人家有核武器，你沒有，你就自廢武功了。我們看到，美國總統雷根用強硬政策對付蘇俄集團，一方面是星球大戰計畫，一方面是經濟封鎖，終於讓邪惡的共產集團冰雪消融。由此可見，正義的價值背後要有強大的國防力量作為後盾。當不正義的國家擁有強大的武力，我們怎麼辦呢？只能用更強大的武力對付它。比如，對希特勒，總不能跟他讀聖經吧？

公義的問題，在中國的傳統文化和政治制度中，沒有很好的解決辦法。中國人很可憐，一千年才出一個包青天，靠人治，不是法治。中國文化中，沒有最高的審判者。而對基督徒來說，只有在上帝的計畫中，才能對罪惡進行審判、對正義進行獎賞。

我在「右派網」上看到很多文章討論「自由」的議題，講到哲學家伯林所說的「積極自由」和「消極自由」的區別，以及英美的自由和歐陸的自由的區別，卻沒有人談基督教給人的自由，基督給人的自由讓人得釋放，影響到其他方面。在基督教裡，自由必須跟正義聯繫在一起，不義會帶來不平安、不安定。所以需要有上帝的救恩。到了當代自由主義那裡，講愛與正義的關係、自由與正義的關係，從羅爾斯到桑德爾，他們都是無神論者，跟基督信仰距離太遠，所以講得不到位。

回到人性的問題，毛澤東訴諸於用暴力改造人性，其實，人性善的文化理念才是專制制度的土壤。

余杰：「人之初，性本善」的儒家文化，導致人們對暴君的美好想像和頂禮膜拜。在聖經中，我們從《撒母耳記》就可以看出來，人們透過士師撒母耳向上帝要求立王，是人性敗壞沉淪的表現，王權從來不代表上帝的旨意。

康來昌：在聖經中，權力是墮落、是罪惡，如政治思想家阿克頓所說，「權力導致腐敗，絕對權力導致絕對腐敗」。我們尊重權力，但不是絕對尊重，我們絕對順服的只有上帝本身。但中國人絕對順服於權力，儒家強調「君君臣臣，父父子子」，秩序不能打破，忠孝觀念是絕對化的。

我們對權力中有邪惡的成分這一點，必須要有清醒的認識；但另一方面，我們講公平正義的時候，又不能不涉及權力的問題，如果迴避這個問題，就走向虛偽和軟弱，無力回應外部挑戰。在基督教影響的西方世界，人們對權力的罪惡特質有深刻認識，這成為「三權分立」的源泉。在聖經中，君主、祭司、先知，三方彼此制衡。因為，以上三者，包括百姓，都處於犯罪墮落的狀態。

余杰：我很喜歡您寫的〈有沒有「基督教牛肉麵」？〉那篇文章，將基督徒如何在一個多元的、世俗的世界生活說得很清楚，我們既是天國的子民，又是地上的公民，我們終極的盼望不在地上，但我們在此生又不能守株待兔、無所作為。

康來昌：我在這篇文章中指出，沒有所謂的「基督教牛肉麵」，只有好吃或不好吃的牛肉麵。基督徒做的牛肉麵，不一定比非基督徒做的好吃，如果手藝不佳，材料不好，缺工具，廚師再敬虔愛主，也做不出好牛肉麵。如果手藝好，材料好，即使廚師打老婆、酗酒、賭博，他仍能做出好吃的牛肉麵。牛肉麵好不好吃，與廚師信不信耶穌，有沒有重生得救，死後上不上天堂無關，而與他的手藝、材料、工具好

· 康來昌牧師全家福

不好有關。這是常識和經驗，你去某餐館，不是因為那兒的師傅勤讀經，愛禱告，是堅定的加爾文主義者，你去是因為那兒的菜好吃；你找油漆工，是因為他漆得好，不是因為他是基督徒。烹調、油漆行業如此，醫生、律師、老師行業如此，生活中每件事都如此。

有沒有「基督教數學」？沒有，只有正確和錯誤的數學。基督徒算帳和非基督徒一樣，都是一加一等於二，不因為他的種族、信仰等而改變。基督徒可能因為懶惰、愚笨而數學不好，非基督徒可能因為勤奮、聰明而成為好的數學家。數學如此，每門學問都如此。

有沒有「基督教音樂」？沒有，只有好或壞的音樂，貝多芬、莫札特信仰很不純正，但他們的音樂很好。音樂如此，藝術文明中任何一環皆如此。

有沒有「基督教政治（家）」？沒有，只有好政治（家）或壞政治（家），耶羅波安一世、二世是「大有才能」、有「勇力」的國王，但他們信仰很壞，惹耶和華的怒氣。卡特總統敬虔，但他的政績和他的敬虔成反比。

余杰：就像此次美國總統大選，很多基督徒希望在兩個候選人中能找到一個人是信仰虔誠的基督徒，這樣就很容易投票給他。但兩個候選人都不是，怎麼辦呢？我們不能由此灰心失望，甚至不去投票。我們可以去看他們的政綱，分析哪個人的政綱符合聖經原則多一些。

康來昌：我的觀點是兩國論：三一神無所不在、無所不能、無所不知地治理萬事，包括天堂地獄、聖徒魔鬼、麥子稗子、信徒和非信徒。神既治理那蒙揀選、基督永恆的國，也治理最後會被棄絕的世界國。

在「基督國」這個屬靈國中只有基督徒，完全靠聖靈，凡事憑信心，絕對敬畏神；而在「世界國」這個國中，基督徒與非基督徒並存，每個人外在的行為要依神在世界設定的理性法則（自然法則 natural law）而行，他們內心如何，那是世界的權力，不應管也不能管的，古諺云：「法不及心」，法只及言行，「人是看外貌，耶和華是看內心」。

回到牛肉麵的話題，愈能遵循、掌握、運用燒牛肉麵的法則，刷油漆的法則，做數學的法則，打籃球的法則，音樂藝術的原則，政治管理的原則，就愈能燒好牛肉麵，刷好油漆，做好數學，打好籃球，創作好藝術，成為好的管理者、政治家。

基督徒內心相信神的救恩，外在則接受神在世界所定的法則，順服神在世界所使用的權柄而生活。

我過去只喜歡聰明人，現在認識到，愚笨人也是上帝所造，即便惡人身上也有上帝的恩典，我也對他們感到稀奇。我不斷提醒自己，自己的想法不一定是對的，只是多元中的一元，唯有上帝才是絕對的真理。在教會裡，有人是手，有

· 康來昌牧師在教會

人是腳，有人是眼睛，有人是嘴巴。這樣想，心胸就變得開闊了，能看到別人的優秀，自己就不張狂，甚至對非基督徒也不會抱有歧視和偏見。我希望自己成為一個既批判文化又開創文化的基督徒知識人。

余杰：請您給基督徒推薦一本好書。當然，是除了聖經、除了您熱愛的勒卡雷的間諜小說、除了《天路歷程》和《返璞歸真》之類的基督教經典文學之外的書籍。基督徒不讀書、不思考，是這個時代最嚴峻的問題。

康來昌：我推薦吉米·哈利的《大地之歌》系列。哈利寫的不是基督教文學，而是獸醫生活的點點滴滴，但我更願意從屬靈的角度讀他的書。

哈利畢業於格拉斯哥大學獸醫學院，然後到北約克郡鄉間執業，一九三零年代的英國鄉村，生活真的很苦。一般人不願離開城市到鄉村，他卻滿懷感激與希望地來到這個風景優美怡人的鄉間，認識了後來成為他妻子的海倫。

哈利執業之後，工作和家庭佔據了他大半的時間，卻一心想要從事寫作。一九六六年，在妻子的鼓勵下，五十五歲

·康來昌牧師在電視台錄製節目

的哈利展開作家之路。他以自身經驗寫出一系列動物和牠們主人的故事，大受歡迎。《大地之歌》以及《萬物既偉大又渺小》、《萬物有靈且美》等著作感動了全世界。

哈利說，在各色農人身上，他學到了敬天愛人的生活方式：「我慢慢開始瞭解這些農人了，而我所瞭解到的，令我很喜歡。他們很倔強，他們也有一套我前所未知的人生哲學，同樣的倒楣事，城裡人可能拿頭去撞牆壁，而他們不過聳聳肩說：『這些事總是有的。』」

哈利從事獸醫工作五十餘年，在鄉間為豬、牛、羊、狗這些牲畜治病，做牠們的天使。他為牲畜治療時，沒有感到有骯髒的場面和難聞的氣味，只有一個個備受病痛折磨、苦苦等待救助或死亡的生靈，讓牠們康復是他作為一個高等生靈的責任，而不僅僅是謀生的方式和謀利的手段。很多人看了他的書之後，去念獸醫學校，結果他的書出版後的那幾年，獸醫學校的考生一下子暴增。他以愛心讓一個此前被人低看的職業有了尊嚴。我從他的書中讀出了聖經中多次強調的一個真理：有愛心就有自由。願以此與弟兄姊妹共勉。

第 3 章

從奔向怒海的偷渡客到忠心事奉的牧師

——台灣桃園大溪僑愛教會燕鵬牧師訪談

從青年時代就走上追求民主的光榮荊棘路 |

從「國家的敵人」到「上帝的子民」 |

從一無所有的死刑犯到恩典滿滿的神學生 |

新身分與新生命：台灣公民，上帝僕人 |

燕鵬簡歷

一九六四年生於中國山東青島，父親是當地大型紡織廠的工會主席，中學畢業即進入工廠工作，曾任廠房的委員會秘書。一九八九年，因組織廠工人支持北京的學生運動，成為受官方管控的異類分子。一九九零年代辭職下海經商，開過電腦公司和餐廳，資助出獄的民運人士，教他們用電腦寫文章，在一九九七年，中國加入網際網路的同時，在網路上建立「空中民主牆」。

二零零一年在廣西南寧旅行時遭中共當局逮捕，受到酷刑折磨。二零零二年八月卅日，青島中級法院以「煽動顛覆國家政權罪」判處有期徒刑一年六個月、剝奪政治權利兩年。出獄當天，再次被提告後被「交保候審」。雖然「出了小監獄，但進了大監獄」，遭受祕密警察長期跟蹤和騷擾，外出被貼身「保護」，無法過正常生活的日子。

在當局威脅要再度將燕鵬送入監獄之際，他於二零零四年六月二日從廈門乘漁船到台灣海峽中線，在真槍荷彈武裝

· 燕鵬牧師（左）與余杰在大溪僑愛教會合影

警察的追擊下跳海遊到大膽島。之後，被大膽島駐軍送到金門，被冠以「擅闖最前沿軍事堡壘」罪名接受軍事法庭審判。在國際輿論的壓力之下，被轉移到宜蘭「大陸人民處理中心」，關押八個月後獲釋。此後長達十年間，台灣政府只給他一定限度的自由，外出必須向轄區派出所報備，不得接受媒體採訪等限制，不發給身分證，也不能工作。

流亡台灣初期，在人生的低潮期，在中國早已受洗成為基督徒的燕鵬，被上帝呼召奉獻成為一名傳道人，考入神學院研讀神學，先後獲得學士、道學碩士、神學碩士，目前正在攻讀博士學位。二零一四年，燕鵬獲得台灣長期居留證，同年八月卅一日，在桃園大溪僑愛教會接受「按立牧師典禮」並受聘為該教會牧師，成為第一位在台灣獲得牧師資格並牧養台灣人教會的中國政治流亡人士。二零一六年七月十一日，獲得台灣身分證，正式成為台灣公民。

採訪緣起

二零零六年，我第一次訪問台灣時，經由中央廣播電台

· 燕鵬牧師與僑愛教會眾弟兄姊妹

記者黃娟女士介紹，與剛剛上神學院的燕鵬有過一面之緣，聽他講述如何渡海來台的傳奇經歷，宛如一幕驚險的電視劇。燕鵬為了民主、人權和信仰自由，承受了數不盡的逼迫和苦楚，卻豁達、樂觀，持守對上帝的信仰，讓我敬佩不已。因為有共同的信仰、是主內弟兄，我們比一般的民主人士之間更加親密。此後，每次到台灣，我都會抽空與燕鵬相聚。

二零一二年初，我流亡到美國，與燕鵬有了相似的政治流亡者身分。定居美國之後，去台灣更加方便。此後幾年間，我有更多時間和機會到台灣訪問，與燕鵬常常相聚。在流亡台灣十年間，燕鵬一直在神學院勤奮學習、裝備自己，直到有一天被主所用。燕鵬是我接觸到在華人世界的神職人員當中少有的「手不釋卷、對聖經爛熟於心」的人之一。他在攻讀博士課程時，又受聘在神學院開設聖經舊約方面的課程。

不久之後，我得知燕鵬受聘為大溪僑愛教會牧師。二零一五年和二零一六年春，我在訪問台灣期間，與妻子一起受燕鵬邀請到僑愛教會主日證道，有機會結識教會的弟兄姊妹，也看到燕鵬在教會的忠心服事。燕鵬的主日學課程，解經嚴謹並與現實生活緊密聯繫，讓會眾受益匪淺。從老人到孩子，跟每個會友打成一片，親自下廚、噓寒問暖，讓這個小小的教會宛如一個溫暖的大家庭。

由此，我產生了訪談燕鵬的想法。在教會主堂後面的牧師樓，我與燕鵬長談多次，並將其分享的內容整理成文，盼望以此激勵在信仰上不懈追求的弟兄姊妹和慕道朋友。

從青年時代就走上追求民主的光榮荊棘路

余杰：您比我年長九歲，在山東青島長大，請先從您的家庭生活談起吧。

燕鵬：我的家庭狀況還不錯，父親是青島某家國營大企業分部紡織廠的工會主席，地位比一般工廠的幹部高。母親是普通工人，因著父親的緣故，也是廠裡的激進分子。姐姐和姐夫也都是前途無量的青年幹部。我從小所受的是「又紅又專（政治與技術的合一）」、忠黨愛國的家庭教育。

我是一九六四年文革前夕出生的。童年正好在文革時期度過，並在文革結束時上初中。那是一個全民不讀書、鄙視文化和知識的年代。更可怕的是，那時的中國社會是非顛倒，好與壞、善與惡的評價迥異於普世價值。我從小受的是有毒的「負數教育」，一般人會默默忍受甚至逐漸接受錯誤的卻是主流的價值觀，但我始終有一種心酸、不甘、想當叛逆者的心思。

我是怎樣覺醒或者反叛的呢？主要是觀察和思考一些單純的事實。比如，有一次，我看到兩名所謂的「壞分子」，被戴高帽子、脖子上掛著破鞋，遊街示眾。那一對夫妻是我以前認識的、也很被我尊重的高級知識分子，雖然他們白髮蒼蒼，但氣質和風度都非常優雅、與眾不同，即便遭遇到如此羞辱，對發生在自己身上一切也坦然承受。我從他們身上發現了人性的善良和高貴。反倒是那些迫害他們的人，個個面目猙獰，成為我眼中的壞人。

余杰：照中國的主流意識形態，您屬於那種「根正苗紅」的孩子，是黨和政府培養的接班人。但您卻走上一條與之截然相反的道路。是誰影響您向著民主和自由方面發展？

燕鵬：我在思想上產生要與當局決裂的想法，確實有一位年長的引路人。

我大約十七歲左右進入工廠，第一次參加廠裡的會議，是黨委書記親自給大家上課。他特別宣布一件事情：「我們這裡來了一個壞分子，名叫牟傳珩，這個人是剛剛從監獄釋放。他一貫反動，家庭出身不好，還寫了很多攻擊黨和政府的文章。你們年輕人要監督他、敵對他、孤立他，有關他的一言一行要即時彙報上來。」

那時是一九八一年，牟傳珩參加「西單民主牆」活動被抓，以「反革命罪」關押了三年之後，被釋放回家。上級命令他原先工作的紡織廠收回開除他的決定，讓他回到廠裡工作，在群眾的監督下勞動。這樣，讓他陷入「人民戰爭的汪洋大海」，跟坐監獄差不多。

余杰：我常常讀牟傳珩老師的文章，他是民主人士中的一支健筆，多年來筆耕不輟，傳播民主自由理念，成效甚大。既然領導說不能與他接觸，你是如何跟他成為忘年交的？

燕鵬：我對這個人頓時感到好奇，心想：這樣一個「大壞蛋」，究竟是怎樣的人物呢？長得像妖魔鬼怪嗎？我從好奇到對他產生強烈興趣，慢慢找機會跟他接觸，聽他說話、看他做事。那時，我是廠房的委員會秘書，大家都聽我的，我這樣做，大家都認為我是奉命監視牟傳珩，也就不疑有他。

殊不知，我漸漸被牟傳珩打動了。經過多次交談和溝通，我覺得他很多想法是正確的，官方強加給他的罪名都是靠不住的。他的工作態度比常人更好、能力更高，他待人處事公平、正直，是我學習的榜樣，為什麼這樣的好人被政府當作「壞分子」呢？

我不再痛恨這位正被無產階級「專政」的「現職反革命」及前任秘書（牟傳珩曾經是這個廠房的委員會秘書），反倒對他產生了同情與尊重。在他的啟發下，我的思想開始轉變，愈來愈覺得需要重建自己的世界觀。

當我回家向爸媽、姐夫、姐姐講自己思想上的矛盾，可讓那些老共產黨員們大吃了好幾驚。這還得了！爸爸嚴厲地訓斥，姐姐循循教導，要我「可要聽組織的話呀，不要上了敵人的當，咱一窩子共產黨員的家庭不能忘了黨的教導，最後走上邪路」。我只好唯唯諾諾地答應他們，內心還是不服氣。

果然，真理的魅力超越了親情的束縛，我拋棄了「黨的光明」而投入了「反革命的黑暗」，成為青島地區民主陣營中最年輕的一員。

余杰：此後，你參與了他們「小圈子」的活動，當時還是一九八零年初，你也算是「先知先覺」之一。你們也是歷史學家朱學勤所說的「民間的思想村落」。

燕鵬：我在童年沒有好好讀書，從此大量讀書、讀好書。我向牟傳珩等朋友借很多書讀，都是一九八零年代思想解放運動中批判性的書籍。多年以後，回首往事，我會告訴青年人，人一定要養成喜歡讀書的習慣。上帝賜予人類可以思考的大腦，透過讀書，人可以對任何事情都作出觀察、思考和批判。在那段時間裡，我懂得了批判的涵義，如何分辨是非善惡。我從理性上認知什麼是人生當走的路，而中國的大部分人都隨大流，被共產黨洗腦卻不自知。

那段時間，我還不到二十歲，就參與了青島異議分子圈子的活動，比如幫助大家油印傳播民主思想的文章，還把手稿、油印資料等珍藏起來。那時候，我在祕密警察眼中是一個年輕小孩，沒有受到太多注意。

余杰：思想上的「反動」必然會帶來行動上的「反抗」。一九八九年學運潮起，你帶領青島的工人上街聲援學生，這一舉動使你浮出水面，在當局眼中成了危險人物。請你談一談六四期間的這段經歷。

燕鵬：正如剛才所談的，我在六四前八年就跟異議人士圈子很熟悉，因為在工廠工作，知道這個體制的很多問題，思想比六四時的很多在校學生更加成熟。

一九八九年春，學潮剛剛出現，我就思考，不能只有學生在前線衝鋒陷陣，工人應該如何參加這場聲勢浩大的民主運動中？工人不能當旁觀者。我認為，單單是學生的罷課無法對當局形成實際的壓力，如果工人起來罷工，讓經濟陷入癱瘓，才有影響力。我就考慮如何組織工人起來大規模地罷工，就先去鼓動我們廠裡的工人起來抗議。一開始，很多工人都不敢響應，他們心存懼怕，知道共產黨一定會秋後算帳。我做了很多工作之後，才帶領青島三百名工人上街聲援學生。雖然只有三百人，跟當時上街的大學生人數沒法比，但工人上街卻是突破性的，頓時成為當時媒體報導的重點。

余杰：六四屠殺之後，共產黨當然要秋後算帳，你組織工人上街，共產黨知道得很清楚。這段時期你的境遇如何，你是如何度過這一難關的？

燕鵬：參與罷工的很多工人被判處重刑，而我有父親的保護和疏通，沒有被判刑，只給了「廠內查看」的處分。沒有被抓，已是萬幸，但我對那些受難的工友們深感愧疚。

從那個時候起，我就被共產黨政權歸入另類，被貼上標籤，甚至連累家人。我的大姐是一名官員，是青島外貿部門負責人，本來前途無量，但後來再也沒有得到升遷，大家估計是被我連累了，尤其是我後來再度出事，使我們一家人都不再被當局信任。大姐內心特別恨我，對我的選擇從不理解。當我流亡台灣之後，哥哥、姐姐十多年來沒有給我打過一通電話，他們內心還是懼怕跟我這個反共分子有聯繫。中共實施一套封建王朝時期的「株連制度」，讓異議人士跟家人處於隔絕狀態。因為堅持民主自由的理念，跟親人的親情受到衝擊和傷害，後來，我父親去世時，我不能回去奔喪。這是我心中永遠的痛。但我不怪家人，要怪只能怪共產黨的暴政。

余杰：這種處境，當然讓你在廠裡無法生存下去，然後你就下海經商了？

燕鵬：我曾是黨重點培養的對象，六四之後，政治生命斷送了，在廠裡成了一個不可接觸的人，那滋味實在難受。我不顧家人的反對，寫了辭職報告，決定自謀生路，自己做生意。

一九九二年，鄧小平發表所謂的「南巡講話」，繼續推動市場經濟，也就是說，不給人民的民主權利，卻讓人民多少有了賺錢發財的自由，以此轉移六四鎮壓之後民間的憤恨。這樣，中國出現了一個全民經商的浪潮。

我在這個浪潮中，生意也做得風生水起。開過服裝店，開過餐廳，開過電腦公司，開過花卉公司等。如果我不再跟異議分子圈子聯繫，當局也許會放過我，我就成了一個比較富有的商人，如同現在國內那些腰纏萬貫的老朋友一樣。

但是，金錢無法滿足我的精神需求。六四後判刑的一些朋友陸續出獄，他們知道我的經濟狀況很好，都來找我幫忙。我也跟山東以及外省的一些民運人士建立聯繫，利用公司的房間接待來自全國各地的朋友。我伸出援手資助剛出獄的六四難友，並沒有其他的想法，也沒有什麼太高的境界，只是覺得必須幫助朋友，大概是處於山東人的義氣吧。

余杰：你在山東朋友中有「及時雨」美名，民運朋友無論是誰，只要到青島，有困難找到你，吃喝、住宿、外加路費你全都搞定。我記得青島的三位民運人士刑大昆、薛超青、孫維邦，曾在網路上發表一篇標題為《燕鵬是怎樣一個人？》的文章：「燕鵬其人，是否浪子燕青之後，已不可考，但其名海內外都不陌生。我們在一塊滾了二十年，真誠地說一句：親兄弟。……燕鵬偉岸，英俊，利索，明白；總是筆挺的衣服，梳理齊整的髮式。不須交往，打眼一瞅，你便會判定：這人勤快，實幹，且一絲不苟。燕鵬是那種什麼事瞄一瞄就會，無師也通的角兒。……燕鵬又是最早建立電腦公司的人，誰也算計不清，他什麼時候去學的，什麼時候會打字的。沒有燕鵬，青島不能沒有民運（這話其他城市的朋友多次抗議，說以後可能用青島，要用山東）。但沒有燕鵬，青島民運，不，山東民運，不會這樣的健康……。可以這樣說，他支援了青島民運開銷的大部分……」你的這些活動，自然會引起當局的嫉恨，並對你下手。

燕鵬：共產黨當局最恨我的一點是，我利用開電腦公司的有利條件，教很多民運的朋友們使用電腦，他們坐牢出來，跟社會和時代都脫節了，很少有人熟悉電腦技術的，學會用電腦之後，他們就如虎添翼了。我還把他們手寫的文章輸入成電子檔，這樣就可以更加方便地將文章發到國外，發給美國之音、法廣、BBC、大參考等海外媒體。於是，「空中民主牆」就建立起來。當局對此非常氣憤，多次對我威脅，甚至抄家並多次刑拘。

從「國家的敵人」到「上帝的子民」

余杰：網路是一場資訊革命，資訊的自由傳播必然對專制政權構成巨大威脅。你是最早精通電腦和網路的人，而且向民主人士傳授相關知識，這是當局最害怕的地方。

燕鵬：一九九七年，我第一次被抄家。當時，海外民運前輩王炳章要在青島成立反對黨「正義黨」，我參與一部分工作，比如聯繫同仁、轉發黨章等。有關情形被祕密警察知道了，對我抄家，幸虧我將有關檔案藏到其他地方，讓警察撲了個空。

但警察並不死心，從此以後，我被「三個月一大抄，兩個月一小抄」，二十四小時不間斷的監控。安全部門甚至在我家十公尺外的地方蓋了一個簡陋的監視站，時刻派駐人員監視我和往來的客人。

余杰：這就是當年他們對付劉曉波的手段，劉曉波家門外也有一個專門的崗亭，我去探訪時，還跟在裡面監控的警察發生過衝突。

燕鵬：很多時候，我被他們非法限制居住，到外地去旅行、會見朋友，常被警察強行遣送回來。如果遇到有重要會議在中國舉行、重要人物到中國訪問，他們擔心我到北京去，就禁止我出門，甚至將我傳訊到派出所，等會議結束或訪客（如美國總統）離開，再釋放我。

余杰：這種對付異議人士的手段，近年來更是變本加厲。在這種情形下，估計你的生意也愈來愈難做了吧？當局一定要斷掉你的財路，這對他們而言易如反掌。他們害怕「商人兼異見人士」的身分，因為商人能以財力來支持異見運動。所以，他們對王功權那樣有理想、有政見的商人重手打擊。

燕鵬：是的，在他們的騷擾下，我的生意很難繼續下去。一九九八年，民運前輩徐文立組建「民主黨」時，他的同仁到我的餐廳商討註冊事宜，警察命令電力公司和自來水公司對餐廳斷電、斷水。在這種情形下，這間一度相當紅火的餐廳，只能被迫關門停業。

既然青島市內不讓發展，換個地方呢？二零零一年，我到青島郊外的鄉村去投資，選了一塊四十畝荒地，前後花費了一年時間，蓋了一個高檔的花卉基地。經營剛剛呈現蒸蒸日上的勢頭，馬上就有公安插手，讓地方政府強行撕毀與我簽訂的合約，使我血本無歸。

余杰：中國政府從來不遵守、不尊重契約，他們想撕毀就撕毀。法院也是他們開的，民眾根本沒有辦法透過法律途徑解決問題。

燕鵬：這種二十四小時不停頓的監控，簡直就是貼身跟蹤，我走到哪裡，他們就跟到哪裡。不僅騷擾我本人，一旦找不到我的時候，就刑拘我的妻子，讓我主動到案保回妻子；還恐嚇我的生意夥伴，以致無人敢跟我做生意。在這種情況之下，我連維持基本的生存都變得困難了。於是我有了逃離中國的想法。既然這個國家將我當作敵人，為什麼不嘗試離開這個國家呢？

二零零一年七月，我辦理正規的旅行手續到廣西南寧旅遊。我計畫到南寧之後辦理邊境遊，通過越南再去西方國家。沒有想到，七月十一日，我被一直跟蹤、盯哨的青島市安全局以「偷越國境」的虛假罪名拘押。

那天晚上，警察差點將我虐死。他們脫光我的衣服，用手銬將我銬在林中草屋地上的鐵環上。蚊子密密麻麻地襲來，不到十分鐘時間，我就全身麻木，逐漸失去知覺。大概兩個小時之後，才有一個警察過來發現我已昏厥過去，便叫來醫生，給我注射兩針藥物，這才緩解過來。當時我的心跳一度是每分鐘一百四、五十下。

稍晚一點，他們強迫我承認偷越邊境，我拒絕承認。警察就威脅說：「你不承認嗎，我一槍斃了你！」他用上膛的手槍頂著我的頭。那時，我的恐懼到了一定的程度，反倒不恐懼了。我想，死就死吧，就對他說：「好吧，我來幫你扣扳機！」他看我處於瘋狂狀態，這才將槍收起來。

次日，牟傳珩等許多朋友得知我被捕的消息，前往青島市國家安全局交涉，要求保釋我。當時正是「中國申奧」的關鍵時刻，青島安全局聲稱可以研究，但朋友們不得聲張此事，若影響國家申奧大局，我就真的沒有救了。

結果，七月十三日，中國申奧成功的那天晚上，成千上萬被民族主義的狂熱感染的中國人欣喜若狂，而我則沉入黑暗的深淵。那個禮拜五，對我來說真是黑色禮拜五。當局獲知申奧成功之後，立即變臉，半小時後就宣布對我刑事拘留，隨後還查抄了我的家。我的案件成為中國申奧成功後侵犯人權第一案。

余杰：事後證明，申奧成功不是中國的光榮，而是中國的災難。北京奧運會跟當年納粹德國的奧運會一樣，升溫了中國的民族主義情緒和帝國擴張的野心，而未能像韓國的漢城奧運會那樣啟動民主化進程。你的遭遇是其中一個典型案例。可惜，近年來西方國家對中共採取綏靖政策，重演當年讓納粹德國坐大的覆轍，好幾年之後他們才清醒過來。

燕鵬：得知我被捕的消息，牟傳珩等朋友為我聘請了中苑律師事務所主任律師紀炳。在青島，很少有律師願意為異議人士辯護。紀律師是少有的一位勇敢者。七月十六日下午，紀炳應聘後，依照法律規定填寫書面報告遞交青島市公安局，要求會見我，以便開展辯護工作。

但是，一天之後，青島市國家安全局有二位姓王和姓田的官員，到我家跟我妻子宣布：「不准為燕鵬聘請律師進行辯護，這是青島市公安局的決定。」我妻子申訴說，中國法律規定公民被關押後有權聘請律師，安全局不准聘請應該有充分理由和法律根據。兩位官員粗暴地說，「這是青島市四方區公安分局的決定，即使聘請律師也是沒用，是白花錢。」不尊重法律的，居然是聲稱在執法的警察。

八月廿七日，中共當局以「煽動顛覆國家政權」的罪名，將我由刑拘轉為正式逮捕。隨即，牟傳珩也被捕。牟的罪名是他在網路上發表的幾篇文章，包括《只有放棄社會主義才能救中國》等八篇文章。最為荒誕的是，後來法庭上出示的證據之一，是由青島市文化局對這八篇文章作的鑑定，認為這八篇文章的旨意是煽動顛覆國家政權。青島市文化局並非司法機構，怎麼有權作出這樣的鑑定呢？這在中國的法治史上也留下了荒腔走板的一頁。

余杰：中共從來不尊重法治。美國法學家伯爾曼說過：「法律不被信仰，就形同廢紙。」在中國，法律不就是一張廢紙嗎？法庭的審判就是在演習，該判多少年刑期，早就由政法委的頭目決定了，法官和陪審員都只能依樣畫葫蘆。

燕鵬：我被祕密關押一年多之後，二零零二年八月卅日，被以「煽動顛覆國家政權罪」判處一年零六個月有期徒刑，剝奪政治權利兩年。牟傳珩則判刑三年。我在獄中的生活還算過得去，主要是我的性格開朗、活潑、喜歡交朋友，跟關在一起的獄友處得不錯。他們知道我是政治犯，對我比較尊重。監獄長也沒有故意為難我，力所能及地為我提供方便。

二零零三年一月十三日，我終於刑滿釋放，當局不給我開具釋放證書，只給我一個交保候審的證明。我明明坐滿了刑期，怎會是交保候審？但警察兇狠地對我說，你不要以為你自由了，你不能離開居住的地方，外出必須報告，我們隨時可以再次將你抓進監獄。

我雖然走出了小監獄，又進了大監獄。無論做生意還是打工，走到哪裡身後都有一個看不見而又令人恐懼的影子，沒有人敢與我合作，也沒有人敢僱用我。因為處於剝權期，安全局及駐地派出所警察經常約談我，威脅和敲打是免不了的，雖然出獄了，我卻感到永遠都不會刑滿。

有一次，有一名自稱緝毒隊長的警察找我。我說，我跟毒品無關，不想跟你談話。他立即變臉說，「你不要自以為是，我們弄死你，就像捏死一隻螞蟻一樣。我是緝毒隊長，可以立即掏槍打死你，然後在你口袋裡面裝一包毒品，我可以說，你販賣毒品並且拒捕，而我則是開槍自衛。」

還有一次，警察對我的車動了手腳，想透過製造車禍來害我。那次，我跟四個朋友去濟南探望牟傳珩，牟剛坐完三年牢出來。我們原計畫開車走高速公路，結果早上突然風雨交加，我們就改坐火車，沒有開車。下午回來後，我開車送幾位朋友回家，沒有想到剛出發，車輪就突然掉下來。幸虧是在社區的街道上，車速很慢，才沒有出事。如果在高速路上，一車人都會喪命。

修理廠把車拖回去維修，工人將車頂起來，檢查底盤之後，神色凝重地對我說：「你需不需要報案？你是得罪了什麼人嗎？有人故意在你的車上動手腳，要你的命。」我頓時明白了，我得罪的不是他想像的黑社會，而是「政府」——政府就是最大的黑社會。我去找平時監控我的那幾個國安人員，憤怒地質問他們，但他們都不承認有這回事。從此以後，沒有人敢坐我的車，我也不讓他們坐，我不能連累朋友跟我一起喪命。

後來，當我被上帝揀選成為牧師，我再回顧這件事，特別感謝上帝保守，若非上帝的許可，真是一根頭髮都不會掉下來。我想起了《詩篇》中的那段話：「我雖然行過死蔭的幽谷，也不怕遭害，因為你與我同在，你的杖、你的竿都安慰我。在我敵人面前，你為我擺設筵席；你用油膏了我的頭，使我的福杯滿溢。（詩廿三 4-5）」

余杰：你是在那段時間成為基督徒的嗎？很多人都是在人生的低谷中被上帝揀選，上帝讓人看到自己的無能無力，才會仰望那更高的力量。

燕鵬：其實，我接觸基督教比較早，一九八零年代末就有從遠方來的親戚向我傳福音。六四以後，看到國家日漸腐敗，心情很低落，然後也發現民運中的種種問題，便開始尋求精神慰藉和出路。所以當時我就常去教會聽道和聚會。

但是，由於我是警方重點關注人物，即使我很早就跟家庭教會有接觸，卻不敢到家庭教會去聚會，怕連累弟兄姊妹。我一般去官方的三自教會，有時候警察也跟著去。在那種情形之下，也很難認真聽道、委身教會，所以我的屬靈狀態並不好。

儘管如此，上帝將福音的種子放在我的心中，即便在惡劣的環境下，它也慢慢生根發芽。一九八九年，我穩定聚會；第二年，我受洗成為基督徒。我看到了自己的罪，自己是全然敗壞的罪人，很多從事民主運動的人不願承認這一點。

後來，即便在監獄中，我的信仰也一直都在，常常讀經禱告，從來沒有離開上帝的懷抱。只是，我一直不知道上帝在我的身上有什麼樣的計畫。我還是希望靠人的智慧和能力與共產黨政權周旋，與厄運搏鬥，這才有了日後偷渡台灣的計畫。

從一無所有的死刑犯到恩典滿滿的神學生

余杰：您渡海奔向台灣的故事，過去我讀到過一些細節，但這次想請您再詳盡講述一遍。為了自由而偷渡，不是恥辱，而是光榮。當年「五月花號」上的清教徒，不都是偷渡客嗎？美國的開國之父們是他們的後代。對我們而言，自由永遠高於祖國，我們在世上本來就是寄居的客旅。

燕鵬：我在獄中時，認識了一些黑道人士，出獄後也跟他們保持來往。這些黑道人士固然有黑暗的一面，但他們也講江湖義氣，品性比中共的那些祕密警察好多了。我告訴他們，能不能幫我偷渡到國外？他們說沒有問題。

二零零四年六月，有一位跟牟傳珩同牢房的人，獲釋時將牟的文章從獄中帶出來，發表在網路上。當局惱羞成怒：牟明明在監獄中，為什麼他的文章能發表？他們就不斷追查此事，由於我跟牟之間的親密關係，我成了他們的頭號嫌疑對象。警察多次對我傳訊，威脅要再次逮捕我。我感到情況不妙，就啟動了偷渡計畫。

當局發出逮捕威脅第二天，我就從青島逃亡去廈門。從假證件、行李，到廈門接頭的夥伴，都是黑道朋友的一手安排。原來的計畫是到廈門後找一艘船把我運到基隆。但是，當天到了廈門與船長一起吃飯，他問起我的情況，我不願說謊，如實告訴他我是犯什麼案件。船長聽了之後感到害怕，拒絕送我出海。他肯載那些殺人放火的，卻堅決不載政治犯。

余杰：現在某些港台乃至北美的某些華人教會也是如此。有曾經是黑幫老大的人悔改信主甚至當了傳道人，他們大肆宣揚；而從事民主、人權活動的人士成為基督徒或傳道人，他們卻百般打壓。實際上，他們是害怕中共的黑暗權勢。我們是中共的敵人，他們也用中共的標準來畫線。這說明他們對上帝沒有信心。

燕鵬：當時，我是箭在弦上，不得不發。我突然想到，既然台灣海峽那麼窄，到了中線，我可以游泳過去啊。我在青島長大，從小在海邊游泳，遊這點距離對我來說是小事一樁。

於是，六月廿六日，我買了名牌西裝和手提包，假扮成大老闆，租了一艘可以載二十多人的觀光船繞遊金門。我告訴船長，我一個人將船包下來，不要載其他遊客。我計畫剛到中線時，便跳海遊過去。

船到了中線附近，我犯了一個致命的錯誤：朋友事先為我準備了手機，並且做過防水處理，交代我游上岸之後才能撥打。但當船快到中線的時候，我用手機打電話到青島、美國和法國的朋友、媒體那裡，告訴他們我馬上要游到台灣去申請政治庇護。結果，手機信號立刻被中共截獲，他們迅速派遣武警快艇過來攔截我。

船老大可能也同時接到電話，不由分說開始掉頭。而廈門那邊有快艇向我們開過來。如果這次我被抓住，會被判更重刑期。情急之下，我把名牌西裝脫了，立即跳海。船長還想開船過來追撞我，幸虧我反應快，吸足一口氣趕快潛到深處，才沒有被螺旋槳打到。船長心狠手辣，第二次繞過來，站在側面用長竹竿往海裡扎，那是他們打魚的竹竿，頭上有銳利的刀片，竹竿離我最近的一次不到一公尺，如果被扎到，立刻會血肉模糊、難以活命。他繞了三次，也扎了三次。最後，我游得離大膽島愈來愈近，他才不敢過來。但中共武警的那艘快艇仍然飛速衝過來。

短短幾分鐘時間，可以說生死一線間。我的身體接觸到陸地，但我聽說沙灘上有地雷，只敢躲在礁石上。中共的快艇居然衝到沙灘上，用狙擊步槍瞄準我。我在礁石上大聲喊：「主啊，救我！」雖然當時我是一個信仰並不虔誠的基督徒，但在危急時刻能想起來的就是主。我叫了十多聲，聲嘶力竭。我相信，在那個「三民主義統一中國」的標語牆附近，台灣軍方一定有監控設施拍攝下當時的場景。希望有一天可以調閱那段資料，我願意公諸於眾。上帝拯救了我，而我後來真的全職事奉上帝，是何等大的恩典。

余杰：這段故事比電影還要精彩。張伯笠牧師在回憶錄中寫到，他在逃亡路上，有一次差點被大雪封山凍死，他祈禱上帝拯救他，如果上帝拯救他，他將把後半生奉獻給主。果然，上帝派遣一個基督徒農夫救了他。你的故事也是如此。上帝總是在我們走投無路時，給我們一條永生的義路。

燕鵬：當時，我清楚地聽到中共追兵將槍的扳機拉開的聲音。千鈞一髮之際，大膽島這邊中華民國的守軍現身了，衝上來二十多個軍人，十多個圍住對方，十多個圍住我。

中共的武警對台灣士兵喊話，要他們將我送過去。當時，確實有一兩名台灣士兵說：「好，我們把人押過去。」我被他們按住，但拚命掙扎，大喊：「我死也不過去。」一位軍官過來簡單問了我幾個問題。我回答說：「我是思想犯、政治犯，我到台灣尋求政治庇護，已經通知了國際媒體，你們不能將我交給中共。」

・從靖廬羈押獲釋

雙方僵持了十五分鐘左右。前線的官兵得到金門傳來的指示，決定將我送往金門。他們透過無線電對講機講話，我有聽到。他們逼退中共的武警，安排士兵用黑頭套套住我的頭，並將我五花大綁，帶到車上，飛速開走。然後，再將我丟到船上，捆到甲板上，以最快的速度向金門飛馳而去。一路上，海水都濺到了我的身上。

不長時間，船停下了，有人跟我說：「我們要打開你的頭套，你閉上眼睛，別傷了眼睛。」我聽到的是台灣國語，不是中國口音，我就知道已經獲救了。一名穿台灣海巡署制服的士兵解開我身上的繩索。我感到手臂快要斷了。然後，從中午到下午兩個多小時對我進行審訊。

當天晚上，就對我開庭審判，由金門地檢署以違反國家安全法、兩岸人民關係條例、要塞保壘地帶法等，判處死刑或無期，不得赦免。我當庭抗議，法官幽默地說：「這裡是台灣，不是大陸，你可以慢慢講，也可以保持沉默。我們是法治國家、人權社會，還會再給你一次機會，只要你認罪，就可以輕判。」所謂認罪的定義，就是承認你非法登上大膽

· 天主教呂約瑟神父（左三）從宜蘭靖盧接燕鵬到聖嘉民啟智中心

· 思想啟蒙老師牟傳珩（左）來台看望

島。我說：「這我可以承認，確實是這樣。」法官當時的確給我暫緩起訴的判決，但也經過多次抗訴，感謝國際媒體及人權團體的鼎力協助，台灣著名律師魏千峰為我免費辯護，幾經周折最終才得以免於刑責。

余杰：我查當時中央社一份報導是這樣說的：「二零零四年六月廿六日，一名中國大陸人士燕鵬日前在金門海域跳船，游泳上大膽島表明要脫離大陸環境，金門海巡隊接獲駐軍通報將他接回，移送金門地檢署偵辦，並在一波三折後，今天上午專船送回台灣處理。金門海巡隊表示，燕鵬身著T恤、牛仔褲，身上帶有美金二千多元，沒有身分證明證件，情緒和緩，表明來自山東青島市，相關資料上網可查詢，想要脫離大陸環境。」接下來一段時間，台灣方面對待你的方式並不友善。台灣長期沒有《難民法》，在反共時代利用「反共義士」，但民主化之後反倒放棄了對普世人權價值的堅守和對來自中國政治犯的庇護。

燕鵬：我在宜蘭靖廬的大陸人民遣送中心被關押了八個月，那裡其實是一座監獄，條件一點也不比極權制度下的監獄好。原來四十個人的一個房間，卻關押了七十五個人，用臭氣熏天來形容毫不過分。夏天極其炎熱，天氣預報說三十七度，實際上房間裡超過四十度。每天可以洗澡一次，大部分時間打坐。中午飯後命令所有人都在太陽底下跑步，地板滾燙，腳底起泡。我拒絕服從，一度與警察衝突。

有一位警察說，你真是民運人士，不服從指揮，到我的休息室來。我原以為他要收拾我，沒有想到他請我喝酒吃飯，我們聊天聊得很愉快。以後，每次他值夜班，就帶我出來喝酒聊天，到了下半夜才回去睡覺，可謂因禍得福啊！

那段時間，全球一百九十多個民運人士聯署給陳水扁總統要求赦免我。在台灣任教的王丹也三次來探望。台灣人權促進會出面幫我聘請律師。最後，我被釋放，暫住在宜蘭一家天主教背景的啟智中心，也有機會跟神父們一起學習聖經。

余杰：在台灣，一切並不像你當初設想的那麼順利。世俗的任何生存之路都向你關閉了，你反倒被上帝揀選成為神學生。

燕鵬：當時，我作為難民的身分，每月有五千台幣生活費，但這點錢不能吃飽飯，不能租房住。我一度流落街頭，夏天在公園裡睡覺，甚至到有冷氣的誠品書店和速食店消磨時間，還去早市試吃，不花錢就可以吃飽。陸委會規定，不允許我這樣的難民接觸媒體，我無法將窘迫的情況告訴外界，後來有位名叫洪哲政的記者用「謊言」對我說不會報導負面的消息，只是個人好奇想知道事情，我說了事情後，沒想到他直接刊登出來，因此，惹惱了台灣負責我的那幾個官員，從此我更沒有好日子過。

我在遣送中心的時候，向警方索取聖經，八個多月裡，我一邊好好讀聖經，一邊向上帝許願說將來自由了，要一生事奉上帝。

但是，自由之後，雖然每個禮拜都去教會，去過很多不同的教會，但對聖經真理還是有很多不能理解的地方。有一次，我在台北靈糧堂聚會，旁邊有一個弟兄對我說，你好像不是台灣人。當時來台灣定居的中國人很少，去教會的更少，焦恩禮弟兄發現之後很驚訝，問我是怎麼到台灣的？禮拜之後，我一五一十地把我的故事告訴他。這位好心的焦恩禮弟兄將我帶到他家，他家有一個空出來的地下室，免費讓我居住。我在那裡住了很長一段時間，算真正接觸到台灣教會，也有了相對穩定的信仰生活。遺憾的是，我在那間教會不到半年就受到壓力。他們的牧師表示，有我這樣的難民在他們的教會，會有礙他日後進入大陸宣教，我一定要離開。於是，我含淚離開了那間教會。

離開那個教會之後，我有兩週沒有去任何一間教會。正好央廣的溫大哥來採訪我，我們談到信仰，雖然他是佛教徒，但卻很熱心推薦我去另外一家教會。因為他認識那間教會母會的師母和牧師。上帝的帶領真是奇妙，那是新北市中和的一家小教會，名叫崇真堂，我從此在這裏穩定聚會，並參與教會事工，比如協助牧師探訪等。此前，我在中國的信仰根基不是很深，到台灣以後，感覺台灣的教會形態、牧師講道等都跟中國有些不同，就有了好奇心，也願意參加服事，靜下心來讀聖經。

這時，余慶榮牧師與師母、其他弟兄姊妹都有感動，問我說，有沒有感動去讀神學院？因為我的處境尷尬，第一、

・燕鵬牧師第一次在台灣過生日

不能工作，第二、沒身分，牧師和弟兄姊妹們都很關心，就建議我去讀神學院，將來可以當牧師。

那個過程中，我經歷了一段掙扎期，一開始很拒絕，跟一位陳大姐差點為此吵架。後來，我跟牧師學習聖經，對上帝的話有了領受，也有了讀神學的感動。我就抱著試一試的心態去報考，結果被宣道神學院錄取了。

余杰：上帝的心意是我們不能理解的，只有等你到了沒有身分、沒有工作權利、什麼都不能做的時候，上帝才決定使用你。耶穌當年不也是如此嗎？祂挑選的大都是些卑微、無用的門徒，祂的門徒中沒有高官、富豪、高級知識分子這些上層人士、成功人士，反而都是社會邊緣人。上帝要從塵土中高舉祂重用的僕人。

燕鵬：我讀神學院完全是上帝的心意。還有一個小小的神蹟：就在我報考宣道神學院、拿到入學通知書後的第三天，我突然接到國外朋友盛雪的通知，她與五位好友為我辦理了投資移民，說我可以與相隔三地的太太及女兒（女兒當時在澳洲讀書）一家三口移民加拿大。剛考上神學院就得到消息說加拿大可以接收我們一家，那時真的很掙扎：去，還是不去？沒想到，太太跟孩子卻鼓勵我去讀神學院，她們知道這是上帝的心意。就這樣，我在宣道神學院開始讀第一個神學學士學位。此前，我沒有讀過大學，從學士開始讀，真的很辛苦，讀了整整四年。

神學院的學習生涯，是我一生中最幸福的時光。我的家人和孩子都不在身邊，跟外界幾乎沒有聯繫，一頭栽入聖經之中。其他同學都有家庭，禮拜日回家，跟家人相聚，有看電影、郊遊等娛樂活動。我在經濟上不能承擔這些，不能去任何地方旅行，四年裡除了去一些教會分享，其他時間幾乎沒有出過校門一公里外。我在巨大的壓力下埋頭苦讀，除了睡覺吃飯，都在讀書，除夕和其他節日都在讀，不讓自己停下來，停下來就會有許多思慮，比如想念家人等等。這樣，讀書成為我最大的樂趣，圖書館成了我的家。

我記得神學院門口有一家牛肉麵館，那裡成了我的食堂。天天在那裡吃牛肉麵，既便宜，份量也夠。後來，跟老闆混熟了，老闆居然跟我說：「你不能天天吃牛肉麵啊，營養不均衡，乾脆我把自己帶的午餐給你吃，裡面有比較多的蔬菜。」

畢業後，我留校作傳道，兼做教務方面的工作，由於沒有身分，只能算是兼職，不能被正式聘用。宣道神學院沒有碩士課程，我就報考道生神學院。讀本科第四年的時候，就進入道生神學院的道學碩士和神學碩士的課程。那時我已經感到「只是學士不夠，學士只是學到了學習的方法，聖經真理的掌握，還需要更深的學習」。第一年，我就跳了一級，本來三年的課程，申請兩年讀完，密集的課程全部選修，結果一年就讀完三年道學碩士的課程。第二年我繼續讀神學碩士。感謝主，我在三年內把兩個碩士學位讀下來，再接著讀博士學位。

那七年時間，我在聖經上確實下了很大的功夫，每個關鍵字都用原文查考，這對以後的功課，包括在教會講道，都有很大的幫助。幸運的是，我遇到很多優秀、充滿愛心的老師，一路引導我前行。比如，宣神院長胡偉騏、門徒訓練神學院王良玉院長、華神黃穎航老師、白嘉靈老師。黃老師言傳身教，有耶穌僕人的品格；白老師給我們上講道學的課程，讓我學會了嚴謹的解經講道，還有翁瑞亨老師、陳慶文老師對我的幫助也很大。翁院長鼓勵我讀博士，如果不是他的鼓勵，我讀完碩士之後就停止了，而陳老師是我博士論文的導師，他精通聖經原文，在以色列歷史、地理方面造詣很深。

新身分與新生命：台灣公民，上帝僕人

余杰：神學院畢業後，你終於因為台灣政府的一個專案，與其他幾位到台灣尋求政治庇護的流亡者一起獲得在台灣的居留權，也可以找工作了。然後，上帝果然給你開道路，讓你成為大溪僑愛教會的牧師。

燕鵬：感謝主。當年我被放出來時，台灣政府給我一個電話號碼，告訴我說，若被警察盤查，可請對方撥打那支電話號碼。有一次，我真的被盤查。警察撥完電話後，還一頭霧水望著我說：「這年代怎麼還有你這種人。」那是陸委會的電話，陸委會的官員告訴警察，這個人沒有任何一種身分證明，也無法考駕照，所以他雖然無照開車，你們也不要罰他。

沒有合法身分，只能處處碰壁，沒有公司敢僱用，租房子要找擔保人，甚至連感冒也要自費上千元。每天提心吊膽，無形的壓力有苦難言。二零一四年，我終於拿到合法居留權，可以找工作了。此前台灣政府每月給兩萬塊台幣難民生活費，拿到身分後，這部分救濟金沒有了，就需要一邊工作一邊讀博士，當然不可能去找世俗的工作，只能找牧職。

在這個過程中，馬康偉牧師、林治平教授等前輩都給我很大的幫助。我在台灣第一次聚會的教會是宣道會台北堂，

剛開始並不認識馬牧師，當我考取宣道神學院之後，才發現馬牧師是宣道會聯會副主席，我們經常彼此勉勵。我有了身分之後，馬牧師積極幫助我尋找適合的工場。

我是在報紙上看到大溪僑愛教會招聘牧師的消息，就去應聘。結果發現一共有七位牧師（傳道人）應聘，除了我以外的六名應徵者都是生在台灣、有經驗的牧者，條件都比我好。最後，教會的聘牧委員會投票，只有我獲得高票，九位執事，我一個人得了七票。

當時，我拿到長期居留的身分才一個多月，上帝就讓我有了一個牧養的工場，讓我可以獨立牧會。我是第一個從中國到台灣的流亡人士中念完神學、牧養台灣教會的人。這個過程讓我充滿感恩，讓我認識到「苦難本身就是祝福」，關鍵看你如何抓住上帝的恩典，如何勝過苦難，以正確的心態，沉澱自己、磨練自己。

大溪僑愛教會，屬於一個小宗派拿撒勒人教會。這間教會的會友涵括各族群，有原住民、馬來西亞、印尼、客家、榮民及大陸新娘，我自己也算是一位新移民，牧養這樣一間

・按牧典禮與妻子合照

多元化的教會，正好可以發揮我的恩賜，真是上帝特別的帶領。

我到教會一個多月後，二零一四年八月卅一日，在翁瑞亨院長、余慶榮牧師、馬康偉牧師按牧團的按立下成為牧師。

那天的場景特別讓我感動。那是主日的下午，教會中擠滿信徒。大家或坐或站，共同參與我的「按立儀式」，由「傳道人」升任「牧師」。我和以「自由行」來台灣的妻子鐘賢業跪在祭壇前，先高聲回答主禮牧師的問題，公開宣示一生傳揚上帝福音的信念。多位牧師環繞在我身旁，伸手按在我身上為我禱告。「宇宙光全人關懷」總幹事林治平在介紹我時，特別強調我參與六四事件的經歷。儀式結束後，我發表了一段簡短的講話。我回顧過往的經歷，感慨萬千地說，一路走來，實在「往事並非如煙」，還有不少驚險的故事。被暗殺過、被追殺過、更曾經有槍口頂在頭上。集權的牢也坐過了，民主的牢也坐過，各種辛酸都嚐過了。但是，上帝讓我存留下來，就是讓我成為他的僕人，愛上帝的最好方式，

· 燕鵬牧師的按牧典禮

就是為上帝牧養群羊。

余杰：是啊，從獲得居留身分到成為牧師，到二零一六年正式拿到台灣身分證，成為台灣公民，這三部曲，雖然走得比一般人艱辛，卻也每一步都滿有上帝的恩典和上帝的祝福。過去的苦難，都將成為你牧養教會時的財富。

燕鵬：二零一六年七月十一日，我終於取得了台灣身分證，大溪區仁義里里長黃禎在大溪僑愛教會為我舉辦「慶生」活動。我跟教會中的孩子們一起吹蠟燭時，我不禁掉下眼淚。這十二年來，不管是父母親相繼過世、女兒結婚，我都無法出席，既不能到中國，也不能離開台灣去其他國家，心中留下許多遺憾。如今，拿到台灣身分證，總算熬出頭了，從此算是自由人了。這些年來，對家人的思念，實在沒有言語能訴說。每逢佳節倍思親，沒有佳節也思親。我最不喜歡過節，讀書時，每到暑期，神學院空無一人，我就跑到台東原住民教會那裡做志工，幫助他們建圖書館，帶孩子們查經，辦夏令營，這樣才能將那兩個月熬過去。

這些年來，最對不起的就是我的妻子。我跟妻子在

· 與妻子分別七年第一次在台灣相見

· 與女兒離別七年，第一次相見

十六、七歲就認識了，算是青梅竹馬，二十三歲結婚。我們兩家的父母都是朋友和同事，安排我們結婚，然後也有了孩子。「六四」的時候，女兒剛一歲，岳父母知道我性情衝動，要保護我，每天都叫太太用孩子將我拖住，讓我少出去生事。但我還是抽空就跑出去，後來就有了罷工這些事情。如果家中沒有孩子，我的參與會更多，說不定早就進監獄了。

後來，太太對於我參與民運，資助難友等，從來沒有反對過。我對她的支持和大度非常敬佩。每次警察來抄家，她都十分鎮定，並且理性抗爭，不像一般的婦女，看到警察就恐懼。這些年來，太太的支持是我很大的安慰。

我在中國坐牢，然後到台灣，加起來十多年，有超過我們婚姻生活一半的時間是被迫分開的。我感覺很虧欠。幾年前，我的父親突然過世，我沒有辦法回去送一程。父親過世後，安葬等後事都是妻子和青島的朋友包辦的，我也非常感恩。

雖然有這些苦難，我們一家人在信仰上走到了一起。我

．燕鵬牧師參加台北自由廣場《紀念六四》活動

出來的第二年，太太在青島受洗成為基督徒。女兒到澳洲留學，第一個禮拜就找到一家教會，她自己說想去教會聚會。我很高興她有這樣的追求。

前些年，沒有網路、社交媒體，只能打長途電話，我打工賺的錢，用在電話費上的，比吃飯的還要多。給妻子、父母、朋友們打電話，有說不完的話。後來我發現，一下線，就感到非常失落，心情起伏，平息不下來。有兩年時間，我常常失眠，每天只能睡三個小時。找到一家心理醫生，以為自己有憂鬱症。醫生診斷說，你不是憂鬱症，是晚上給家人打電話太激動了。後來改到早上打電話，果然晚上就能安然入睡了。

二零一一年六月二日，妻子以陸客旅遊行的方式來到台灣，我們隔了整整七年才再次見面。旅行團在台灣規畫雖有一週時間，但我們夫妻倆相處的時間卻很有限。因為台灣對陸客旅行團的規定非常嚴格，遊客必須乘坐大巴，而我又不能加進去。

那次行程，我開著車全程跟著太太所屬的旅行團遊覽

· 燕鵬牧師為教會會友施洗

車，繞了台灣一圈。一開始，遊覽車的司機感到很奇怪，為什麼有一輛小車一直跟著？後來，在一個休息點，我才把我們的故事告訴他。晚上，我們也不能住在一起，我只能住在旅行團入住酒店旁邊的小旅館。最後，連司機和導遊都看不下去，對我們說：「你們住在一起吧，出了事情我們負責！」

在太太即將搭機離台的那天，我非常不捨地趕到機場。在人聲鼎沸的機場大廳內，太太一轉身就看到我，我們兩人四目相交，我跑過去抱住太太，忍不住嚎啕大哭。

這幾年來，太太來台灣五次，在澳洲讀書的女兒則來台與我見面三次。至於以後我們一家如何團聚，只能看上帝如何帶領。在人看來，依然困難重重，台灣政府只給我一張身分證，拒絕給我太太身分證。他們說，必須由海基會和海協會認證，由對岸給出結婚證明等文件。但我明明就是政治避難者，那個加害我的政權不可能給我開證明。我在中國的戶籍和身分證都被註銷了。沒有任何證明證件，太太如何過來辦理依親？除非以後台灣通過《難民法》才能解決這個難題。

余杰：這麼多年的磨難還沒有到盡頭。對於當年參與六四和民主運動，帶來如此大的變故和傷痛，如今你會感到後悔嗎？

燕鵬：很多人問我，後不後悔參與民運？現在，我知道這一切都是上帝的準備，參與民運不是目的，而是過程，因著那過程，才讓我今天從追求「民主」到追求「神主」。來到台灣這十幾年，我一點點地知道，自己所追求的民主制度與自由社會，若人沒有上帝與信仰、沒有敬畏的心，人性還是一樣會墮落。過去參與民運追求民主，現在我愈來愈清楚基督信仰才是更高的價值。政治、經濟、文化等都是形而下的東西，只有信仰是形而上，是高於這些東西。我對跟有我一樣經歷的民運人士有負擔，希望他們也能接觸福音、進入信仰。人若沒有信仰，一有權力還是會墮落。不要太相信人性，有敬畏的心，才能真正行出上帝的善。

余杰：我也有這樣的體會。人要首先知罪、認罪，才能在此基礎上建造民主體制。否則，我們每個人都有可能變成毛澤東、蔣介石這樣的獨裁者。這幾年的牧會生涯，我想你一定有不少感想，請你在這方面分享。

燕鵬：我們這間教會有六十年歷史，有自己固定的傳統，對外來者有一定的挑戰。剛來的時候壓力比較大，本宗派中有人排斥我，台灣的很多教會是家族式的，比較排外。我的策略是以靜制動。

牧師當然以傳道為業，主日講台的供應是第一重要的事情。我認真讀聖經，準備講章，如果自己都沒有感動，又如何感動會友？一定要先消化吸收，懂得經文的涵義是什麼，每個字都要透過原文查考。我的主日講道主要採取解經講道，逐章逐節地講，讓弟兄姊妹對聖經經文有深入和全面的認識，認識了真理，生命就能有長進。逐漸的，弟兄姊妹就追求、渴慕上帝的話語。在教會的日常中，會友遇到什麼問題，我也用上帝的話來勉勵，自己要懂得上帝的話，才能勝任這項工作。

我的牧會理念是，對內造就門徒，對外廣傳福音。現在我們這個小小的教會，就有四個弟兄姊妹在全職讀神學院，以後他們都會擔任牧師、傳道。有人說，你培養年輕人讀神學，他們畢業了，搶了你的位子怎麼辦？我說，如果他們中有人比我優秀，來接我的班，我開心還來不及呢，為什麼要嫉妒呢？學生難道不該比老師強嗎？那時候，上帝說不定給我新的工場，比如讓我做一名宣教士呢！

我們的執事會有六名執事，再加上我，一共七個人，重大的行政事務由執事會投票決定。教會裡要有民主的氛圍，不能由牧師搞一言堂。有的教會甚至是家族經營、壟斷，父親傳給兒子，簡直成了北韓的金家王朝。

財務方面，由一名管理財務的執事負責。牧師不接觸這一塊，要避免金錢的誘惑。一般的行政事務，我基本不太干涉，放手讓執事們去做。有人私下裡找我談一些會務的事情，我都不談，我告訴弟兄姊妹，有事在會上談，不能私下操作，不能將外面公司企業的那一套權謀術用到教會。

我們這個小宗派，堂會與總會之間是相對獨立的，採取監督制，在堂會牧會四年，才能作地區牧師。外來的牧師不可稱為牧師，只能成為傳道。我剛剛到任總會就宣布接納我為地方牧師，可以參與很多事務的商議。我並沒有權力欲望，只是努力與其他牧師合作推動各項事工的發展。

· 大家為燕鵬牧師慶生

再有，就是與弟兄姊妹建立親密關係。比如，有一位八十多歲伯伯是山東老兵，知道我來自山東，像遇到知音般，一天到教會兩次，滔滔不絕地分享過去抗戰年間的國共故事，跟我成了忘年之交。還有一位超過一百歲的老爺爺，早上常常到教會來，幫我打掃院子，我們也無話不談。

我希望透過在本地區傳教吸引福音朋友，舉行了很多活動。比如，二手商品募集、舉辦跳蚤市場，活絡鄉親感情，也幫助更多弱勢朋友。比如，時常與衛生所合作，提供教會場地讓老人做健康檢查。我希望未來教會能成為居民精神、生活上的日常性教會，共用資源，不管是借場地、辦活動，教會都無償提供使用，發揮敦親睦鄰的功能。

還有一點，在台灣牧會，婚喪事務這一塊很重要，牧師要耗費很多時間和精力。會友及其親人的婚禮都在教會舉行，新人一般提前三個月跟牧師訂時間，要做婚前輔導。包括婚後有了孩子、孩子的教育等，都要講到。牧師還要探訪新人的父母，對父母進行輔導。比如，我會告訴父母，少干預兒女的事情，兒女結婚之後就獨立了，要離開父母、合為一體，自己面對他們遇到的困難。然後就是婚禮的排演，全教會都會動員起來。總的來說，婚禮是一件喜事，全教會都很高興。

其次就是葬禮。前不久，一位老弟兄病重，半夜家人來電，我趕到醫院，趕上彌留之際臨終關懷、禱告。等他蒙召回天家之後，我再安慰家人，幫助策劃殯儀館、火化、追思禮拜等事務。追思禮拜上的講道非常重要，因為會有很多不信主的親友來參加，應當讓他們也能聽懂，讓他們看到，基督徒對死亡的看法和態度——基督徒認為，死者只是暫時睡去，我們還能在天家相聚。耶穌基督已經擔當了我們的死，我們在耶穌基督裡面有永生。所以，我們會感到悲傷，但更有平安。然後，是選擇墓地、入土等。整個葬禮前後差不多兩周時間，都需要牧師全程介入。不過，這段時間陪伴逝者的家人，可以與他們建立起更好的感情。喪禮之後，逝者家有好幾個原來不來教會的家屬都來到教會聚會了。

余杰：這些年來，台灣內部政治立場對立嚴重，我相信在教會中也是如此。特別是在你們這個多元化的教會。遇到大選，大家選擇不同政黨並紛爭不斷，你如何處理？

燕鵬：我是牧師，在教會的講台上絕不會講政治，講台是要講神的話，不是自己的話。有會友問我，是喜歡藍？還是喜歡綠？我說，「我不會告訴你們，我尊重你們投藍、投綠，都是你們的自由意志，我不會干預。」身為牧師，在教會我一定保持中立。

但我又告訴大家，基督徒不是不關心政治，若基督徒不關心國事，那樣的社會將會多麼黑暗。傳道人應該用上帝的眼光來宣揚「上帝的政治學」，上帝的政治學就是公義、憐

・燕鵬牧師與余杰在大溪古鎮古家老宅合影

憫、謙卑，上帝在聖經裡已講得非常清楚，而且更多基督徒參與公共事務，多一個基督徒行公義，就少一個惡人貪污舞弊。

面對藍綠對立，傳道人應幫助弟兄姊妹知道什麼是「是非」？什麼是「利益」？我一般不談藍綠的問題，因藍綠都是步上軌道的政黨，每個政黨為自己的利益拉選票，無論投藍投綠，都是民眾選擇哪個是自己認為的最大利益，這不是「是非」問題，不用大家爭得你死我活，甚至大動干戈。但有些問題是「是非」問題，就必須清楚。比如一個政治決定，可能會讓一部分人要付出很大的犧牲，甚至有生命危險，這就是一個是非問題，不是利益問題了。

在這方面，我常常勉勵基督徒，上帝造人彼此不一樣，有不同立場就要學習彼此包容。當彼此觀念不一樣或政治理念不同時，不需要擊垮不同意見的人，而是可以提出「建設性的反對意見」，但不是毀滅性的，這是台灣目前所缺少的。政治對立是因為沒有包容，沒有愛，要能彼此包容才會產生更好的局勢，而不是鬥爭。

第 4 章

誰與哀哭者同哀哭？
——旅日紀錄片導演班忠義訪談

從認識「日本媽媽」到成為「日本女婿」｜

在日本，基督徒是極少數的「邊緣人」｜

為什麼將幫助「慰安婦」作為一生的事業？｜

用紀錄片為未來中國尋找出路｜

班忠義簡歷

班忠義，一九五八年生於遼寧撫順一個普通工人家庭，在動盪的文革中度過少年時代。一九七八年考入黑龍江大學外語系日語專業。

一九八七年在日本友人的幫助下赴日本留學，先在上智大學攻讀新聞碩士，後到東京大學主修宗教。

一九九二年十二月，班忠義在日本東京參加了「日本戰後賠償問題國際聽證會」，被中國「慰安婦」倖存者的血淚講述深深打動。從此以後，他開始關注「慰安婦」的訊息，並展開調查工作。多年來，班忠義走遍大半個中國，尋訪戰後殘留在中國的日本婦女、當年被日軍強迫淪為「慰安婦」的中國和韓國婦女，記載這些不幸老人的不幸遭遇，在日本透過各種媒體廣為介紹，號召民眾捐資救助。隨後，他主導成立救助組織，用籌集到的善款救助了戰爭年代受日軍強暴殘害的人。

中國和韓國慰安婦近百人。在此期間，班忠義得到日本

· 東京市民上映會

女性高橋敬子的傾力幫助，兩人相知並相愛，於二千年結為夫妻。同年，班忠義在妻子的影響下受洗成為基督徒。

此後，班忠義繼續從事「慰安婦」的資料收集、救助和紀錄片拍攝，還發起對雲南偏遠地區失學兒童的助學工作。他還陸續拍攝了老右派、雲南地下教會及海外政治流亡者群體的紀錄片。班忠義拍攝的紀錄片多次在國際影展上播映並獲獎。其中，他用二十年時間拍攝長達兩小時五十分鐘的紀錄片《渴望陽光》，是至今唯一詳盡披露中國婦女二戰期間遭日軍官兵輪姦並被迫成為「慰安婦」的紀錄片。該片於二零一五年在日本各地上映以來，受到日本社會廣泛關注。

採訪緣起

我第一次跟班忠義見面，是在二零零三年跟隨一個拍攝中日關係紀錄片的團隊去日本採訪，聽說研究日軍「慰安婦」問題的專家是旅日學者班忠義，我們便約他在東京一家旅店會面。那時的班忠義，高大英俊、神采飛揚、滿頭黑髮、快人快語，宛如日韓偶像劇中的明星。但是，一聽他講

· 班忠義（後排右）在雲南迪慶藏族地區資助失學兒童

述多年來從事的「慰安婦」調查、救助工作，他的慷慨無私、他的滿腔熱情，立即讓人肅然起敬。這是一件吃力不討好的工作，班忠義卻能數十年如一日地堅持下來。他告訴我，最大的動力來自於基督信仰，聖經教導說，要愛神且愛人如己，所以就這樣一路走下來。

之後，班忠義帶著妻子和兩個小孩到雲南「支教」。他一邊在學校擔任日語老師，一邊做少數民族失學兒童的救助工作。在那幾年裡，他跑遍雲南的市鎮山川，採訪還在世的老右派、數十年如一日捍衛信仰自由的家庭教會成員，蒐集了大量文字及影像資料。那幾年，我們有機會在北京會面，他也應邀到北京方舟教會分享他的信仰和工作。

我們全家離開中國之後，班忠義夫婦到美國訪問，曾經來我家探訪，並為張伯笠牧師拍攝佈道會影片。那時，我就有了為班忠義寫一篇訪談的想法。當他於二零一六年十一月再度來美國拍攝文革題材的紀錄片時，我們再度相逢。此時的班忠義已頭髮花白，卻從未放棄上帝交託給他的使命。我們有兩天時間在一起促膝長談，就有了這篇訪談。

· 在德國放映慰安婦的紀錄片

從認識「日本媽媽」到成為「日本女婿」

余杰：老班，按照我們訪談的慣例，請你先從童年生活談起，我知道你是東北人，童年時候的東北是怎樣的狀況呢？

班忠義：我出生在東北撫順一個普通礦工家庭，撫順是當年就已有嚴重環境汙染的工業城市。我們在一個遠郊的礦區，小時候家境非常貧困，大家住的是結構一樣的平房，每家只有一個房間，房間內有一張大炕，佔了大半空間。我們家也沒有一個讀書人。

一九六六年，文革爆發時，我剛上小學，文革對我的人生有很大影響。此前，生活雖然清苦，但身為工人子弟，我還是有「遠大的理想」，積極參加「少先隊」活動，唱歌唱得熱淚盈眶。我希望自己好好學習，透過學習改變命運。但文革開始之後，只上了半年課，就不再上課了，正常的人生被打斷，原有的理想也幻滅了。

那年冬天，我盼望到教室重新開始學習，但復課遙遙無

・服岡之夜合照

期。教室裡的課桌椅都被大哥哥、大姐姐們豎起來擺放，他們還舉行批判校長大會。我們這些小不點，無所事事，卻也有英雄主義情懷，看到街上人們在吵鬥，似乎是為了真理，為了顯示忠於毛主席的心，他們常常遊行，充滿暴戾之氣。我從中看到一種武力的美、武士的美，那時候的我是「革命的孩子」。

到了一九六八年，我小學三年級，終於「復課鬧革命」了，但課堂上沒有知識的傳授，全都是政治的灌輸。我記得我們都畫劉少奇的漫畫，鷹鈎鼻子、三角眼、大板牙，一看就是叛徒。我一邊畫一邊充滿義憤，其實我不知道真相是什麼。我認為自己要像雷鋒那樣，對階級敵人恨得愈深，就對老百姓愛得愈深。

武鬥之後，毛提出「大聯合」。全國都在歌頌毛的「四個偉大」，「早請示、晚彙報」，到處都是毛主席像。那真是一個發狂的時代。我喜歡唱歌，就去參加文藝隊，到工廠、農村慰問演出，體驗到一種盲目的歡樂。但當局只是將我們這些孩子當作工具，沒有起碼的愛護，我們奔赴一百多公里的山區，那裡有剛剛建造的兵工廠、防空洞。那裡的工人生活很無聊，好不容易看到城市來的孩子，演出完畢還讓我們再加演，有時候一天四場，最後我的聲音沙啞、聲帶也唱壞了。因為是露天礦，下邊要跑電車的，我們在軌道旁，戰地高歌鼓勵他們。

余杰：你是在什麼時候對文革和毛澤東產生了懷疑？

班忠義：在我上小學五年級的時候，我們家搬到離城市更近的地方，那裡過去是商店街，那些孩子的父母很多是小老闆、商人，所以比較狡詐也排外，我覺得那是小資產階級的世界。那裡的孩子歧視外來者，我常常受欺負。

一九七一年，林彪事件爆發，我十三歲，懵懵懂懂聽到媒體報導，覺得高層真是如《五七一工程紀要》所說，是殘酷的「絞肉機」。一九七二至一九七六年那四年時間，生活似乎停滯了，中共陷入無休無止的內部鬥爭，周恩來、鄧小平和江青等「四人幫」鬥，毛沒有辦法，或者毛故意縱容。民間開展「學工學農」運動，大慶修管道，要挖壕溝，當局利用學生作為無償勞動力。聽黨的話的就是好孩子，想讀書就不是好孩子。我深感到苦惱，（不能說因為那種勞動沒有任何價值，他不該讓數千名學生去幹這種工作），挖了上千公里的壕溝，真是勞民傷財。

那時，哥哥姐姐都到農村當知青去了，回到家像餓狼一樣，把能吃的食物都一掃而光。我本來覺得我們底層礦工家庭已經很苦了，聽他們講述才知道，農村更苦。我感到非常恐懼，難道過幾年我就得跟他們一樣去農村嗎？我希望找到一條不一樣的出路。我從小就有追求美、追求真理的理想，但在那個時代如何實現此種理想？

余杰：那時你也開始接觸日本文化？一般的中國人長期受共產黨仇日的宣傳教育，都很仇視日本，你是怎麼對日本有好感、學習日語，然後產生到日本留學的想法？

班忠義：一九七二年，日中邦交正常化，有關日本的訊息開始斷斷續續地傳來。我們那裡不缺日本人，以前就有很多戰後遺留的日本人，而且也有很多日本文化的元素。比如，大家都知道，日本人修的房子很堅固。

我姐姐在撫順市郊區的一個村子裡「插隊（落戶）」，她跟我講起，村裡有一個日本人，是個老太太，丈夫是老八路（在抗日戰爭中的八路軍野戰主力部隊），常常對她施以家庭暴力。老太太遭丈夫毆打，沒有別的辦法，只有哭泣。姐姐說，她很同情那個老太太，但又無法提供幫助。

後來，姐姐結婚，生了孩子，我去探望，那是一九七三年冬天，我剛十五歲。我看到了那個被人叫做曾大媽的老太婆，她在一棟土坯房（用泥土為牆的房子）前孤零零地呆坐著。村裡人說，她大概五十多歲，在中國生活了卅多年，幾次嫁人終未獲得幸福。我對她很同情，就跟她聊天，到她的小屋裡坐坐。曾大媽已經完全變成了中國人，看到城裡來的孩子，覺得很稀奇。她向我講述她不幸的一生：當年，她作為叫「花嫁」的（國家組織的適齡女子，集體嫁給作為開拓團來到東北日本青年）新娘，抗戰勝利後，她丈夫先撤回日本，她卻被遺留在異國他鄉。

後來，我跟曾大媽學起了日文。我對未來真的很絕望，看不到前途。如果像哥哥姐姐那樣下鄉，對我來說是莫大的打擊，是本來就夠淒慘的生活再度淪落下去。我想當「逃兵」，但出路何在？是不是可以離開這個惡劣環境，告別這個枯燥無味，無所事事的每一天呢？當然不敢想到外國了，雖然別人都認為是一個天大的笑話，但有一技之長、能夠離開眼前的環境，也是好的。但學英文都是不可能的，周圍沒有懂英文的人，而曾老太會日文，我覺得至少該努力一下，我就跟她從聊天開始。日文發音簡單，比較容易學。我到撫順的外文書店，買到一本商務印書館出版的日文教材，雖然是一九六二年出版的，但勉強可以使用。

一九七五年，曾大媽打聽到日本親人的下落，回了日本一趟。然而，當年的丈夫早已結婚生子，新的家庭不能接納她，親友們也不願收留她。曾大媽只好流淚離開日本。我去看她時，她給我看從日本帶回來的畫報，機場、高速公路、東京奧運會的圖片，帶給我巨大的震撼。我印象最深的是一座紅色的橋梁，那麼鮮艷、那麼美麗。而撫順到處都是黑色煤煙、粉塵，整個城市都沒有顏色，也沒有人關心美感的問題。我突然覺得，日本環境太好了，那是一個美好的世界，我一定要去那裡。

余杰：看來，你的「日本觀」確實跟一般中國人不一樣。那位曾大媽後來的情況如何？

班忠義：我把曾大媽的故事寫成一篇小說《曾大媽的海》，成為首獲日本文學大獎的華人作品。一位株式會社的社長帶著這本書飛到撫順，經過幾天的尋找找到曾大媽，並帶她回到日本。在許多善良的熱心人士的幫助下，曾大媽最終葉落歸根，定居大阪。

余杰：可以說，你和曾大媽互相影響，改變了彼此的命運。你又是如何考上大學的？

班忠義：我基本都沒有怎麼上中學，在糧庫當臨時工，聽說要恢復高考，就努力自學，希望能考上。爸媽都罵我，你怎麼能考上！那時，連教材都沒有，也不知道考什麼內容。

一九七七年，是恢復高考的第一年，文科要考政治、語文、數學、歷史、地理、外語，外語不計入總分，我的日文考得很好，對總分卻沒有幫助。我的數學好像是零分，因為從來沒有學過。但總分過了分數線。如果家中有人去幫助「疏通」，我還是有機會錄取的，但我爸媽都是工人，不認識教育界的人，我等了幾個月，沒有等到錄取通知書。

第二年，我又去考，外語終於列入總分，數學反倒不列入，我的外語是撫順的最高分。我考上黑龍江大學外語系日語，作家哈金是這所大學英語系畢業的，比我高一屆吧。

在大學期間，我參加了日本一家民間友好團體，叫作贈書會組織的一次國際徵文比賽，寫了曾媽媽的故事，我與曾媽媽的忘年交獲得最高獎項，日本方面郵寄來的獎品是一套厚厚的百科全書。學校頒嘉獎給我，《黑龍江日報》也以頭版頭條來報導。

余杰：畢業後你為什麼有出國留學的想法？那時出國留學的人極少。

班忠義：那時的畢業生大都爭取分到省直機關（省政府組成部門的直屬機關），實現救國救民的理想。但我想有所變化，那時很流行傷痕文學，我也充滿理想主義。畢業時，我跟專制保守（過去是某市的宣傳部長）的系主任吵了一架，結果沒有留在哈爾濱，被分配回老家。那時整個中國大學生很稀缺，我被分配到撫順中國銀行，整個銀行只有我一個新來的大學生，人家準備把我作為未來的主管來培養。但

· 班忠義（右）的中學照片

我最不喜歡進政府機關或事業單位。這些地方要精通人際關係，經營裙帶關係，文革並沒有改變這個結構。

我是學外語的，當然會有「見證書本上介紹的外部世界、萌生一點兒出國留學」的夢想，看看外面的世界是怎樣的。但我沒有任何路子，父母沒有錢，公費又輪不到我頭上，毫無可能。

我後來調到科協（中國科學技術協會）當翻譯，那時候中日交流很頻繁，撫順是日本當年在東北經營的重鎮，日本開拓團來到這裡，但離開中國時，失去了孩子、失去了家人。中日關係改善後，他們回來尋親訪友。我接待過一對母女，老太太七十多歲，女兒五十多歲，女兒告訴我，妹妹在戰爭期間死在撫順、埋在郊區。

那一代的日本人，特別是戰爭年代到過這裏的日本人，對中國或多或少都有負疚感，她們說如果我有需要幫助的地方，她們願意幫助我。因為我知道日本遺孤的事情比較多，於是和這位老人的女兒，在後來的兩三年一直保持通信聯繫。我在通信中也流露過想到日本留學的夢想。沒想到她女

· 班忠義（後排左二）的大學照片

兒居然真的付諸行動，一九八六年給我辦理了赴日的各種手續。一九八七年，元旦前後寄來一份日本語言學校的錄取通知書。她女兒的名字是望月光子，用非常懇切的語氣寫到：「我家有自己的生意，相信能承擔起你讀書的費用，我們只希望你學成以後為你自己的祖國多做些有意義的事情和工作。」在她無私的援助下，我順利來到日本。剛到日本時，我跟這家人一起住。他們開了一家小型印刷廠，一樓是工廠，二樓住著老媽媽，三樓是女兒和女婿，剛好有一個空房間給我住。他們一家幫助我交了第一學期的學費。對我來說，這是一個神蹟，成為基督徒以後，我知道所有的一切都是上帝的恩典。

我在日本一邊讀書，一邊打工，半年後自己找房子，租了一個小房間。多年以來，我從來沒有自己的空間，現在第一次租了一個小房間，大概只有三五坪。放一張床就沒有落腳的地方了。

第二年，我考取上智大學新聞系的碩士課程，這是一間久負盛名的天主教學校。我也獲得獎學金，一九九二年得到碩士學位。

余杰：一九八九年學生運動期間，在日本的留學生中，你是一名積極聲援國內學生的活躍分子，那時候是怎樣捲入這場運動的？

班忠義：我從小就關心公義問題。那年春天，胡耀邦去世，我在身上纏上黑布，以示紀念。五月四日，我想在日本搞一個紀念五四的活動，就建議在日本的中國留學生有一個研究會的組織者（因為他們經常搞一些中國問題的學術討論會），希望他們辦一場胡耀邦研討會。沒有想到，他們不願做這種「中國大使館沒有交代的事情」，這讓我發現，留學生中的保守勢力居然如此強大。我不管三七二十一，找了身邊一些人，借了一個教堂的房間，自己組織紀念胡耀邦，紀念五四運動的活動。結果來了十二個人，總算沒有交白卷。那是一間聖公會的教堂，牧師慷慨地借給我們用，我因此對教堂的印象很好。

事後，我們參加會議的與會者，寫了一份證明寄給上海《世界經濟導報》社，抗議江澤民因刊登悼念胡耀邦的文章而勒令該報停刊的事情。後來，我又組織大家上街遊行，來了很多中國人，差不多幾萬人吧。剛開始大家很團結，有一種共同體的感覺，之後再沒有這種感覺了。記得六月四號組織的第四次遊行時，有人說中共中央把這次學運定為「反革命動亂」，請大家慎重考慮今後，結果一半人都走掉了，中國人從來都是見風使舵。

六四屠殺之後，在日本的華人組織成立了一個民間「中國人團結聯合會」，我擔任監事，特別想監督財務和紀律問題。我發現，反對組織絕對不能出財務問題，一定樹立好的形象。後來我逐漸知道，海外民運有兩種人：一種是菁英，追求抽象的價值，比如愛和公義；另一種是痞子，只關心個人切身利益，其目標是爭取留在日本——後者在參加各種活動時特別積極，甚至不擇手段。我與後者毫無共同語言，他們是吃「人血饅頭」的啊！

余杰：請分享跟你妻子高橋敬子認識的過程，我像，應當讓更多人知道你們的浪漫愛情故事。

班忠義：我畢業後，有兩個工作選擇：一個是到證券公司寫經濟訊息，將媒體中有關中國的報導剪下來，翻譯整理成報告。薪水是普通翻譯的三倍之多。另一個是當一家禪宗寺院食客，這個寺院要救助貧困學生，不管你是哪國人，有人推薦就可進寺院寄宿，寺院提供吃住，但要求早晨打坐、掃除。我當然願意去前者，但一名韓國留學生占了這份工作，我只好去寺院，過悠閒自在的「隱居歲月」。

就是在這家寺院的方丈支持下，我做了資助「慰安婦」的工作，做這件工作就得長期往中國跑，沒有辦法承擔一份固定的工作，也買不起房子。一直到一九九九年，我回國時，父母年齡都大了，有強烈的危機感，認為我都過四十歲還未成家，是不孝子。也有其他長輩幫我介紹女朋友，跟對方約會後，對方的父母一聽我沒有工作、沒有財產，立刻就反對，那時對自己今後的人生感到很絕望。

一九九七年，我幫日本雜誌寫稿，寫「慰安婦」們當年活生生的故事，也開始製作一部關於「慰安婦」的紀錄片。這樣的紀錄片很難排進院線放映，只能找一些民間機構和學校幫助組織小型放映會。

有一次，我妻子敬子服務的那所「幫助成人培養公民意識」的學校，請我去講中日戰爭及慰安婦的問題。我第一次跟敬子見面時，她是一位二十四、五歲的女子，長得如修女般認真、純真、嚴肅。她聽了我的演講後，對中國是受害者的同情充滿了關心。但我也沒有更多的理由和機會和她接觸，更沒有一點兒非分之想。

小時候，在家鄉常常會聽到這樣一句口頭禪，面對實現不了的夢想，你還要去想的話，人家就會說你「井裡的蛤蟆想吃天鵝肉」。敬子對我來說，就好似天上的天鵝。她看了電影很感動，幫我推廣介紹，找來很多人看電影。之後我們慢慢有了更多接觸，我發現她是一位很不一樣的女孩子，沒有講吃講穿這些世俗的想法，約會時跟我談社會公義的話題。她說，對我沒有別的要求，只要人好，只要我信耶穌。二千年，是我生命中非常重要的一年，我受洗成為基督徒，然後跟敬子結了婚。

在日本，基督徒是極少數的「邊緣人」

余杰：老班，我們進入分享基督信仰的見證部分。你第一次接觸基督教是在什麼時候？你的家人有信仰基督教的背景嗎？

班忠義：我們家人中沒有信徒，我是第一個基督徒。在文革的時候，我剛七、八歲吧？在「破四舊（在文化大革命初期，以大中學生紅衛兵為主力進行的「破除舊思想、舊文化、舊風俗、舊習慣」的社會運動）」中，我看到有基督徒被批鬥，人們給他們掛上「封建迷信」的牌子。我在他們的臉上看不到其他受迫害的人那種恐懼和悲傷，他們臉上的表情那麼祥和安寧，似乎他們並沒有被批鬥遊街。我覺得很奇怪，這些信基督教的人是不是精神有毛病？總覺得他們不是正常人。當然，那時我不知道，他們的盼望在天上，殺死身體不能殺死靈魂的，不能讓他們懼怕。

我還有一次特別的經歷。那是一九七一年，我十二、三歲，經過一個天主教堂，以前坐電車曾經路過這裡。那天，不知什麼原因，我推開門走進去，發現木地板一塵不染，亮得像鏡子一樣。我從沒看到過如此乾淨的地方。我的鞋子上滿是泥濘，踩在地板上是一長串腳印。然後，從裡面出來一位像是信徒的人，他沒有指責我，只是拿出毛巾，跪在地上擦污漬。那一刻，我有兩個想法：第一，雖然官方禁止信徒聚會，但他們一定在偷偷活動，否則這裡不可能如此乾淨。第二，我發現自己不僅鞋子髒，而且渾身上下都很髒，但他卻那麼安靜和乾淨，不僅地板上不能有一點灰塵，似乎身體裡外都沒有污痕，那是一種從內向外發射的信仰。這些人好像生活在另一個世界，出淤泥而不染，不管外面的世界如何天翻地覆，他們仍然保有自己的純潔，並且跟冥冥之中的上帝有心靈的交流。我雖然沒有跟對方談話，但那一幕永遠留在我的心頭。

余杰：到日本之後，你首先接觸的是日本化的佛教，是禪宗的寺廟，然後才是基督教。那麼，為什麼你沒有接受佛教，而走向了基督教？

班忠義：我畢業後，一度在禪宗寺廟做食客，被修行。寺廟的老和尚，人很高尚，對我很好，日本的佛教在明治維新時被強迫世俗化，和尚可以成家，過很富裕的生活。我們寺院的老和尚終身不娶，是個真正的僧人。我最初做「慰安婦」的救助工作，他給我很多幫助。

但我在大學讀書時，就有很強烈的慾望去教會，可日本教徒少，教會也不多，不得其門而入。我到日本不久，就在立教大學做走讀生，那時有一位從美國來的老師叫威廉姆斯，原來他是個基督徒，有一次他提出說要帶我去教會，我正是求之不得呢，我們便去了一家以日本人為主的聖公會教會。

第一次去教會，覺得心靈受到很大的洗滌。很久以來，我總是覺得世界上沒有真理、沒有正義，聽說基督教講真理、講正義，就有一種尋求、一種渴慕。到了教會，平常自己身上那些醜陋的東西，得到了釋放，在上帝面前認罪之後，感到渾身上下都很輕鬆。那段時間，每到週末我都願意去教會，聽牧師講聖經真理。我發現，聖經很大部分都是在講「什麼是正義」，這正是今天的社會，無論是中國還是日本，都逃避、忽略的問題。

當牧師問我願不願受洗，我仍然沒有接受。主要是擔心我的家庭，本來父母就不太贊同我到日本留學，如果知道我受洗成了基督徒，信了「洋教」，他們一定難以接受。而且，周圍的人特別是中國的留學生群體，會用異樣、歧視的眼光看我。所以，出於人的軟弱，我沒有勇氣受洗。

余杰：你真正走向上帝，是跟敬子認識之後，敬子是引導你走向上帝的關鍵人物。我和很多朋友都是這樣，是妻子先信主，再拉丈夫去教會。看來，上帝常常先揀選姊妹。

班忠義：我參與救助「慰安婦」的工作之後，常常拍攝資料存檔。有一位我們援助的老太太去世了，我手頭有很多有關的錄像。我就想，為什麼不編輯成一部紀錄片呢？我是學新聞的，技術上也輕車熟路。我做出第一部紀錄慰安婦的電影，在台灣電影節放映過。在日本，這類小眾電影只能安排「自主放映」。哪裡能找到場地和觀眾呢？想起三年前，請我去演講過的那所成人學校，我跟敬子有一面之緣，我就去找她幫忙，她很快為我安排了場地、找來了觀眾。看完電影之後，她說很受感動，繼續幫助我推廣電影和慰安婦的救助活動。我向她表示感謝，她淡淡一笑說，這是基督徒應該做的事情。

我這才知道她是基督徒，這才明白她身上自然流露出來的那種特殊氣質，是基督信仰賦予她的。當我跟敬子正式交往之後，她要求我去教堂，我便欣然同意。在一九八九年前後，我積極參與民運活動，也常常去教堂聽講道，但沒有勇氣當信徒。後來，那位帶我去教會的威廉姆斯教授正好回美國，我自己一個人去教會，有時去、有時不去，三天打魚、兩天曬網。但跟敬子交往之後，我身邊有一位我深愛的基督徒，她是上帝賜予我的「良人」，我對上帝充滿感恩之心，去教會就成了理所當然的事情。

我特別感謝上帝的恩典，為我派來敬子這位天使，她的信仰純正而堅定，她也關心社會正義，將我帶入一個純潔的世界。我沐浴在聖經中所說的那種「全身心的、沒有懷疑和猜忌的愛」當中。敬子對我就是這樣，我們之間毫無障礙地互動，她認同我幫助慰安婦的這個事業。上帝賜予我美好的婚姻，我自己沒有任何魅力，或許是我身上的那種使命感打動了她。我常常感到自己不配，很多事情都沒有做好，但她全心支持我。

我們的交往，相互之間都很坦誠，想過很多周圍鄰居、我們兩人各自國家所存在的問題、我們能做的事情，從沒談到也沒有擔心過物質生活上的問題。兩顆心扭到了一起，也就沒有什麼能分開我們了。

二千年，趕在四十二歲生日的前一天，我們到區公所辦結婚登記手續。一是想有個紀念意義，二是想有個「參加婚禮」的理由接媽媽過來。記得媽媽在我四十歲生日那天，整整嘮叨了一天，擔憂我的婚姻達到了頂點。從區公所回到住所時，收到了敬子媽媽的來信，囑咐我要好好善待她女兒，相處時間長些，慎重辦結婚手續才好。但來不及了，因為我們已辦好結婚登記、領到結婚證書了！

自從跨出國門以後，最讓我感到不便的事情就是辦國外簽證，我們雖馬上辦理媽媽訪日的申請手續，可是三個月過去了，簽證還是沒有申請下來，等到的卻是媽媽腦溢血過世的噩耗。沒有讓我在世上最愛的兩個人見到面。或許這是媽媽的寬厚，要我忘記她，一心一意愛自己的妻子；我也回應媽媽的愛心，先回到老家送走媽媽，我再受洗，然後和敬子舉辦了婚禮，開始了新的人生。我們結婚後的新生活沒有新車，新房，新傢俱，一切依舊，只有人是新的。

余杰：真正的基督徒，必然經歷認罪悔改和重生得救的過程，請你分享一下這段經歷。成為基督徒之後，你認為聖經中的「新人」主要體現在哪些方面？

班忠義：我信主之後，對罪有了真正的認識。以前我總覺得自己在做好事，力量智慧是無窮的，前途是無限的，認識主以後認識到人的生命、智慧均有限，人格的局限性，於是開始反問自己：靠人的良心、努力能做成嗎？

我談兩個切身的經歷來說明人的有限性。第一件事，是剛開始資助那些曾是慰安婦的老太太們時，有一位住在吉林琿春市韓國籍的老太太，她只會說朝鮮話，不會講中文。慰安所裡非人的生活，使她失去了生育能力，戰後她回不了自己的祖國，流落在中俄邊境上的一個小村莊裡，做為一個在異國他鄉要生存下去的弱女子，也和其他我見過的慰安婦一樣，收養一個男孩，將他辛辛苦苦地培養長大，成家立業。在同一個村子裡還有另外一個被叫「慰安婦」的老婦人，那個老婦人當時沒兒沒女，是村裡的五保戶（農村中接受五保救助的家庭或個人）她講述了自己的過去，我就按我在日本跟資助者定的規矩補助她醫療生活五千元。

而另一個和養子一家生活在一起的老婦人不願講過去的經歷，我見到她時，她很緊張，沒有跟我們說任何事情，因為我身後還跟了幾個當地記者。我對老婦人說：「妳不想說，我們就不要曝光，但因為不能判斷妳的經歷，無法向資助者彙報，就補助妳一千元，如果講出經歷就補助五千，因為這是捐獻的款項，我只是經手人，回去後要跟基金會報賬。」

我回到日本後，很快收到老太太的來信，是用韓文寫的，我讀不懂，找韓國留學生幫我翻譯。信上說，我走了之後，她的養子和媳婦都責罵她，可能是嫌「收到的錢比較少」吧？老人走投無路，問我有什麼辦法，她希望我再去琿春幫助她，但那時我已改換簽證，在一家貿易公司上班，一切按作息時間度日，無法走開。當時日本最近的一個長假是暑假，於是兩個月後，我終於可以抽空去琿春，當我到達那個村莊，老太太卻已經過世了，是突發腦中風。

那天，我站在她的土墳前，陷入深深的自責中：我反覆問自己，如果是我自己的父母，我會怎麼樣？若是我不受工作的約束，馬上動身又會是怎樣的結果？可見，我對這些老人的愛是有限的，我真將這些老人放在第一位嗎？我是不是為了做好事而做好事？好事會不會變成壞事呢？那一刻，我發現了自己的虛偽，發現了人的有限。如果沒有上帝的愛，人對人的愛是何其有限。

第二件事，是我在做「資助慰安婦」事情的同時還在雲南西北山區從事「資助雲南少數民族失學兒童上學」的助學計畫，讓願意資助貧困學生的日本人資助雲南的失學兒童。資助分為好幾種，一般來說是每年補助三百元、五百元，也還有更多數額的學費補助。我每年帶資助者到每一家、每一戶，把助學金親自送到那些孩子的手上，鼓勵他們好好學習；如果他們考上大學，將盡力幫助他們完成學業。當時我覺得自己給了他們一個很大的夢想。

有一個栗傈族的孩子，住在雲藏高原邊緣一個極度貧困的村子裡。貧困到怎樣的地步呢？他們的房子就在河邊，每當河水漲起來，房子就會全部被淹沒。在我們的鼓勵下，這個孩子想上昆明醫科學校讀高中部，想改變自己的命運。但是第一筆學費還是要籌集。他和家人商量得到的卻是一頓臭罵，罵他說，「那是不可能實現的白日夢。」他寫信給我，寫上我給他的日本地址，但他不知道郵寄到外國的信要貼國際郵票，他只貼了國內郵票，信沒有被發出，中途丟失了，我沒有收到。結果他等不到我的回信，在絕望中喝農藥自殺了。第二年我再去他們村莊，我才知道這件事。我當時反覆問自己，我給他的是希望，還是絕望？沒有用紮紮實實的辦法幫助他實現夢想，這樣做的結果，不是適得其反嗎？

後來，我在助學計畫上，面臨了一個「該救孩子生存環境還是孩子靈魂」的根本問題。十年來，我們資助的孩子很多都長大了，我們早期資助的學生大都上師範學校，他們的理想是回家鄉教書、改變家鄉面貌和下一代的命運。但是，當他們畢業後，發現這個社會沒有希望，改變不了家鄉，就轉而報考公務員、當警察。政府推動「維穩政策」，大量招募警察，我們資助的孩子很多成了警察，甚至幫助共產黨欺壓老百姓。大環境如此邪惡，孩子的心靈被污染，居然變成罪惡的幫凶。我驚嘆這樣做「不是做了一件壞事嗎？」二零零八年北京奧運會之後，我們停止了助學計畫。我意識到，救人更要救心。

這些經歷讓我學會要謙卑、要有敬畏心。尊重真理，而真理在聖經之中。什麼是善？耶穌基督是最大的善。人不能跟耶穌基督比。耶穌是道路、真理和生命，講人權、講對個人的尊重，都得在人與上帝的關係之下才能成立。否則，所謂的善行，都是虛偽、自欺欺人。我由此認識到自己是一個徹頭徹尾的罪人，唯有靠耶穌的寶血洗淨，才能變成好人。

余杰：日本是亞洲最早、也最成功實現西化（民主化）的國家，儘管經過一段軍國主義的歧途，但二戰後由美國佔領軍主導轉型，到今天總算成了亞洲民主的典範。但是，在廣義的「西方國家」中，日本是唯一甚少有基督教因素的國家，日本基督徒的比例甚至比中國、香港、台灣還要低。雖然日本也有像賀川豐彥這樣了不起的基督徒，但基督教在社會上的影響並不大。換言之，日本學到了西方的皮毛，卻丟失了西方的根基。美國學者艾力克斯・科爾在《犬與鬼：現代日本的墮落》一書中，甚至將日本看作是「現代化失敗」的例子。

身為一位長期在日本工作生活的華人基督徒、加上你的妻子又是日本基督徒，而且你也周遊列國過，或許你能對日本社會和文化提出一些批判性的思考。請談談你在日本教會中的信仰生活，並嘗試分析一下基督教在日本發展的困境，以及未來如何突圍。

班忠義：這幾年，我們遷居廣島郊外的小村莊，那是一個人口老化的村莊，我們所在的教會更是如此。包括我們一家四口才只有八個會友，牧師無法維持生活，還要到殯儀館兼職，真是很可憐。這是日本教會的普遍狀況，信徒大都是戰敗後皈依的那代人，原來的國粹教信仰崩潰，就找到了基督信仰。但他們的信仰難以傳承下去，年輕一代的心理對基督信仰有牴觸，很多教會都面臨衰亡的危機，每個教會七十五歲以上的人佔一半，新人很少。

我每次回到日本，都感覺像掉進了一個陰溝似的，這是一個非常保守的社會。透過戰後的民主教育，民眾的文明素質普遍提高，但精神層面和英美基督教信仰脫節。它只有世俗的文明，號稱「禮儀之邦」，但那是魯迅所說的「吃人的禮教」，每個行動有板有眼，按照規矩辦事，束縛了人的自由發展。這種禮教如同聖經中猶太人的律法，沒有因真理而來的自由。就忠誠而言，過去日本人的忠誠限於地緣關係，一個小村落為細胞或核心，然後擴展成一個地區，最後擴大到日本這個國家。只要你為日本帶來好處，你就是義人，這就是日本民族的義，而不是基督教「普世的、萬國萬邦」的義。所以，二戰中的日本老兵才會認為，他們在中國殺人放火是為了日本的生存發展，是為了日本的義，不認為自己是在犯罪。在日本，普遍性的、超越性的價值未能建立起來，

· 班忠義（後排最高）和日本老兵及家屬合照

日本民眾和政客考慮國際關係和國內事務，大多都是以民族主義和民粹主義為出發點。

不過，我仍然感激日本為我提供了一定的做事的空間。日本有民主制度和對自由的保障，我要做一件自己的事，政府和其他人不會打擾，這比專制的中國好得多。我那些以中國為主題的作品都在日本發表，反倒不能在中國發表，這本身就說明問題。在日本，只要有一小群人有興趣，就至少可以做一場小型的放映會。

在日本宣揚基督教很難，如果說中國是一盤散沙，那麼日本就是一塊岩石。可悲的是，現在整個東亞地區都沒有正義的觀念，邪靈籠罩，彼此敵視。日本、中國、俄國，北韓，一個比一個糟糕。日本覺得跟中國和北韓相比，自己已經夠好了。我只能寄望中國發生變化，如果基督教價值成為中國的主流價值，中國轉型成一個民主自由的國家，就會對日本帶來猛烈的衝擊。

為什麼將幫助慰安婦作為一生的事業？

余杰：你從事幫助慰安婦的工作，甚至比你成為基督徒還要早。最初是一個怎樣的契機，讓你關注到這個被歷史湮沒的群體？

班忠義：一九九二年十二月，在東京舉辦的「日本戰後賠償問題國際聽證會」上，一位來自中國山西的老婦人以她三次被日軍抓去做慰安婦的血淚經歷，控訴日本軍國主義的暴行。當老婦人講到當年她被日軍滅絕人性的摧殘並遭毒打時，當場昏倒在聽證台上，這一幕深深震撼了我。那位名叫萬愛花的老人，矮小衰老，不會說國語，穿著一身黑的土布衣服，為什麼那麼悲慘的遭遇會降臨在她身上？

我以前多多少少對中日戰爭的歷史有所瞭解，卻不知道還有如此黑暗的一頁。從那次以後，我開始關注起「慰安婦」這個問題。其實，準確地說，她們這個群體是日軍性暴力的受害者，「慰安婦」這個語詞是日本官方對她們的「污名化」，不過，這個詞語用久就似乎約定俗成了。

一九九四年，日本國會通過法案，允許本國遺留在海外的遺孤全部回國，但是對「慰安婦」的歷史卻不承認，反倒百般詆毀，這真是冷熱迥異的兩個世界。此前，我幫助過不少留在中國的日本婦女回日本，我就想，是不是應當幫助那些留在中國無法回家的慰安婦呢？

一九九五年，我回到中國，先到北京，然後坐夜車到山西太原，再一直往山裡走。我租了一輛舊吉普車，按照之前查到的幾位老人的地址，一一去尋訪她們。我所看到的情形是此前不可想像的。有一個老太太，患有嚴重的哮喘，喪失了生活自理能力，她告訴我，省委書記去看過她，但看完就走了，什麼問題都沒有解決。如今，她連去醫院的醫療費用都沒有，家中一貧如洗。我還去了其他幾個省分，探訪了多名類似遭遇的老人。我當時就有一個想法：一定要幫助她們，至少要有個求醫問藥的費用！

我回到日本後，跟寺廟的老和尚商量這件事，他告訴我，「你可以先用寺廟的名義籌款，在日本做事情需要有組織、有誠信度，因為一般人不會輕易相信你這個外國人。」他又提醒我，「這件事成功率很小，你別抱太大希望。」

後來，我找到一位和我一樣關注日本遺孤問題的《朝日新聞》記者，她發表了我從山西帶回來的訊息，一石激起千層浪，在日本社會引起強烈迴響。由於日本政府一直不敢對造成「慰安婦」這一事實承擔責任，很多日本人以往都認為「慰安婦」是她們自願加入的，是一群在日軍中以賣春為生的女人，是日軍給了她們一條謀生之路，後來我發表一些有關中國性暴力受害的文章，讓很多日本人才真正瞭解到中國慰安婦的不幸遭遇和真相。

很多讀者深受震動，慷慨解囊，每天都有錢郵寄到寺廟裡。一名叫堤京子的婦人說：「這件事應是日本全民族都應該補償的，這是我們背上一個沉重的歷史包袱，我對日本政府對此事的態度感到驚愕和氣憤，雖然我只能捐一點錢，表示一點心意，但請收下。」到了第二年四月，前後五個月時間，我們收到二百多萬日幣捐款，折合美金兩萬。那時，我調查到的受害老人的人數有限，我就想，還可以多找一些資料，擴大資助範圍。

余杰：這件事就像滾雪球一樣，愈滾愈大，你就完全陷進去了。

班忠義：是的。比如，當時有一家《婦女之友》雜誌社，寫慰安婦的報導，跟我聯繫，互相交換訊息。那年九月，我收到一封從湖南來的信，說是有一位姓鄭的老太太，是韓國僑民，也是日軍性暴力受害者。她對故鄉魂牽夢縈，已到了癌症晚期，希望在臨終前回韓國一趟，請求我幫助她。

十月，我去了湖南省雙峰縣一趟，見到鄭老太太。她的身體很衰弱，但她人緣很好，全村人都想幫助她實現心願，但村民都沒有經濟能力。她自己也存有一線希望，「如果回到醫療環境更好的韓國，能不能治好自己的病呢？」其實，我已經得知，她身上長了九公分的癌症腫瘤，已是晚期，連動手術都無法。

但我還是想幫她實現最後的心願。我問她，「妳有韓國老家的地址嗎？」她在中國生活了幾十年，連韓語都忘記了，只能用湖南口音的中文跟我說了一個含糊的地名，類似於「重慶南道」的樣子。怎麼辦呢？我記下讀音，回到廟裡開始自學韓語，兩個多月後，我就到韓國找到延世大學國語中心的一位學者，請他幫忙查查看，有沒有類似發音的地方。他提供兩個地方，一個在海邊，一個在河邊。我記得老太太說過她家在河邊，就坐新幹線過去查找。我到了一個名叫「江景驛」的小鎮，先到鎮公所查戶籍資料，但找了半天都沒有收穫。工作人員告訴我，此處是韓戰時的戰場，經過那場慘烈的戰爭，當年的房屋經過戰後數十年的現代化建設後，早已蕩然無存，連蛛絲馬跡都沒有了。

我記得老人曾跟我說過，她家在一個小山坡上，抱著最後一絲希望，我到小鎮後面的山坡去找，那個小山坡中間挖了一條公路，地貌早已面目全非。我一家家問，並請來會日語的人當翻譯。結果，皇天不負有心人，在旁邊一座小廟裡，我們遇到一位老太太，我給她看鄭老太太的照片，她立即認出來，說：「這不就是當年鄭家的女兒？是我的鄰居啊！」

此後，我聯繫到漢城（今首爾）基督教會一位長老，由他出面跟韓國政府交涉，終於在一九九七年春天，把鄭老太太送回韓國治療。但是，醫院還是回天乏術，八個月後，她去世了。回韓國前，鄭老太太特別立下遺囑：有生之年要回韓國看一看，但不論是死是活都要回到中國，和老伴合葬在一起。但是最終，她死在陌生的祖國，未能回到中國。

這種故事，我經歷了好多。如果我不是基督徒，很難堅持下去。我很能理解寫《南京大屠殺》的作家張純如最後為何會自殺身亡，因為那麼多人性的黑暗和醜惡，讓她深受傷害，無法從中解脫出來。

余杰：我看到一篇文章如此描寫你與那些老人的來往：「當他盤腿坐在老人家中的炕頭上，和她們一起喝用粗鹽、土豆和小米熬成的稀粥時，當他和老人一家擠在一張又髒又窄的土炕上睡得又香又沉時，當他顛簸幾十哩山路把重病的老人攙進醫院時，當他在昏暗的燈光下為一個沒有把握的手術而吃不下飯時，當他為闊別祖國五十多年的韓國老大娘找到故鄉而欣喜若狂、手舞足蹈得像個孩子時，人們不得不懷疑他是否和這些不幸的老人有著某種特殊的聯繫？一個在國外旅居了十多年的人，還仍能對這片土地、對這些老人保持著質樸的親情，並且那麼和諧地融進她們的生活中。」我想，只有基督徒才能理解這種超越於血緣、利益之上的愛，那是從天上來的愛。雖然你剛剛從事這項工作的時候你還不是基督徒，但我想，上帝那時就已經將這種愛人如己的心放在你心中。當你成為基督徒之後，你更能堅持著走下去，無論遇到怎樣的困難和挑戰。

我記得德蕾莎修女說過，「愛，直到受傷害。」真正的愛是不設防的，是會讓自己受到傷害的。我又想起此前訪問過的台灣基督徒蘇南洲弟兄，他是最早關注二二八罹難者家屬的人士之一，他曾說，有二二八難屬爭奪政府發放的補償金，讓原本好好的一家人分崩離析，教人情何以堪。我想，在你多年幫助「慰安婦」的過程中，大概也遇到過類似的情形吧？

班忠義：其實，我只做了一個正常人應該做的事情，這些老人已經被戰爭這架畸形機器鑄造了悲慘的一生，如果沒有人去管她們，她們最終也會和其他人一樣死去，這個世界也沒有什麼不同，但多一個關心她們的人，本來已經麻木、冷卻的心就會多一絲溫暖，那一顆顆飽受創傷的心靈就會得到多幾許的關愛。

我的工作方式是，每尋訪到一位老人，一年之內去看望一兩次。每次去，都要留足生活費給她們，有病的就送進城去治病。在這個過程中，我還是不斷遇到非常遺憾的事情。比如，有一位叫侯巧蓮的老人，獨自住在山上，我經常去看望她，每次去就到一哩路遠的井邊幫她挑水。我想在山下找個窯洞，讓她起碼能生活得輕鬆一點，然而，窯洞還沒找好，老人就因腦溢血去世了。

還有，我忙於這些老太太的事情，自己的父母卻疏於盡孝和照顧。一九九九年，老父去世前一刻，我正在湖南農村工作探訪幾位老太太，未能見到老父最後一面。第二年，媽媽也過世了，沒有見到媽媽最後一面，作為兒子，我心中充滿自責，但我深信爸媽能理解和支持我的理想和工作。

在救助慰安婦的工作中，我也體驗到人性的缺陷和醜惡，在極端貧困之下，人們對金錢的渴望何其強烈。有一些老太太的家人一聽說有外國來的資助，原本對她們不聞不問，卻立刻又將老人當作「香餑餑」，在我面前演戲。有幾個老人的子女為了得到更多資助，居然跑到老太太跟前吵鬧不休。

很多老太太由於沒有受過教育，是文盲，弄不清楚我是誰派來幫助她們的，當我給她們資助款的時候，她們居然跪下來感謝說：「感謝政府，感謝領導！」那一幕讓我無言以對。

余杰：中國政府長期以來沒有向這些「慰安婦」提供基本的生活保障。中國官方除了整天煽動反日的民族主義之外，做過什麼實事呢？就對受害者的援助而言，韓國做得相對較好：韓國尚健在的受害者，每人每月大約可以從地方政府得到一百萬韓元（約二萬七千元台幣）的援助，政府還免除她們的房租，如果住院還會有補助金。中國的慰安婦卻只能透過你們這樣的民間組織給予有限的幫助。中國不是號稱「大國崛起」了嗎？對自己的人民卻如此苛待。

班忠義：中國政府長期沒有作為，從未安排過這些老太太的醫療和生活。由於中國傳統文化中「餓死事小，失節事大」的觀念，很多老太太一生都生活在旁人的歧視中。

我們這個小小的民間組織所能做的很有限，二十年後的今天，捐款者只有五、六十人，與老太太的比例大概還是十對一，過去，每年的捐款總額大約是十多萬元人民幣（約四十四萬台幣）。有些被她們感動的日本人，將養老金捐出來；贊助的人在日本大都算窮人、受贊助的人也貧窮，這令我分外感動。老太太們需要幫助的地方實在太多了，我一個人不能照顧到那麼多，我要是有幾個「分身」就好了，要四、五個班忠義去跑才行。

感謝主，今年我們的工作有了一點突破。我用了兩年時間整理出四百小時的錄影帶，配上字幕，不眠不休地加班，趕在八月九日首映前完成關於慰安婦的新電影。這部影片前後花費約一千萬日元（約二百七十萬台幣）。自從我計畫編導這部紀錄片以來，捐款人又增加了，有近八百人贊助。從名單上看，大部分是普通的日本婦女。這部紀錄片在日本各地播放之後，得到觀眾的熱烈迴響，也募集到更多資金。我希望未來能在中國播放，讓更多中國同胞知道這段歷史，並切身參與幫助慰安婦的工作。

用紀錄片為未來中國尋找出路

余杰：這些年來，你除了擔任救助慰安婦的義工外，也是一位紀錄片導演，你拍攝不少邊緣題材的作品，比如雲南少數民族地區基督教徒的歷史與生活。請分享作為一位紀錄片導演，那些在逼迫下持守信仰的基督徒給了你怎樣的啟發和感動？

班忠義：為了多紀錄中國，我們全家於二零零四年回到中國，在雲南住了四年。我在麗江一所職業學校當日語老師，週一至週五教課，只有週末有時間做自己喜歡做的事情。我通常是週五坐夜班巴士到昆明，早上到昆明後再轉其他巴士到別處。然後，周日晚上回到家中。

那是一段非常艱辛危險的旅途，因為是夜晚乘車幾乎每一輛巴士上都有小偷，見到值錢的東西就偷。我隨身攜帶的攝影機在他們眼中當然是值錢的東西。晚上我都不敢睡，將攝影機和錢包綑在身上，但有時候止不住打個盹，小偷就趁機順手牽羊。在麗江那三年時間裡，我前後丟了三台攝影機。機器被偷還罷了，拍攝的寶貴資料也被偷，也或許被小偷扔掉了。不過，我沒有跟小偷發生衝突過，沒有發現他們如何偷竊，聽說有人發現他們，跟他們爭執，被他們捅死。

我們有時也帶著兩個孩子一起出門，那時老大三歲，老二才一歲。我們的採訪對象或朋友看到我們一家人出行，隨身帶七、八個包，很感動。有一位攝影記者說，分別的時候，看到我和敬子先抱起孩子，再背起大包小包，覺得我們像是「盲流之家」（大陸農村遷徙和流動進入城市的人口），像是小小的游擊隊，真應當給我們拍攝一張「工作照」。後來，隨著孩子長大要上學，中國的教育很成問題，我們只好又回日本。

我拍攝的這些紀錄片，廖亦武在《上帝是紅色的》一書中也寫到過一部分，有時我們甚至一起同行。我去的次數更多，因為需要拍攝，就要花費更多時間和精力。那幾年，我拍了近百個小時的資料，稍微編輯就會是一部生動的紀錄片。在雲南，基督徒最多的地方有兩處：一個是我拍攝的雲南北部苗族和彝族聚居的地方，一個是雲南西部怒江兩岸栗傈族地區。

余杰：我的老朋友張坦，多年來研究西南地區基督教傳播史，最早研究石門坎（貴州威寧石門的一個著名苗族村寨）的傳教史。我看到廖亦武的書之後，不禁感嘆說，「有那麼多可歌可泣的故事等待我們去發掘啊！」可是，教會似乎重視不夠。

班忠義：西南地區的基督教傳播史，柏格理傳教士和石門坎極為重要。一九零五年秋，柏格理帶苗族和漢族信徒由昭通出發，經會澤、東川、尋甸到達昆明，再從昆明出發到富民、祿勸、武定。當時，內地會為了在滇東北苗族地區傳播福音，特地派英籍澳大利亞人牧師郭秀峰到昭通協助柏格理。一九零六年，柏格理帶著郭秀峰再次來到祿豐縣大箐苗寨，在那裡傳播福音後，轉道武定縣的灑普山苗族村寨。在武定縣城和當地政府協商建立基督教堂事宜，是年，教堂破土動工。一九零七年夏，灑普山教堂竣工，成為雲南北部少數民族地區福音傳播的發源地。

我在採訪過程中，發掘出苗族牧師王志明的故事。他是唯一一座塑像被立在倫敦西敏寺的中國聖徒，可惜中國知識界、甚至教會都對他不甚了解。當年，灑普山教堂建立後，成了雲南苗族教徒的總堂。郭秀峰致力培養苗族牧師，王志明就是其中一位。他出生於灑普山教堂建立的那年，幼年在灑普山洗禮，青年時一直在灑普山任教，一九五一年，他被按立為牧師。

共產黨佔領中國大陸之後，由於王志明在當地享有崇高的威望，當局最初竭力拉攏他，一九五六年將他推選為武定縣人民代表。同年八月，他還擔任雲南省少數民族代表團副團長，赴京參加一九五六年國慶觀禮。他在北京受到毛澤東的接見，人們問他見到毛的感受，他淡淡地回答說：「毛也是人嘛。」

一九六六年，文化大革命開始，全國瘋狂地搞「造假

・班忠義全家福

神」運動，強行人們每天做「三忠於」活動。王志明勸阻信徒不要參加「三忠於」，於一九六九年五月十日被捕入獄。與王志明一起入獄的還有他三個兒子以及村裡幾個信徒。一九七三年，雲南發起迫害基督徒的「第六個戰役」，企圖徹底鏟除基督教。王志明拒絕叛教，被判處極刑，於十二月廿九日槍決。

另一位生活在彝族信徒中間的硬骨頭牧師——張夢恩，一九三零年出生於祿勸縣灑營盤鎮和則黑鄉交界的德嘎山村。基督教傳入祿勸時，他們一家就都信主了。一九五零年，劉鄧領導的「二野」進入雲南，開始減租退押、土地改革運動。信基督的家庭在劫難逃。

一九五一年，雲南掀起的「鎮反運動」，帶給很多基督徒滅頂之災。原因有三：第一，很多在教會任職的人，因為服事主未能參加農業勞動，如果教會裡用了小工，牧師就被定為剝削階級。第二，信主較早的人，子女大都進了教會學校，從教會學校畢業的學生都很優秀，無論是文化知識還是個人品德都是少數民族地區的佼佼者。他們後來自然在當地政府中擔任一官半職，但共產黨來了以後就成了「專政物件」。第三，共產黨從創建那天起就號稱信仰「馬列主義」的「無神論政黨」，將基督教視為西方帝國主義侵略中國的工具、精神鴉片，一建立政權就要將基督教斬草除根、趕盡殺絕。

張夢恩一家自然不能倖免。他家住在杳無人煙的山區，周圍的荒地無人開發，稍微勤奮一點的人都會有自己的土地。他家地多了些，就被劃為地主。他的爺爺和父親都在教會任職。父親在一九四四年染上傷寒，死在撒營盤。三兄弟中，張夢恩排行老么，大哥經教會培養、讀了師範，一九四零年代在民國的鄉政府工作，結果被共產黨就地處決。剩下的兩兄弟，文化大革命一開始，雙雙被帶上高帽，被冠上西方特務、迷信傳播者，遊街示眾。

一九七三年，整個雲南地區到處都對基督徒施加迫害，武定的王志明牧師被處決，祿勸和則黑的張夢恩和同村的一位老信徒被抓進撒營盤鎮派出所，警察強迫他們公開承諾放棄信仰。兩人異口同聲地拒絕，迎來拳打腳踢。第二天繼續審訊，老信徒表示：「我不能不信，上帝把他的獨生子賜給我們，為我們贖罪，使信他的人不但不死，反得永生。」這句話激怒了派出所長，命令部下將老信徒吊在房樑上毒打，直至昏死過去。老信徒醒來後跟張夢恩要水喝。張到派出所水池去取水，被警察踢翻，要他到上帝那兒去要。饑渴難忍的老信徒要張給他搞點尿水喝。張說：「不能喝那髒東西，我們一起禱告度過難關。」在張的禱告聲中，老信徒安然入睡。兩人在派出所關了二十多天後被釋放回家，老信徒回家就臥床不起，數月後歸天家。活下來的張夢恩厄運不斷。一九七六年，華國鋒上台，大搞「抓綱治國」。雲南把「抓綱治國」的大敵放在基督教上，張夢恩再次被抓到鄉上，遊街示眾，號召當地信徒與他劃清界限，並以「停發口糧」相威脅，造成很多信徒棄信背道。

一九七九年，中共不得不承認基督教的合法性，村幹部來張夢恩家報告說：「你們這一代人中毒太深，政府拿你們沒辦法，信就信吧。但可別再毒害十八歲以下的青年了。」經過風暴洗禮考驗的張夢恩，一九八零年代被提拔為牧師，成為滇北最年長、最值得信賴、最有威信的彝族牧師。

我記錄這些故事的時候，每天都在喜樂和感動中。共產黨要將中國變成一片荒蕪之地，但這群基督徒卻要在最貧瘠的地方建立「山上之城」。共產黨最後的手段就是製造恐懼氣氛，就是屠殺、就是鎮壓。但真信徒願意用生命來捍衛信仰。他們有屬靈人的看見，即便在毛澤東的偶像崇拜席捲全國的時候，也沒有迷失。

余杰：是的，基督徒林昭對中共專制制度的反思，就遠遠超過世俗的自由主義知識分子，她一針見血看到毛的偶像崇拜背後是邪靈，這是一場精神的戰鬥。

班忠義：王志明牧師也是如此，他被毛接見之後，認為毛是人、不是神。他甚至斥責毛是撒旦，付出生命代價與之抗衡。雲南少數民族地區的信徒，如同當年受羅馬帝國逼迫的信徒，在共產黨統治中國的半個多世紀裡，他們的信仰沒有中斷過。

余杰：回到日本後，你的下一部作品是紀錄片《長城外》，你是什麼時候開始拍攝這部片子的？你希望透過這部紀錄片向觀眾傳達什麼樣的信息？

班忠義：二零零九年是天安門事件廿周年，我就想，用什麼樣的方式紀念六四這場重大的歷史事件呢？正好日本一家電影公司的老闆對這件事感興趣，於是就開始拍攝《長城外》。但從哪個角度去拍呢？回國拍不太可能，我就考慮拍攝那些因六四而流亡海外的知識分子的故事。

製片方是一家日本小公司，經費不太充足，我們就以訪談的形式開機拍攝，美國採訪兩次，歐洲一次，拍成了一個主題性比較強、生活鏡頭比較少、很嚴肅的紀錄片，主要目的是希望大家不要忘記這段歷史。我們購買了很多當年學生遊行、絕食等歷史資料，看到那些為追求民主、勇於獻身的年輕學生大義凜然的形象很是感動。我想把這種感動和二十年以後的年輕人共同分享，也讓二十年前曾目睹過那個情景的人，一起回顧當年的歷史。

流亡不是那一代人特有的現象。直到今天，中國還有那麼多人選擇離開祖國，走上不歸路，變成流亡人士，你也是如此。

余杰：是的，習近平執政以後，中國的人權狀況持續惡化，出現了一個新的流亡潮。當然，出於其他原因移民的中國人更多。

班忠義：很多在國內賺了錢的人，還是要往國外跑，在某種意義上也是流亡，只是他不願直接面對，就給自己找藉口：我只是出去經商，出去發展。很多國家的人民出去發展，都把根基置於祖國，但很多中國人一去不回。中國人是用腳投票，這個國家不讓你用手投票，你就只好用腳跑了。

我在海外關注到「中國流亡者」的主題，等於在別人的國家拍攝中國的紀錄片，但那不是他們社會的主流。這令人

· 班忠義（頭戴紙帽）聲援六四天安門學生

窘困，就像一道菜總成不了主餐，這個題材的作品只能在小型電影院放映。

余杰：美籍俄裔詩人布羅茨基說過：「流亡帶給你們的一個夜晚，通常狀態下也許需要用一生的時間去度過。」他勉勵流亡者說，「不要成為被裝進密封艙扔向外層空間的一條狗或一個人」，而要努力成為真正的自由人，「一個自由的人在他失敗的時候，是不指責任何人的。」我也常常以此自勉，我們到了自由世界，一定要保持甚至提升自己的思想文化的創造力。

班忠義：我在海外生活了很多年，看到中國存在的種種問題，有一種尋路、求道的衝動，想知道海外誰能提出高見、開出藥方，幫助中國走出獨裁暴政的困境。我認為，需要從文化上找根源，用光明照亮黑暗的洞穴，而在西方生活的流亡者最有可能以西方文化來對照中國文化，發現問題。我記得以前聽你分享過，伊斯蘭世界和亞洲文化為什麼難以走向民主自由的問題，我在美國和歐洲採訪了很多中國的流亡知識分子，其中很多人都信仰了基督教，找到了上帝。我

· 班忠義在北歐採訪流亡中國文化人

想，基督教一定是中國未來的出路。

余杰：目前你做紀錄片遇到的最大困難是什麼？

班忠義：在日本的環境下，支持紀錄片的人和機構很少，作者的生活壓力很大。很多中國的重要題材，如反右、文革、地下教會，都沒有人做，很多歷史當事人默默地死去，沒有人記錄，非常可惜。《長城外》花了兩、三年才做出來，剛剛上映，就遇到二零一一年的福島海嘯、地震，日本社會整個陷入哀慟之中，這部片子在電影院裡只有三、五個觀眾去看，情形讓人絕望。我不知道上帝會不會給我開一條新的道路，讓我有一段時間在美國做紀錄片。

不過，我仍然要感謝日本朋友的幫助，他們自己在經濟上並不寬裕，還給我們送米、送麵，那麼質樸、那麼溫暖。這麼多年來，我沒有正當職業，居然也活過來了，這是上帝的恩典，像聖經所說，「你們看那天上的飛鳥，也不種，也不收，也不積蓄在倉裡，你們的天父尚且養活牠。你們不比飛鳥貴重得多嗎？」我就是那隻小小鳥。

余杰：最後，請你談談未來在紀錄片拍攝方面的工作計畫。

班忠義：製作紀錄片總要面對一些很重要、重大的歷史和現實問題，這需要具有批判精神、骨氣和不懈的追求，能為理想獻身，這才是真正做紀錄片、從事文化工作者的宗旨。

我們關注的是苦難的民族歷史，很多人在血腥鎮壓後忘掉的事實。中國人重要的特徵是容易遺忘，再者，中國人有個遺傳疾病——恐懼症。這個遺傳病使人們不願直接面對大屠殺、大饑荒等大災難，遠離它而不去拍攝它，他們會說這是政治性或敏感性很強的題材，所以避而不談，也不去接觸或調查。中國這幾十年的歷史就是一種「逆淘汰」，那些有理想、有骨氣的人都被專制給殺害，留下來的都是心懷恐懼、謹小慎微的人，一朝被蛇咬，十年怕草繩的人。祖父輩告訴他，「不能拍這些東西。」這是一種「活命哲學」，不像西方的基督教，把生命建築在天堂。中國人是活一天算一天，恐懼心理和遺忘症，讓很多重大的歷史事件沒能保留下來。

在這樣不幸的年代裡，我們的某種抗爭是很重要的。國內很多獨立紀錄片作者，具有並堅持了這種抗爭精神。愈是在黑暗的年代，愈要堅持自己的理想、人生觀，不被惡劣的環境左右，雖艱難但不可放棄。

第 5 章

我願作上帝手中一支小小羽毛筆

——作家、洛杉磯豐收華夏基督教會傳道人施瑋訪談

在理想主義破滅的虛無中尋求上帝｜

在美國開始一段嶄新「為主所用」的人生｜

靈性文學是基督信仰對中國文化的轉化｜

用《叛教者》記錄波瀾壯闊的中國教會史｜

施瑋簡歷

施瑋，一九六零年生於上海，祖籍蘇州。曾在北京魯迅文學院、復旦大學中文系學習。當過工廠技術員、團幹黨幹、公司總裁助理、經理、詩刊社《青年詩人》編輯、書商等。一九八零年初開始在《人民文學》、《詩刊》、《人民日報》、《國際日報》、《蔚藍色》等海內外報刊發表詩歌、小說、隨筆、評論五百多萬字。其作品入選多部選集，獲世界華文著述獎小說第一名等文學獎項。

一九九六年移居美國，受洗成為基督徒，之後在多家神學院就讀，獲聖經文學研究博士學位。長期致力於用文學藝術的形式彰顯基督信仰，提出被文化界廣泛認同的「靈性文學」之概念，「靈性文學」這個定義是基於聖經啟示的「人論」，同時也是對中國傳統文化中「性靈」說的傳承與超越。「靈性文學」包含三個層面：第一，有靈活人的寫作；第二，呈現有靈活人的思想與生活；第三，啟示出住在人裡面的靈之屬性」。

·施瑋於二零一六年出版的教會歷史長篇小說《叛教者》

施瑋主編有《胡適文集》、《靈性文學》等叢書。先後出版小說、詩歌、散文各類作品十五部，如長篇小說《放逐伊甸》、《紅牆白玉蘭》等，詩集《被呼召的靈魂》、《十五年》、《歌中雅歌》等，詩劇《創世紀》，詩文集《天地的馨香》等，以及由博士論文修訂而成的專著《在大觀園裡遇見夏娃——聖經舊約的漢語處境化研究》。與音樂家合作有歌劇《駝背婦人》、交響詩《基督頌》、合唱組歌《主愛中華》等。二零一六年，出版教會歷史長篇小說《叛教者》，堪稱「靈性文學」之代表作品，被譽為中國基督教文學中的「補天力作」。

施瑋長期在媒體工作，多年來擔任《海外校園》執行編輯兼任電台主持人，以及華人基督徒文學藝術者協會主席，同時亦為洛杉磯豐收華夏基督教會傳道人。

採訪緣起

我與施瑋認識已有十多年時間。最初是「以文會友」，她與蘇文峰牧師一起回國為《海外校園》組稿，我與小說家

· 於洛杉磯舉辦「叛教者新書發表會」

北村一起應邀會面。我們分享各自的信仰與創作，發現有很多共同的話題。

後來，上帝的安排真是奇妙莫測。二零零六年，我們的方舟教會一度受到北京警方的嚴重騷擾，所租的聚會處無法久待——每當我們租到新的地方，警察就找到房東施加壓力，讓房東解除租約，使我們像「流浪教會」一樣不斷搬遷。有一次，我們被迫搬出一處剛剛租了不到一個月的公寓，正在搬傢俱時，在小區的院子裡遇到施瑋。原來，她在那裡剛剛買了一間公寓。知道我們的窘況，她立即答應以低價將公寓租給我們作聚會之用。她說，她買公寓的時候，在禱告中聽到上帝對她說：「你的房子要為我所用。」因此，她敢於冒風險將公寓租給方舟教會。我們在這裡聚會了好幾年時間，直到她賣房為止。施瑋大部分時間都旅居海外，國保警察想施加壓力都找不到人。那幾年時間，我們終於可以安心聚會、敬拜上帝。

後來，我也移居美國，在美國與施瑋夫婦會面多次。我的妻子成為大華府豐收華夏基督教會傳道人，創會牧師張伯

·大型交響合唱《基督頌》是華人基督教文學中少有的大型讚美詩

笠回到洛杉磯開拓分堂，施瑋也成為洛杉磯分堂的傳道人，所以我們算是同一個教會的會友、同工。在幾次長談之後，有了這篇訪問。

在理想主義破滅的虛無中尋求上帝

余杰：請從童年的生活開始談起，妳的故鄉和家族的生活，以及妳是如何對文學產生興趣並走上文學道路的？

施瑋：我出生在上海，從小就在蘇州奶奶家和上海外婆家輪流被帶大，比較多的時間是在奶奶家。奶奶對我一生的影響很大，我一九九六年寫的第一部長篇小說就是以她為雛型。當時，奶奶家在蘇州觀前街的鈕家巷，一般她不讓我出去和巷裡的小朋友玩，甚至也不喜歡我和院子裡鄰居家的孩子嬉鬧，只有院門口擺書攤的老爺爺那裡我是可以去的。

我記得自己是在一堆藍色、綠色的電影和戲曲小人書，還有詩詞評彈崑曲中長大的。這樣的好處是養成了個人可以安靜讀書、獨立思考的習慣，壞處就是不善與人交往，無法長時間和人群在一起。

· 施瑋應邀演講。

不過這個特性挺適合寫作的，並且從小到大，我好像除了文學藝術沒有喜歡過別的，特別是喜歡從事不需要與別人合作的，可以獨自完成的藝術門類，例如寫作和繪畫。雖然後來我努力改變過，但本性上我還是在獨自寫寫畫畫時，最放鬆也最愉快。

這個童年形成的性格，也像是上帝為我安排的一種特定的恩賜和保護，直到現在，我無論在做什麼，總是會習慣性地回到與上帝獨處的安靜中，就像魚要回到水中才能呼吸一樣，我也只有在獨自一人的時候，心靈最為自由、敏銳，也更自信、安穩。當然，現在的獨自一人是有神同在的，因為祂在我裡面，我也在祂裡面，這種信仰體驗也是幫助我享受和運用「孤獨」，去除了裡面的自憐自傲，而生出的安全與甜蜜感。

這一切註定了我走上文學的道路。當然這其中也有從小學到中學以及後來老師們對我作文的表揚等，但真正的原因還是上帝的揀選和預備，但上帝卻一直對我說，「在母腹中我就召你、預備你，你一生的年日都在我的手中」。

余杰：妳在一九八零年代開始創作，那時文學是社會的第一推動力，是萬眾矚目的中心。那也是中國當代歷史上被人懷念的「思想解放運動的年代」。我是一九八零年代的遲到者，那時我還是中學生，從《河殤》開始，被那個時代的氛圍所吸引。請分享妳當時所受的文化和思想啟蒙。

施瑋：那時我讀「朦朧詩」（中國二十世紀爭議最多、影響最大、最深遠的詩歌流派。），並開始寫現代詩。其實內心還是更多偏愛宋詞。到一九八零年代中末期，開始大量閱讀西方哲學，但同時我也在自修黨政專業的成人自學教材，對黨史很感興趣。總之，我讀書很雜。

余杰：你跟先生是如何認識的？請分享你們的戀愛和婚姻的故事。

施瑋：我們是在復旦大學研究所南區的學生舞廳裡相識。那時，我被一段不明確的情感所困。新學期開學，宿舍中我的所有物品，包括衣物、照片、手稿等全部被盜，只剩一個被撬開的空箱子。在我最落魄的時候，我們相遇了。

正逢中秋，身無一物的我，在地攤上買了件短短的五彩花夾克，配一條自己用白布料手工縫的大擺長裙，雖然被女友拉去舞廳，但平時非常熱愛跳舞的我當時卻興趣索然。音樂響起，我獨自在人群後面靠牆站著。同樣是被朋友拉來舞廳的化學系剛入研究所的張駿，一眼看見我，就走近來邀請我跳舞。

當時，他一手做了個「請」的動作，另一手已把我輕輕帶向舞池。我抬頭一看，嚇了一大跳，因為他太帥了，陽光的帥氣，眼睛裡沒有一絲污濁。正如一曲慢三的英文歌詞中寫的，「從此我們再沒有交換過舞伴。」不僅從那場舞會，也是一直到現在的二十七年人生。後來張駿說，我和他心中所想的未來老婆是一模一樣的。

其實，當時學校戀人不被看好，我們倆更不被看好，他太帥，我又很活躍，而且我比他先畢業。雖然也算才貌相當，但都是愛玩、驕傲、不會湊合、不肯遷就的人。我們也沒下決心要在一起一生一世，但正好互相都是對方最喜歡的類型，故而一直相愛至今。說實話，若一九九六年沒有來美國，沒有一起信仰基督教，婚姻是否會有什麼變數，我真不知道，因為我們兩個都不是很傳統的人。好在，我們都願意讓上帝做一家之主。

離開復旦後，我曾赴海南島三亞市，一九九二年又離開海南到四川。這期間，放假的時候，他都自己度過，或帶父母來三亞和成都看我。一九九三年他畢業後，被分到清華大學物理系工作，我就離開成都到北京，在《詩刊》雜誌社工作。他住學校宿舍，我租了北大與清華之間的一個民居小屋。在北京的第一個耶誕節，我們結婚了，租了北京五道口的一套「一室半（一個大臥室加小儲藏房間）」房的屋子買了件紅毛衣，和朋友們吃了一頓飯，雙方父母都沒邀請，這就是我們的婚禮。

一九九二年，我離開海南到四川；一九九三年，離開成都到北京定居。那段時間，我最愛的是一本洛陽古墓中的石刻拓本，黑色刻畫的石棺是我眼中最迷人的東西。《古墓》的二卷詩稿都是寫那些神秘、虛玄、死亡的感覺。事實上，我的眼目一直被那些黑色石棺吸引，而離開了太陽與大海，我的心靈也正在絕望之後，日趨渙散與頹廢。

「失眠的靈魂，饑餓難忍／痛苦地，掛在天上腳不沾地／搶購的人們排成長長的彩虹／所有的食物都長在夢裡。」這些詩句都是當時情景的描述。在北京居往的三年，是我生命中最放縱、紛亂、麻木的日子，常常喝酒喝到凌晨，幾乎是不醉不休。但張駿和清華園裡那間小屋救了我，那個寧靜的家似乎與外面的世界毫無關係，成了我的靈魂喘息、安存的地方。那三年中，我肉體生活的混亂、荒唐，拒絕一切理性的制約，拒絕「良心」與「真理」。但我的心靈彷彿被寄存在丈夫的懷中，被他用一種世間不常見的「愛」保鮮著，那段時間中他是我生命裡堅實的大地。我依靠在他的愛裏，但我卻付不出等價的回報。

一九九六年，雖然我在文學工作上順風順水，但我還是對北京生活感到厭倦，加上在大學裡感到沒什麼前途，必須出國留學一趟，於是我們決定出國。雖然我也知道一個使用華文寫作的人去到美國實在看不到任何前途，但我們以為只是出來幾年而已。

在文壇，作家常常會遇到名利誘惑，我有時也會羡慕別的女作家在發表方式上、寫作內容上走捷徑，很快出名。人到了美國，更是對失去的名利時不時都留戀著、不甘心。但張駿總是要我安靜讀書、創作。他說，「若寫得一般，出了名也是轉瞬即逝，還有可能犧牲自己和家庭。不如好好寫，享受創作的樂趣。若寫出名了，自然不會被忽略，若寫不出來，當個幸福的妻子也不錯。」

我覺得這個思路很實際，就沒有趨從世俗和文壇的風潮，並且願意走向一條遠路：研究西方文化、文學的核心根源——聖經。

余杰：妳從什麼時候開始接觸基督教信仰？又是如何決定受洗成為基督徒？請講述被上帝揀選成為基督徒的心路歷程。

施瑋：我很小的時候在上海就去過教堂，雖然那只是一種洋派的文化，但卻讓我對耶穌不陌生。我信主前擁有聖經十多年，但和其他的宗教文化書一樣，為了文學而閱讀它們。

經過一九八九年六四事件的衝擊，理想主義灰飛煙滅，我變成了一個享樂主義者，心靈與肉體所經歷的起起伏伏，使我失去了對善惡的準則。我相信「弱肉強食」是一切美麗溫情下的客觀真理，我甚至以此為徹悟。

到美國的第三年初，我的一個上海老鄉到了美國。她處於各種難處中，渴望有個偶像讓她拜拜，以求心靈的平靜。我這個不信神的人就帶她去教會，我第一次希望這個「與人沒什麼關係的神」能給她一點安慰，事實上這也是我第一次不以觀光的心態去教堂。但神就在那一次以「主活著」這首歌摸著我的心。我可以不要一個創造萬有、高坐寶座的神，但我無法拒絕一位活著的「天父」。

有一天，我看完《耶穌傳》電影，就懷著半信半疑但又是誠摯的心，來祈求神進入我的心靈，說明我認識祂。我們的神真是信實的神，是一個願意向卑微的人啟示自己的父，祂在一周後的一個晚上用一串智慧的話語向我的心靈發問。「妳為什麼寫？」「妳為什麼活？」我面對一個向心靈發問的神，不能用自己都不相信的假話來回答；我面對一個創造生命的主，也不能以退為守地說：「自己活著就是為了混個飽腹。」我以中國傳統文化中「不朽觀」的思想對祂說：「雁過留聲，人過留名。我希望能不白活一趟。」這幾乎是我心

・一九九六年初到美國基督徒家庭同過聖誕

中最真實也是最高的境界了。天父繼續發問：「妳是否真的關愛其他人（看妳作品的人和妳身邊的人）？」我承認：「不關心也不愛。」神又問：「妳是否關心並尊敬妳想留名的歷史？」答案仍是否定的。我認為歷史大多是成者為王、敗者寇。天父又問：「那麼你為什麼要用全部的心血，畢生的智慧與精力來為妳並不關愛的人寫作，在妳並不尊重的歷史中留名呢？」

我當時就在這問話前垮掉了，天父以我「虛無」的人本主義的「矛」，攻了我來自文化中功利的不朽價值觀之「盾」。我那出於人的智慧「生命不朽」之意義立刻崩潰。但我是「善辯族類」中的一員，我在裡面徹底崩潰的同時，似乎還有許多可說的。我的父神不再和我爭論，祂只是慈聲喚我：「來！女兒，把妳的生命和藝術給我。」

我在天父不斷的呼喚中流淚再流淚，好像看見祂巨大的胸懷裡有一個洞，我若不撲向祂的懷抱，這個洞就會流淚。於是，我放棄了詭詐的思辯，忘記了慣於對抗的才能。只是真實地感到從來沒有誰像祂這樣地渴望我，要我這「死」的毫無盼望的生命，要我這破敗不堪的人，要我這毫無價值的文字，要我心底那給不出去的「愛情」。當時，我就流著淚對神說：「祢要，就拿去吧！」

那天夜晚，我無法入睡，從小到大自己犯的各種罪，無論是行為上、還是心念中的，都像放電影一樣，一幕幕地在我腦海中，有些甚至是我早就忘了的二三歲時的事，有些是我從不曾認為錯了的事。那個晚上，神讓我看見自己是個何等污穢、可憐的人，我再也無法安躺在床上，就悄悄起來出於本能地跪在床前。當時，我還不懂什麼是禱告，但在聖靈的帶領下，為自己生命中一件件的過犯痛悔認罪。然後，聖靈感動我去翻看書架上那本早就蒙了塵的《聖經》，一翻開就是關於受洗的命令，我覺得自己都還沒去過教會幾次，也不是什麼慕道友，怎麼能受洗呢？就趕緊另翻一頁，哪知道跳入眼簾的又是另一條受洗的命令。

天已濛濛亮，我睏極了，但聖靈好像就是不肯放我，最後我只好在心中答應「明天就去受洗。（當時我完全不懂受洗的程式和要求。）當我闔上眼沉入睡眠的最後一瞬，有個念頭閃過：「一覺醒來，這些就都會過去了。」誰知我第二天剛一醒，就有一個意念對我說：「去受洗！」接下來的時間中，神在各種事上行奇妙大能，讓我心中無可推諉。我在約二週後的復活節一九九九年四月十七日受洗歸入主名。

在美國開始一段嶄新「為主所用」的人生

余杰：這個夜晚是妳生命的轉折，是個神奇的夜晚。我想追問的是，對有些人來說，信仰只是滿足於暫時的神祕體驗和精神安慰；而對另一些更認真的人來說，信仰則意味著整個人生觀和世界觀的徹底改變——不再為自己而活，而為上帝而活。包括事業上的追求，也有了更高的目標，不是榮耀自己，乃是榮耀上帝。那麼，妳覺得妳的人生和創作，在信主前後有什麼改變？

施瑋：我自己的人生和創作似乎完全被斷成兩截。後來，編輯長詩選本《生命的長吟》，當我一首首重新閱讀、編輯，隨著這些詩句，彷彿重新走了一遍這段追尋真理的人生。從二十多歲到四十出頭，經歷了夢想的破滅，經歷了憤世嫉俗；經歷了幽閉自閉，經歷了沉迷虛玄；經歷了追逐潮流，經歷了放縱尋歡。最後，在絕望的死地卻遇見真光，得以重生。這些真實記錄著自己生命歷程中的坎坷起伏，迴盪著心靈的吶喊與悲鳴的詩句，讓我驚奇地看到了上帝的這句話——「在母腹中我就召你、預備你，你一生的年日都在我的手中。」這句抽象的象徵句成了有確據的事實，這些真實記載著我人生的詩歌證明耶和華是我的神，在我蒙召之夜之後，更在這之前。人借著上帝的所造之物就能曉得祂，雖然我不曾認識「天道」、悖離「天道」，天之道卻從未放棄過我。

我的第一首長詩《生命歷程的呈現》寫於一九八九年底到一九九零年初的那個冬天，那年我二十七歲。在這之前，生命中充滿革命激情。我最初對文字的熱愛來自於奶奶的唐詩宋詞，來自於母親的西方童話故事，來自於一些發黃的小人書、哀怨纏綿的江南戲曲。但當我被送進學校，立刻拋棄了小江南的纏綿，主動投身於革命的大熔爐。我把來自於詩詞歌賦、《紅樓夢》、《牡丹亭》的文字，從小學為老師、同學代寫大小字報，到中學出黑板報寫廣播稿，到成為一個團幹部、黨委宣傳幹事，我的文字始終在為「革命理想」服務。十八歲以後，也寫過幾首情感小詩，但都被自己不屑一顧。

那年，我的紅色夢想破滅，解放全人類的熱情頓然消失，我以為握在手中的「真理」突然無影無蹤，一切的標準都模糊了。那年，在我個人的生命中發生了幾件事：因參與「八九學運」，人生至今唯一一次在警察局裡受審；預備黨員資格取消；停薪留職去復旦大學讀書；所愛的人離開，實空四壁；與父親產生重大分歧並違背他的意願，形同冷戰；被懷疑為籌學雜費監守自盜黨委的攝影器材……世事無常、人情冷暖，在我二十六歲那年，殘酷地顯明了它真實的面貌。但在我的內心深處，並不在乎這些令我痛苦的世事、人情，我最痛心的是「真理」彷彿已經死亡，對光明的追求變得遙不可及。

「地平線上，落日是無字的墓碑。高聳。孤獨。／以悲壯的形象，啟示著曾有過的和永不再有的昨天。／而昨天，是播種箭羽的季節；／是死亡喧嘩聚會的盛宴。／是空白。是空白。是空白。／……／為了埋葬一段聖潔的往昔，我們用落日做墓碑，／且不惜讓陽光陪葬。」

雖然，我對自己追求真理與光明的「人生理想」宣告了「死亡」與「空白」，但冥冥中卻仍有一份等待。「等待門砰然打開，等待肩上一隻手的份量。／等待……」但在我的面前「死亡」與「絕望」彷彿綿延不斷的山巒，而身後的路已化為無有，一片荒蕪的戈壁。「我的等待是黑鷹折斷的翅膀，／在原野上豎起標杆，成為我靈魂的負重。」

十年之後，這彷彿像靈魂負重般的等待終於有了回應，一九九九年我等到了一隻有著釘痕的手——耶穌的手，上帝天父的手。這隻手為我打開一道門，這隻手從此以後常常按在我身上，輸入耶穌的生命與榮耀，替換我昔有的死寂與寒冷。安慰、力量、使命、恒定……我等到了這隻盼望已久的手，使我在那十年中靈魂的呼求與負重沒有落空。雖然，那時我身邊的親朋好友沒有一個能聽得見這呼求，沒有一個人能感受這負重，但我的神聽見了，祂也感受到了。「尋找，就尋見；叩門，就給你們開門。」這實在是上帝天父給祂迷失於遍地的兒女們的應許。

「黑壓壓跪倒一片，祭壇上還未選好祭品。／還未找到足以代表全人類尊嚴的東西。／沒有比白骨更加嚴肅的信念。／沒有比謊言更加崇高的追求。／沒有比錢幣和印章更有權威品行。／可是，這一切對於神靈，／既無助於消化也不能延年益壽。／我可憐的人類絞盡腦汁，不得不從茶水裡欠起身來，／茫然四顧——尋找有生命的祭品。……」

當我重讀這些詩句時，無法相信在人的心中原本就不認識上帝。十多年之後，我看見了造物主在創世之初就為人類準備好的祭品——祂的獨生子耶穌，無罪的羔羊。「生命在他裡頭」，耶穌就是人類尋找的生命，是潔淨的血。「我聽見那個聲音的召喚。……它在召喚我走上祭壇——／在血泊中親近真理。親近自然。親近更純粹的生命。」當我讀到這裡時，重新面對上帝曾經藉著世間各樣細微之物、各種聲音來召喚我的這個事實，不禁淚流滿面。

那時，我呼求卻聽不清上帝的回答，更沒有想到心中隱約感受到的呼喚竟是來自賜生命的天父。如果說，「死」是為了「重生」，當時的我雖然世事、人情、革命的激情、人生的理想都「死」了，卻沒有得著「生」，也看不見「生」的盼望。一九九零年以後，我主動放逐了「理性思索」，盲目陷入感性的、跟隨本能的「情」。我以追求愛情來減輕自己追求真理所帶來的靈魂負重。所幸的是，我在沉迷於「情」的同時也讓自己儘量遠離社會，親近大自然。我隨著赴海南的浪潮奔向大海，卻沒有弄經濟之潮，反倒自我放逐於山水之間。「寧靜」使我在上帝的所造之物中趨向造物的主，趨向萬有中的「天道」。

「虛無」引我墜入「放縱」，其實這兩者之間本質上完全一樣，就是「死亡」。那時，我說人只有兩種生命狀態：

「等死」和「找死」，而我屬於第二種人。但我的心靈並沒有死，那一份對愛和真理的「相信」仍在我的肉體生活之外存活著。對此，我非常感謝我的丈夫張駿，他是一個正直、光明、寬容的男人。但他說我應該感謝上帝，因為他這個人以及他對我的愛，是上帝為我預備的。天父上帝為了他在我身上命定的呼召與揀選，保守了我。他因著我曾經向他的呼求，沒有放棄我，繼續引領著我靈魂的追求。

當我三十六歲重生，成為新造的人後，重讀這些歷年寫下的詩句，清楚地看見了上帝領我回家的手，我心中感到巨大的震撼和無法言說的感恩。

余杰：一九九六年你移居美國，是怎樣的契機讓你產生出國的想法？到美國之後，如何適應全新的生活並保持創作的靈感和熱情？

施瑋：一九九五年，我對北京的生活已不能忍受，曾獨自去沙漠、新疆。回來後，我對丈夫說：我希望去一個有飯吃的戈壁高原，安靜寫作。丈夫本有出國留學的心，就考托福申請學校。一年後，我隨丈夫來到美國西部高原——美麗、遼闊的阿爾伯克爾基（美國新墨西哥州）陪讀。這裡沒有太多的人，更沒有熟悉的母語，這裡有的就是罕見的，清沏而變化無窮的天空，但同時這裡與北京相比，遼闊帶來極大的寂寞，逼著人安靜下來的自省。

我記得要到美國之前，一個朋友對我說：「妳放心好了！飛機把妳扔在哪裡都能活。」這本是一句對我這個完全不懂英文的人安慰鼓勵的話，我也一直把這當作自己生命力強的褒獎之言。直到神重新把我與我的祖國，把與生我養我的那片土地，根連起來，血脈連起來，心連起來的時候；直到神重新把一顆能為中國哭泣的心放到我裡面的時候，我才發現那句話是多麼真實地反映出我們這一類人生命本質中的飄浮狀態。

當我到美國後，塵埃落定、泡沫消失，從日常生活來說，我並沒有遇到什麼困難，丈夫有不錯的獎學金，我發奮圖強學英文，並打算讀電影系。雖然一切都在按部就班地進行，但我在精神層面已瀕臨死忘。我不得不面對靈魂的真實景象，那種虛空、蒼白、破敗不堪，令我完全絕望。

可以說，我到美國後，外在環境還是比較容易適應的，最大的難處是被逼到了對生命本質的拷問和自省。

余杰：上帝給每個人的恩賜和試煉都不同。上帝沒有讓妳成為母親，卻也讓妳有更多時間從事神學學習和文學創作。我記得妳以前在講道中分享過這一段作為女性的痛苦，就是不能有孩子的痛苦。不知是否可以請妳講述這段經歷，妳如何在苦痛和挫折中單單地仰望上帝？妳們夫婦又是如何攜手度過那段艱難歲月的？

施瑋：我們倆原本並不一定要孩子，但信主後，教會文化讓我們覺得有孩子才是得神祝福的婚姻，於是開始了大約十多年的懷孕、流產、禱告的過程，每個月都經歷盼望到失望的過程，三次子宮外孕，一次切除輸卵管的手術。

最痛苦的還不是身體上的，而是來自公婆的壓力，和來自教會教導與代禱中的壓力，一方面我們好像成了不蒙祝福的人，一方面我對上帝的公平與慈愛產生極大的懷疑。但經歷這個過程，讓我和丈夫得以進入更真、更深對上帝天父的認識。

我用第二次流產、切除輸卵管的手術後那一篇文章的節選來回答：

有一個失去愛子的母親說，她不問上帝「為什麼」。我做不到，直到現在我還是在問祂「為什麼？」但在祂懷裡時，我可以接受祂的不回答。四年中無數次等待，二次流產，祂沒有回答過我為什麼。我心中很想否定祂的存在，但是做不到；很想不再愛祂，但是做不到。很想……我什麼都做不到，與祂的關係好像是一種更確實的血緣關係，在我的血液中、靈魂中，是我所無法除去的。好像整個生命的存在就僅僅是為了愛祂，超出我肉體意志地愛祂。

我坐在我所愛的懷裡，幾個月來常常在我面前的畫面又再次浮起。是我的孩子！二個半月的胎兒，已經看得見頭和身子了。我不知道該不該感謝神讓我看見？但是，就在我看見的那一刻，醫生說必須立刻動手術拿掉，因為他長在輸卵管裡。

他被一些尖利冰冷的器具，從我身體中硬性拿去。同時，還帶走了他與我相連的那些部分。整個過程我都無法參與，我被置於知覺以外，經歷失去。當我醒來時，我的裡面

· 施瑋在教會主日講道

留下了永遠的空；我的眼前留下他超音波螢幕上的身影，愈來愈真切。沒有人可以補這個空洞，也沒有人可以幫我抹去這個身影。

我求上帝來幫我，但許多的日子中祂似乎並不想做什麼。祂不肯抹去那個影子，祂似乎要藉此讓我與祂一同體會喪子之痛。我覺得祂不願意我與這「痛」無關，就像不願意我與祂的「愛」無關一樣。我內心中渴望躲避，又不忍躲避。在那些日子中，我與祂一同長久地看著馬槽，看著十字架，經驗著曾經僅僅是文字的描述。

我夢到一幅畫面，我看到天父領著我一生失去過的三個孩子，站在天堂的門口迎我，說：「他們都在我這裡，妳來時會見到」。那個夢曾安慰過我，也安慰為我禱告的姊妹。但三個多月來，我愈來愈不安於那個夢，愈來愈覺得那不是我所想要的。

今天，當我虛弱地躲進上帝的懷裡，當我安息與祂的愛，我不希望那個夢成真。我盼望他們每個人的生命都是完美的。而生命的完美就是與上帝獨處，與天父直接連合。如

‧在華人基督徒網路電視台 CCNTV 擔任「今日話題」節目製片兼主播

果他們此刻與祂在一起，我不希望有一份等待隔在他們中間，哪怕是懷了他們又失去了他們的母親。對於自己，我也不希望在天堂的門口，除了祂——我親愛的神，還有別人。哪怕，是我從來未見過面的孩子。不希望在與我的神相見的盼望中，還夾著其它的盼望。雖然我流淚於自己的「冷酷」，似乎這樣一想，就真的再見不著他們了，但我還是不能忍受自己對天堂的夢想中除了我的神還有別的。

窗外一切都依然平靜，遠處天邊有塊雲，但不知會不會飄來。我正打算繼續閱讀時，突然有一陣心酸的後悔，漫湧過來，好像初夏突然起的悶熱。我想起自己曾對上帝的一個禱告。

我曾對我的神說：「天父啊！如果祢真愛我，就給我一個孩子吧，讓他作為你愛情的禮物。」二年前流產後，我又對祂說：「主啊！如果你真的是特別愛我，就給我一對雙胞胎，作為祢對我特殊愛情的信物。」然而，沒有。但我一直繼續等著。因為我無法否認心裡確知的一件事：祂愛我，並且特別地愛我。只是，我就是得不著那份我所求的「愛情禮物」。

此刻，我聽著祂的心跳，與我血液的流動有著同樣的節奏。感受著一種撇開一切的，直接的合一。感受著一種完美的回歸。當我確實的認知，自己裡面有著從祂而來的生命，是祂的一個部分時，突然對自己曾有過的請求生出後悔。

一個孩子怎麼能成為祂的「愛情禮物」呢？對於我，祂所熱愛的佳偶，祂的愛情禮物，祂的愛情信物只有一個——那就是祂自己！

余杰：這段文章讓我想起義大利女記者法拉奇的那本小

書《寫給未出生的孩子》，經過類似的撕心裂肺的經歷，這位女強人對孩子、對女性、對生命有了全新的體認。雖然她算不上嚴格意義上的基督徒，但她的價值觀從左派變成了保守主義者。

談談學業。到美國後，上帝如何呼召妳出來念神學？請分享在漫長的學習過程中遇到的苦難、壓力，以及妳如何靠著上帝的恩典，完成學業？

施瑋：受洗歸入耶穌基督名下之後，我有意無意地忘掉神初次讓我遇見祂時對我的呼召，忘記了祂要我把生命與藝術獻給祂的呼召，當然更忘記了對祂說的「祢要，祢就拿去吧！」這句話。當我有了神這個「大靠山」後，就像一個有恃無恐的「太子爺」，充足馬力地要撲進世界去，與那些「沒神幫助」的人爭奪錢財、學位。我當時向神禱告的姿態是這樣的：懷著一顆迫不及待的心跪在神面前，回頭面向著世界，睜圓了眼睛盯著世上的誘惑，大聲地對神說：祢快來幫我得這個、還有那個！

主真是以祂的慈恩憐憫了我，祂不讓我在這種羞愧中不自知。一個月後，祂就以利未記六章第九、第十二、第十三這三節經文三次向我呼召：壇上的火，要常常燒著，不可熄滅。隨後的一個月裡，祂一邊伸手，停了我許多想做或正在做的事，一邊多次讓祂的僕人使女對我說：「妳要用文字來服事神。」

我心裡真是不願用文字服事神。因為文字寫作對我來說有著一種特殊的意義，近乎於一種宗教。然而，神在使用我的文字前，必打碎這「偶像」。我因孤陋寡聞，認為中國的基督教文字都實在是談不上藝術性、文學性。我怎麼能用我心愛的文字去寫這些呢？但這個想法我是不敢去跟神說的。我一直在跟神講的「道理」就是：我剛信主，奉獻的事可以慢慢來。但這個理由對別人講得通，就是對神講不通。當時，我覺得神對我真是「不太講理」。因為我願意去當宣教士，願意把生命給祂，願意永遠不再寫作，只是不想用文字服事。何況在我眼裡基督教文學完全是一片空白，當時在我的屬靈環境中甚至也不被認同。

神不僅一再地呼召我要全然獻給祂，而且一再地讓我看到這不是一條容易的路。我與人交通，人對我說這條路不難，說不要自尋煩惱，可是我的神就是不讓我避開「苦難」二字。當時祂也沒有給我一個開啟，讓我知道祂的豐富，知道藝術和文學中的真光與生命只出於祂。祂就是讓我面對著苦難，面對著「無意義」的一生，問我「肯不肯只因愛祂就把自己全然獻給祂。」我覺得無法接受，而我的心又被神在聖經所啟示出來的愛與智慧所吸引，被祂一切的真實所折服，就不忍對祂決然地說「不」。有時，我甚至希望祂能含糊些，先用甜蜜的安慰話「騙騙」我。我希望能糊糊塗塗地

・在《海外校園》辦公室外與同工及作者合影

獻給祂了事，但神在這事上卻一絲不苟，非要讓我看清楚、想清楚。

這樣內心爭鬥了一個多月，我只得去找牧師驗證。當時我心中懷著一個自欺欺人的想法，覺得牧師說話很謹慎，為人很柔和，一定會對我說慢慢來的。但沒想到，他在這件事上一反常態，向我清楚地證實了神的呼召。從此，在我裡面，神的呼召從不間斷，在外面，我的丈夫和牧師的認定從不含糊，這兩方面的力量使我覺得「無處可逃」，可能要等到我心甘情願走上祭台，感恩地接受神的呼召為止。

七月，在聖地牙哥的聚會中，邊雲波老弟兄說奉獻乃是「理所當然」這四個字深深刻入我心，當「奉獻」自己後，我對牧師說的唯一的一句話是「真是理所當然的」。當然，這不是因為一篇好的講道，而是神讓我所親歷的恩典、慈愛；是神一次次地光照出那不堪的「我」，光照我蒙恩前的情形，光照我死在罪中的狀態，才使我深知他救恩的浩大、可貴，深感這「理所當然」四個字的真實。

二千年初，我在美國三一西南神學院讀神學本科課程，

・北京上上國際美術館施瑋畫展中，九個教會圍繞裝置作品《祭壇》同心禱告會

當時只想修滿十門核心課，拿到聖經研究本科文憑，寫作就夠了。因為沒有經濟資助，我用信用卡付學費，丈夫悄悄還款，當我後來知道利息那麼高後，就停學去餐館打工攢學費，每學期只能讀一、二門課。之後因學習成績全優，獲學費減半的獎學金，才得緩解。我的英語不好，學習起初幾門課時，上課聽講和寫作業幾乎全部要靠禱告，特別是美國神學院作業很多，每天真是要靠禱告，才能克服睡意起床坐到書桌前去。二零零二年，終於本科畢業。二零零四年一月，我被恩福基金會接受為恩福神學生，得到二年的生活費資助，繼續在原校攻讀聖經研究和神學的碩士課程。

二零零五年，我已經讀完碩士階段的所有必修課程，夏天看到《海外校園》雜誌社尋求編輯同工，經過全教會的禱告和許多印證，決定申請後，被接納為全職同工。神顯出祂奇妙大能，感動張駿願意放棄很好的工作而搬到洛杉磯，並在我被通知錄取後的二個月內，就奇妙地在洛杉磯找到工作，並且我們在服事交接、冬季售房等各種事項上大有恩典，也使我們更明確主的帶領，心中感恩無可推諉。二零零

· 研究所畢業和導師合影

六年一月搬到洛杉磯，進入服事和正常的工作、生活。二零零六年，我回校完成畢業答辯，隔年，我又回校參加畢業典禮。

靈性文學是基督信仰對中國文化的轉化

余杰：妳畢業以後，繼續從事創作及編輯出版方面的工作。這是華人教會比較忽視和薄弱的環節。很多華人教會基於偏狹的神學立場，認為只要傳福音、救靈魂就夠了，不要參與社會文化事務，因為世界本身就是敗壞墮落的。但是，聖經對我們有清楚的教導，這個世界是天父世界，上帝讓我們「治理全地」——我們怎麼能夠躲藏在教會的四面墻壁中，任由外邦人、不信者控制媒體、學術、教育和文化領域呢？請你分享多年來在文化領域所做的工作。

施瑋：我在編輯《海外校園》以及二零零七年編輯出版《靈性文學叢書》的過程中，對華文的基督教文學有許多思考，認為需要離開對西方基督教文學的模仿，回到聖經和中國古典文學中尋找結合點。另一方面，因為上帝將牧養和陪伴中國基督徒文學藝術者們的使命放在我心裡，在與他們的交流中，我感到按目前神學釋經中偏重「西方式的閱讀和研究方法」來讀經和講道是很難引起深受中國文化影響的人的共鳴。

如果不進行「神學的中國處境化」研究，神學與信仰與中國人的身分和文化常常是隔裂的。在禱告中，上帝藉著我過去的專業素養與文化背景，啟示我看到，回到「文本閱讀」與「審美上的漢語處境化」來研究，將可以為「建立漢語神學」提供一條路徑和基礎性元素。得到這個啟示後，我很興奮，幾年中不斷地勸說幾位作神學研究的朋友朝這個方式努力，他們雖都覺得很好，但一來受到時間限制，二來他們都不是中文系出身，所以都沒做下去。

我不斷禱告，求祂將這異象放到我認為擅長作研究的人心裡，但我從沒有想過這個異象是給我的。直到二零一零年初，我在禱告求主揀選合適的人時，主反問我：「為什麼不是妳？」我馬上說：「不可能是我，我太忙了，我不適合作學術。」但主還是這六個字問我：「為什麼不是妳？」直到我完全順服在主的旨意下，將目光從現實的不可能轉向主的大能。於是，我開始在北美華神跟隨梁院長攻讀「舊約文學漢語處境化研究」的博士學位。

當我順服上帝的旨意，相信祂的大能，將腳踏入水中時，水就分開，神蹟就會發生。在華神學習的三年半中，中年的我卻有著一生都未曾有過的求知欲和學習熱情，在沒有影響《海外校園》及別項事工的同時，我完成了 MD 的補修課程和 DM（博士）的所有課程及論文《舊約聖經文學的漢語處境化研究》，並且論文的片斷也都陸續發表，甚至嘗試

· 施瑋博士班畢業

寫了在神學培訓中的教學實踐的論文內容。

邊工作邊讀博士，不可能沒有困難，不可能沒有壓力，但這些壓力和困難卻成為我靈性更新的契機。上帝天父是起頭者，是呼召者，也是成全者。每一次去學校的路上，每一次研究中的困境，神的靈都真實地降臨在我身上，常常讓我淚流滿面，洗去了一切畏難，代之以滿滿的感恩。讀書三年半期間，我像是與我的良人度過了一次新的蜜月般。二零一五年夏，我獲得博士文憑，二零一四年，香港浸信會出版社出版了我的博士論文《在大觀園遇見夏娃——聖經舊約的漢語處境化研讀》。

余杰：很多知識分子、文化人，受洗之後，沒有教會生活，不願加入到一個群體之中。其實，這還是出於人的驕傲，不願在教會中被上帝修剪，不願跟弟兄姊妹成為生命共同體，大家一起走天路歷程。基督信仰跟其他宗教不一樣，是一種群體性的信仰。上帝在地上設立教會，就是讓教會成為祂子民屬靈的家。請分享妳信主之後的教會生活，從妳自己的切身經驗出發，對那些剛剛信主的知識分子、文化人對於如何處理與教會的關係，有什麼特別的建議？

施瑋：我很有幸，在一個脫離了原有文化生活的環境中信了上帝，從一開始就比較單純，相信聖經裡既然說不可停止聚會，基督徒當然主日要去禮拜。我當時所在的城市只有二個華人教會，一個是以台灣人為主的浸信會，一個就是我所在的教會，牧師在靈修方面非常有恩賜，是中國大陸出來的，曾經在大學當漢語老師，他給了我很好的帶領。

我信主的時候，那個教會相當保守，人也不多，我又不善長人際交往。這麼緊密地與一小群人在一起，又要經歷整個人生觀、價值觀的顛覆，還有對教會文化的適應，這些過程實在是非常困難。

最初信主前三年，常常去完教會主日後，回家就淚流不止，各種的委曲、氣惱、憂傷……讓我很想離開教會。但一來張駿堅持要去華人教會參與服事，二來沒有太多可以選擇的教會，也就是說我彷彿被「困」在那裡。我們在那個教會六年多，第七年已經在教會如魚得水般地融洽了，教會和我們自己都有了許多改變，上帝才伸手將我們帶離。

在阿爾伯克爾基華人教會那七年，像是我生命中逃無可逃地接受上帝的煉淨和製作般，這為我之後一直在教會中服事神、服事人打下了良好的基礎。

我認為，一個不在基督徒群體性教會生活中的「基督徒」，其信仰生命的真實度和對基督的委身度都是堪憂的！教會是基督的身體，一個肢體怎麼能獨立於身體之外呢？基督教信仰和神學並不僅僅是一大堆命題與邏輯，而是含有很大程度的生命體驗與聖靈的開啟，只有在一群同樣擁有基督生命，並且同被一靈所感的人中間，信仰才是活潑的。

特別是人文學科的基督徒，若沒有生活在一群基督徒中間，如何來表述活在他們中間的神？如何來描述這一群人的信仰生命和生活？另外，個人的信仰生命也只有在群體的信仰生命中才能被糾正和擴展，對上帝的認知才不會偏頗。

我編了十年的《海外校園》又創建和牧養「華人基督教文學藝術者協會」，我從基督徒作家、藝術家的作品中看到，正是因為很多人缺乏教會生活，使他們的作品在信仰表達方面流於形式和表面。

基督徒文化人要委身一個教會，最大的難點不是外在的原因，而是能不能向「己」死，能不能以「死的心」不愛惜自己原寶貝的一切。但這個「死」是重生的必經過程。

余杰：請談談妳信主之後，文學創作的內容和方式發生的變化。妳是怎樣提出「靈性文學」這個概念的？這個概念對中國當代文學有什麼樣的意義與價值？

施瑋：透過寫作，神帶我做祂奇妙的善工。祂一方面向我啟示天上的智慧，讓我寫出我自己寫不出的東西，一方面又讓我對明天寫什麼毫無把握，使我天天都懷著戰兢恐懼的心在祂面前等候。

最初幾年，上帝讓我寫長詩、寫詩劇，寫完詩劇就寫小說，總是不讓我在一種漸漸熟悉的文體和風格形式上繼續，總是不讓我寫我計畫好的並認為可以寫成的東西。最後我真是被祂弄得對寫作「毫無意見」了，我對別人說：「我現在像個印表機，全看神什麼時候打開開關，也全由祂選擇去列印什麼出來。」

對於這樣的寫作方式，我處於無奈且被動的接受者地位。我起初認為，神讓我這樣寫就僅是為了向我證明祂在我身上的主權，證明是祂在做而不是我在做。我覺得，若是從我自己的藝術提昇來看，連續寫同一種文體才能達到高峰。可是，我漸漸看到這是祂正在幫助我實現曾給我的啟示：「放棄妳的審美。」頭一年，我努力憑著肉體的才能去達到這個啟示，結果是一場糊塗，寫了一大堆人的宗教熱情的東西。後面兩三年，我被神帶著被動寫作，學習順服。後來，神恢復我的詩歌創作，也讓我漸漸看到我裡面那個新的、神獨立創造的、豐富而完整的、關於人、關於世界、關於文學的審美思想雛形。我這幾年在教會的生命操練、在神學院學習，加上習慣於被動寫作，沒有再思考什麼。神卻在我不知不覺中，將一個完全超越我思考領域的思想放入我心中。人真的只有放棄一切「自己的智慧」，才能得著神的智慧；只有在發現自己什麼都做不了時，神才能用我。

余杰：在各種文體之間，妳寫作最多的大概是詩歌吧。請談談妳的詩歌寫作。詩歌是文學的最高形式，詩歌與音樂也是基督徒讚美主的最高形式，你如何用詩歌傳達信仰內涵？

施瑋：詩歌是我最初使用的文學文體，也是我童年和少年時代接觸最多的文體，我從一九八零年代就在校園中寫詩，到一九九零年代，詩歌作品幾乎在全國各地重要刊物上發表過，從一九八九年底《人民文學》詩專刊中被列為青年詩人八大家，到一九九三年《星星詩刊》編輯、四川大學出版社出版了我的第一本詩集《大地上雪浴的女人》；二零零九年再出版我的詩歌總集《歌中雅歌》，一共出版七部詩集、二部詩文集，我始終認為自己首先是個詩人。雖然二零一零年開始讀博士後，我較少寫詩，但我還是相信「詩歌」是我讚美上帝最好的方式。

《歌中雅歌》是我按年分，將前半生的詩歌整理集結，是我以詩歌形式呈現的信仰追尋並尋見的紀錄與見證，正如我寫的「以詩為證」的見證文章。信主起初，我寫下長詩《關於苦難》和八幕詩劇《創世紀》，以上帝創世七天的經線伸展到整本聖經，整個創作過程充滿恩典與神奇。我寫了一組三十三首十四行抒情詩《另一種情歌——十字架上的耶穌》，裡面流淌著我面對十字架上的耶穌，在不同生命處境中靈修得著的恩膏。另外，二零零三至二零零五年的三年中，我大量創作信仰短詩，完成《天國》、《靈》、《十架七言》、《安息》等長詩和組詩，將我對基督教信仰的重要體驗和認知表達出來。《十架七言》不僅被多次錄製成音訊節目，也被許多教會在復活節朗誦和演出。

由香港漢語聖經協會出版的聖經文學作品《以馬內利》，是我神學與文學的結合，以詩歌、詩體散文、詩體小說形式寫成的一部四福音的靈修作品。在寫作過程中，操練了我的釋經和靈修，而詩句成為最美也最貼切的載體。裡面的篇章分別在《生命季刊》、《海外校園》、《舉目》、《蔚藍色》等雜誌上發表，並在遠東廣播電台全文播出，並結合《約翰福音》的講解與禱告，也使普通信徒更能理解詩歌。

我也與各團隊不同的音樂家合作過許多現代讚美詩歌，可惜有的至今沒能錄製成 CD。

余杰：你最近寫的《基督頌》是華人基督教文學中少有的大型讚美詩，請分享創作這首作品的心路歷程。

施瑋：大型交響合唱《基督頌》策畫於二零零七年，創作於二零零九年。作品完成後，歷經波折，無法在中國公

· 溫哥華佈道

演，沒有想到上帝的預備竟然是七年後，二零一六年在美國首都華盛頓附近的馬里蘭州，由佳音藝術事工團一群基督徒藝術家完成首演，上帝的道路實在是高過我們的道路。

這是我第一次與音樂家合作創作大型音樂作品。二零零九年早春三月，當我看到總策畫張紅嬰弟兄的郵件時，我並不認識他，他是因為我的詩劇《創世紀》而託人找到我的。他在信中說：幾個世紀前，當上帝復興歐洲時，湧現許多偉大的聖樂作品（如《彌賽亞》等），今天上帝興起中國，有一億多華人成為上帝的子民，難道不該有一部華人原創的大型聖樂作品來獻給主？我們有負擔用聖樂在中國、乃至世界各地有華人的地方，傳頌福音，感謝上帝的恩典。

他的話深深觸動了我，讓我想起剛信主時的祈禱，我曾禱告主耶穌讓我寫一部讚美祂的詩作。來不及回信，關上電腦我就上了飛機，在高空，在雲層之上，我的心被聖靈大大充滿，嘗試著寫出序曲和第一幕。第二天飛抵北京後，就面見張紅嬰弟兄，他看了非常激動，說這正是他要的，並希望我一週能寫完。我覺得根本不可能，因為在北京的服事很滿。

兩天後的晚上，我回到住處已經近十點。剛躺上床，聖靈卻催我起來寫。我只能遵命，起來坐在電腦前，沒想到一句句詩詞就湧入我心中，我的十指只是盡力跟隨心中來自聖靈的頌唱。當我寫到：「一個親吻出賣了人子，三十元就是賣你的價。／離開天庭卻死在十架，救贖大愛和著血流下。／耶穌，耶穌，從客西馬尼到髑髏地，／一滴一滴，誰能數這淚滴與血滴。／耶穌，耶穌，鞭打你，凌辱你，／一錘一錘，世人罪鐵釘般穿透你。」我已是淚流滿面。

清晨，朝陽漫入屋內時，我已經將《基督頌》的文字劇本全部完成。老實地說，這部劇不是我寫的，而是聖靈的工作，唯恐我的文字未能盡達其意。當我聽著詩班和交響樂團演奏時，音樂家的作曲竟然和我當初寫詞時心裡的旋律一樣，我一邊讚嘆神的作為，一邊為這些我都不敢相信是自己寫出的句子，流下感恩的淚。

用《叛教者》記錄波瀾壯闊的中國教會史

余杰：我正在拜讀妳的近作《叛教者》，這部作品象徵妳的長篇小說創作又登上新高峰。這個題材涉及中共政權建立之後對教會殘酷清洗、迫害的歷史，不僅在外界屬於敏感題材，在教會內部更屬於超級敏感題材。妳秉筆直書，寫出信徒的軟弱、挫敗、背叛等等歷史的真實，雖然不是教會史，卻可以看成是跟教會史平行的一面歷史之鏡鑑。

我知道妳在寫作之前做了長期的資料蒐集、訪談等工作。那麼，為什麼選擇用長篇小說的方式來表達，而不是用長篇報導的方式？在西方，虛構文學和非虛構文學之間有清晰的界限，妳的這本書，雖然是虛構文學，卻有不少內容是建立在歷史考據之上，可以在某種程度上視為非虛構文學。那麼，妳如何處理虛構與非虛構之間的張力？

施瑋：所謂「非虛構文學」，廣義上說，一切以現實元素為背景的寫作行為，均可稱之為「非虛構文學創作（寫作）」。這一概念首先被西方文學界所引用，亦被稱之為「第四類寫作」，這種文學形式因其特殊的敘事特徵被譽為新的文學可能性。

從這個定義來說，我的長篇小說《叛教者》是可以視為非虛構文學，因為裡面的位址、時間、事件、人物原型等，我都是有文字和口述資料的，而且絕大部分是已經公開的事件經歷者的文字紀錄。為了盡量真實地還原當時的場景事件，我是下足了功夫，甚至重要的路，我都去走了不止一遍。

但我稱這是一本小說，而且沒有貼「非虛構」的標籤，是有以下幾點考慮：一，「非虛構文學」這一文體目前在中國還比較陌生，沒有與國際完全接軌或統一的定義，我不想在這麼重要的一部作品上「趕時髦」，增加不必要的文學定義性討論。

二，華人教會在文學藝術上的閱讀和欣賞還不夠成熟，常常拋開文學藝術作品本身去爭論神學的正統性或別的。我還沒有寫完，人們就有很多質疑，甚至質疑可不可以推論人物心理，可不可以虛構人物的話？我寫一本文學作品，卻似乎要有在法庭上經得住考驗的證據。在一些關鍵點，竟然被問到「妳親眼看見了嗎？」我深感沒有必要陷入這種沒有文學常識的爭論，所以用小說的方式也是華人基督教文學開拓者不得已的妥協。

三，我寫《叛教者》的目的不是在定罪某個或某幾個人，在我心裡，這些原型都是了不起的信仰前輩，雖然有罪在其中，但也是為主受苦的罪人。我是以一群故去的人（大部分）的信仰生命為原型，重現這齣可歌也可泣的戲，讓今天的我們自省自己裡面的問題，自己信仰中的蒙蔽、虛妄。如果強調小說中的「非虛構」成分，我擔心會導致讀者陷入論斷而不是自省。

四，因為決定是寫小說，所以裡面也確實有虛構成分，特別是非主角的人物，或有兩個人的事合併在一個人身上的，或有「為怕惹麻煩，故意將兩個原型人物故事交錯」等，但比例不大。

我選擇以文學的小說形式來寫，也是為了這本書可以讓更多教會以外的人，瞭解基督徒真實的人性和信仰，瞭解他們的生活。在中國現今當代文學中，完全沒有對這群人的正面、直接的描述，這本身也是中國文學的一個缺失，而這個缺失是應該由華人基督徒作家來改變。

余杰：中國文化中存在著一種「為尊者諱」的傳統，中國教會內部更是如此。對於已經故去的教會前輩，一般只描述其光明的一面、成功的一面，而諱言其黑暗的一面、失敗的一面。我看過很多類似的小說、傳記，回憶錄，都存在這種問題：將主人公寫的如同共產黨的英雄那樣「高大全」，或者像天主教中的聖徒一樣。這樣，反倒讓讀者產生不真實感和懷疑。

在妳的書中，寫出了一系列有血有肉的、活生生的教會領袖，寫出了他們身上的罪，他們的失敗，他們的局限，他們在時代浪潮前的卑微與弱小，他們在情慾中的苦痛與掙扎。那麼，妳在寫這些內容的時候，有沒有猶豫或擔憂，或者會面對來自各界的壓力？《叛教者》出版之後，讀者有哪些迴響呢？

施瑋：雖然經過十年的預備，但我一直沒有開筆寫這部作品的打算。二零一四年夏，我在新墨西哥州的一次會議中，見到上海地方教會系統出來讀神學院的一個年輕傳道人。我在會議期間，連續採訪他四個晚上，之後，又承蒙他來洛杉磯繼續接受我的採訪。我們談了很多，特別是來自於他這個身在其中的人的反思，讓我的許多思考得到共鳴和印證。那些歷史中的人物終於活生生地出現在我面前。但同時，他們的痛苦，信仰和生命中的矛盾與糾結，也血淋淋地呈現在我面前。我覺得，這可能是我一生的呼召和使命，「就想：還是放到將來老了再寫吧！」我想，到那時，也許社會環境、政治環境、教會環境都更好些，我也更成熟些，再動筆寫。所以我準備寫另一本小說時，上帝卻停了我的筆。

那年秋天，在中國的「華人基督徒文學藝術者核心退修會」中，分享的主題是「恐懼」，我是從禱告中確定這個主題的，但我一點不覺得這與我自己有什麼關係。聽著一個個同路人的分享，為一個個禱告……輪到我時，我跪下來，突然面對自己裡面巨大的恐懼。這個恐懼像一個巨大的黑洞，彷彿要把我吞進去。我那時是《海外校園》主編，又是教會的傳道人，這樣的身分能投入在文學創作嗎？從二零零六年初到《海外校園》服事後，我一直沒有進行過長篇小說的創作。

進行長篇小說創作，如同讓自己替主人公活一遍，寫一本《叛教者》這樣的小說，我不知道這過程中，自己會不會懷疑上帝？會不會懷疑信仰？我能帶著我筆下的人物進入情節並走出死蔭幽谷嗎？特別是寫作過程中，我的情緒會起伏很大，我能自控並繼續在教會教導、牧養嗎？若失控，弟兄姊妹們怎麼看？教會中的見證大多是只寫光明的一面，我若一層層剖開人性的真實，會不會「絆倒人」？教會是不是會開除我？其實，那一刻的恐懼比這些能想到的理由都還要大得多，我彷彿要被壓碎。

感謝上帝讓我並非孤單而行，退修會的幾位基督徒文學創作和理論研究的同路人，以及一直支持我、陪伴牧養我的牧者一起為我按手禱告、爭戰。他們不客氣地指出我的「自愛」，鼓勵我應當願意「被主完全破碎」。他們一個個擁抱我說：「無論我在寫作過程中發生什麼問題，將來華人教會如何看待這本書和作者，他們都認我為姊妹。」

緊接著，在香港的大會中，我和華人牧者團隊中的幾位理事（也是老朋友）分享這個異象，張志剛等幾位牧師也感到寫作任務艱巨，一同為跪在地上的我按手禱告。他們的禱告正是我心中的禱告，要求上帝天父完全地掌管，求祂拿去我一切的自主意識，完全交託，讓天父的意思暢行在我的心中和筆下。我想，若是完全出於祂，就算結果不好，主也記念，我也算是為主受苦。若是出於自己，不僅寫不好，寫出來也承擔不了。

感謝主，在寫作過程中，雖然經歷身體和心靈的煎熬，但信仰卻在我心中愈來愈真實而堅定，一方面我深深感嘆：「若將我扔進那個絞肉機般的時代，我最大的可能就是成為一個叛教者。」另一方面，我又比任何時候都更感恩！「因為知道我所信的是誰，也深信祂能保全我所交付祂的，直到那日。」

六月底，小說與美國南方出版社簽下出版合約，七月上市以來，得到基督徒和非基督徒讀者、文學評論家、牧者、歷史學者和社會學者的關注與好評，並且他們也能從各個不同的角度看這群人。我深感自己和這群人站在一起，了一齣戲，給世人和天使觀看。瓦器雖然破碎，但裡面的寶貝卻發出光來。

特別是華人教會和基督徒讀者的反應，讓我與為我禱告的人都感到吃驚。最普遍的反應，是反省而不是定罪，我幾乎每週都會收到來自各界的回饋，而且都是在信仰方面偏向積極正面的肯定。雖然也遇到過一些質疑與挑戰，但對方沒有惡意，都是屬於神學和教會傳統的討論。有些是疑問於出於解經的片面解釋，有些是一句話就可以回答他們的。例如：「教會傳統文化是隱惡揚善的文化。」而這種觀點完全站立不住，因為基督教信仰的根本就是「指出人的罪」，救贖完全出於上帝。若是隱惡揚善，揚的也只有上帝之美善，人在「根本上」是沒有良善的，聖經也毫不隱惡。

余杰：妳在從事文學藝術活動時，會跟中國當代文學藝術圈子的朋友們有各種機會接觸，妳也會抓住一些機會來向他們傳福音。妳認為這個群體接受福音容易嗎？如何才能更有智慧向這個群體傳福音，並在信仰上長期陪伴他們？

施瑋：這個群體相對來說，比較相信自己的邏輯思辨，向他們傳福音時，需要我們有愛心耐心，更要感性、理性相融、信仰體驗與神學知識結合的陳述。比較有困難的是，文學藝術創作者大多喜歡涉獵各種宗教，有的人有各種靈交經驗，這種靈界知識和體驗的混雜，使他們不容易歸信基督，並且信了也會有反覆的狀況；但文學藝術者與其他人又都是一樣的，有罪性，也有渴慕。他們心中渴求真、善、美的心和敏感度更高，向這個群體傳福音並在信仰上陪伴他們，第一是基要真理的清晰；第二是真實、不虛假；第三是愛。

余杰：有一些作家、藝術家，在成為基督徒之後，並未「因真理得自由」，反倒束手束腳，在創作上出現倒退和枯竭，作品成為對信仰的圖解和淺薄的詮釋。這種情況非常普遍，從你的切身經歷出發，你認為如何避免出現這種情況？

施瑋：這種情況，我認為是較難避免的，我也經過這樣一個過程。這等於是從一座山上下來，換一座山來爬，肯定是有低谷的。我的經歷中，一是上帝要我「放棄你的審美」，就是「老我」的死。我在一開始就放棄了心中「文學」這個偶像，也不在乎今後還當不當作家，更無所謂成就了。我在低谷時挺心安的，沒有著急，沒有以自己的力量爬出低谷，沒有扶著犁頭向後看，或是回到創作的老路上去。二是基督徒作家應當加強學習神學知識，起初可能束手束腳，等學通了，心裡反而就敞亮了，也有底了。三是追求在教會生活、在個人靈修生活中更認識主，上帝是真理，真理必叫人得自由。四是，心中要單單討主喜悅！要提防二種媚俗：媚社會之俗、媚教會之俗。我相信，真正的信仰必然能產生美好的文學藝術作品。

第 6 章

為中國信仰與文化的更新儲備人才

——恩福基金會會長陳宗清牧師訪談

少年時代領受全職奉獻的呼召｜

讀神學與牧會之路：上帝的恩典夠我用的｜

恩福基金會：培養文化宣教的人才｜

如何讓基督信仰光照和更新中國文化？｜

陳宗清牧師簡歷

一九五二年生於台灣一個基督徒家庭，成長於花蓮（出生在台東，因他的父親當時在台東門諾診所服務，兩歲搬回花蓮），高中時決心成為全職傳道人。一九七五年畢業於台灣清華大學數學系，一九八五年與劉良淑結婚，然後赴美深造。先後取得達拉斯神學院神學碩士、芝加哥三一國際大學哲學博士學位。

從一九七七年開始即全職事奉主。最初投入台灣鄉村福音佈道團，後來在台北靈糧堂、洛杉磯靈糧教會、芝加哥城北華人基督教會、和平台福基督教會、橙縣中華福音教會擔任牧職，在不同類型的教會中積累了豐富的牧會經驗。因其精深的神學造詣，曾受聘任教於華神、台福（正道）、海外等十間神學院。多年來，常常應邀赴北美、歐洲、中國等地數十間教會佈道、講道和神學培訓。

一九九四年，在尤惠琮弟兄的倡議下，由陳宗清牧師、蘇文峰牧師、駱傑雄弟兄、廖和健弟兄組成董事會，成立恩福基金會，以「改變中國文化土壤」為異象。自二零零一年起擔任基金會會長，在此平台上推動文化宣教事工，支持和培養在學術或傳媒領域有抱負的年輕基督徒知識分子，開闢恩福網站，並定期出版《恩福》雜誌。二零零三至二零零六年，每年赴中國，在著名大學與社會科學院講學，進行學術交流。

先後出版《宇宙本體探究》、《跨越傳統尋真理》、《文化宣教面面觀》、《恩福靈筵：馬太福音》、《恩福靈筵：使徒行傳》、《恩福靈筵：羅馬書》、《恩福靈筵：啟示錄》等著作。

採訪緣起

二零一四年夏，我從台灣訪問回來，在王志勇牧師家第一次見到陳宗清牧師和劉良淑師母。談起台灣教會和社會的一些情形，在台灣長大且近年來常常回台灣探親、宣教的陳牧師夫婦如數家珍，我談到的不少人都是我們共同的朋友。

此後，陳牧師邀請我以嘉賓身分出席在洛杉磯舉辦、一年一度的「恩福家人」特別聚會。我雖然不是恩福支持過的神學生，但在「恩福家人」中有不少「舞文弄墨」的成員，他們早已是我多年的朋友。而且，有好幾位「恩福家人」，是近十年來我在基督與生命系列訪談錄中已經採訪過的對象，如彭強牧師、王志勇牧師。所以，融入這個屬靈溫馨的大家庭，對我來說一點也不困難。在那幾天短暫相聚的日子裡，我享受著這個美好大家庭的氛圍，也對如同家長一樣的陳牧師和師母深深敬重著。

二零一五年春，我和妻子跟陳牧師夫婦又在台北相聚，在陳牧師居住的公寓中，我們四個人有一次特別的主日敬

· 二零零五年於中國人民大學講學

拜。我很喜歡聽陳牧師講道，在網上搜到不少影片。陳牧師的講道忠於聖經，旁徵博引，充滿激情。

後來，陳牧師定期郵寄《恩福》雜誌給我，得以常常讀到陳牧師和師母精彩的文章。我高度認同恩福的理念：信仰在文化落實、文化藉信仰更新。陳牧師念茲在茲的議題是：「基督信仰如何在中華文化的土壤上扎根，而這個古老的文化傳統，又如何可以藉著基督信仰有新的生命力。」這也是我思考的重點所在。於是我有了為陳牧師寫一篇訪談的想法。

二零一六年夏，我有機會訪問洛杉磯，並蒙陳牧師、師母的熱情接待，差不多有兩天時間朝夕相處，分享生命與信仰的歷程，因此完成了這篇訪談。

少年時代領受全職奉獻的呼召

余杰：陳牧師，我知道您是在台灣長大的，而且是在基督教家庭長大，這一點，我們第一代基督徒特別羨慕。請您先介紹您的家族與基督教的淵源。

・恩福二十週年退修會

陳宗清：我是在台灣花蓮一個傳統基督教家庭長大。祖父是賣布的商人，生活清苦，爸爸是長子，下面有五個弟弟和五個妹妹。我們家的文化背景很特別，爸爸的血統，有一半是客家人，有一半是閩南人，融合了這兩個似乎對立的族群。祖父是客家人，曾祖父之前好幾代從廣東梅縣移居台灣。而且，父母生活在日治時代，日本文化對他們的影響很大，對中國文化反倒瞭解很少。家父讀過一些翻譯成日文的中國左派作家的書，比如魯迅、郁達夫。所以，我從小浸潤在日本、閩南和客家這三種文化之中。爸爸是第三代基督徒——祖母的養母是家族中最早信主的人。

媽媽的家族來自福建漳州。媽媽的曾祖父高長傳道師，人稱「高長伯」。一八六四年，年僅二十八歲的高長渡海來台投奔姐姐，第二年經商失敗，無奈之下，籌了一些錢，要到廟裡求籤問卦。走到半路上，看到有一位金髮碧眼的外國人在路口演講，旁聽者不多，那個外國人卻講得眉飛色舞。他感到好奇，便停下來聽，結果一下子就被吸引住，忘記了原本是要去廟裡。那個洋人就是宣教士馬雅各，他在街頭佈

· 陳宗清牧師於首爾帶領培靈會

道。高長後來受洗歸主，成為台灣人中第一位皈主、第一位奉獻傳道的信徒。他的一生充滿傳奇經歷，在高雄傳福音受逼迫的那一段被載入教會史。他傳道四十多年，腳蹤遍及高雄、台南、嘉義、南投、台東、澎湖等地。我曾經去澎湖馬公長老教會佈道，教會的同工告訴我，這個教會的創建人就是高長。

媽媽的祖父、高長的兒子——高篤行牧師，在二戰之前就是台灣有名的佈道家，也牧養過多家教會，擔任過長老教會總會議長、書記等職務。媽媽的父親，也就是我的外公高端方長老，從神學院畢業，曾在台中柳原以及恆春等地的教會事奉。而我的外婆從小就由宣教士帶領信主，畢業於淡水女中。這樣，我媽媽從小就奠定了信仰的根基，媽媽是第四代基督徒。

爸爸是醫生，家境還算好。爸爸年輕時，祖父跟他說，你要去當醫生，醫生才能賺錢養家。在日本統治時代，台灣人有兩個志向，經商或當醫生，再沒有其他更好的出路。台灣人中優秀人才讀醫的非常多，一般都去日本留學，畢業後

・在「好消息電視台」錄影

回台灣開診所。

我雖在基督教家庭的氣氛中成長，但爸爸在醫院很忙，禮拜天通常無法去教會（雖然他年輕時主日很少缺席）；媽媽要料理家務，只能參加晚上的崇拜。我們一家人很少一起去教會。

余杰：請您接著分享講述早年在台灣的生活以及成為基督徒的心路歷程，您在少年時代就信主並決心將自己奉獻給主，這個過程是一氣呵成的嗎？

陳宗清：我的父母跟台灣大部分父母一樣，希望孩子好好讀書，考上好學校。我在初中唸書時，台灣盛行「升學主義」，考試非常嚴格。本是天性自由活潑的孩子，整天被關起來讀書、背書，考試名次決定一個人的價值。我就追問，這樣的人生有什麼意義？考試是為了進入名校、得到文憑，然後找到一份好工作，這難道是全部的人生追求嗎？我對生命開始有了反思。

我從小一直有信仰，在長老教會中長大。但不少長老會十分注重傳統，有時流於形式主義，沒有辦法為我的生命帶給很大的動力。這種不冷不熱的狀態，使我對信仰的意義、跟神的關係等都很迷茫。我很疑惑：我人生的方向跟這種信仰有什麼關係？甚至有了疏離的想法。

余杰：那麼，您真正重生得救的轉折點是在什麼時候呢？

陳宗清：我從小參加長老教會，但在信仰上的自我要求不是很高，也沒有花很多心力。直到初三，我才嚴肅面對信仰的真實性。

高一時，參加了一個教會的佈道會，聖靈的工作非常奇妙，讓我蒙聖靈光照、悔改重生，經歷赦罪的平安與喜樂，之後便願意認真跟隨主。我變得在信仰上非常追求，不再是形式上的基督徒，清楚地接受耶穌為救主，常常讀經禱告。我對聖經下了很大功夫，對真理很清楚，注重聖潔的生活，奠定了屬靈的根基。我經常半夜起來禱告，甚至高三下學期，每日清晨去教會帶領同學晨更禱告。

我喜歡讀聖經，也讀很多屬靈書籍，花很多時間思考信仰問題，並在高中學生團契當主席。十六歲那一年，我看到校園團契中那些輔導（哥哥姐姐）如何事奉神，深受鼓舞，便立定心志成為傳道人。我決心效法先聖先賢，當時受宋尚節博士的影響很大，一心想當奮興佈道家，也渴望從事宣教工作。

我重新發現讀書是一件很有意義的事情，可以幫助我從知識裡面瞭解上帝的偉大。從神學的角度考量，在普遍恩典中，在理性與良知的亮光中，人可以對宇宙間的各種學問做出系統的整理。因為有上帝，學術研究才有價值，才有建立知識體系的意義，一切都是出於神。基督徒不應當是「反智主義者」。

余杰：高中畢業之後，您如何選擇大學、專業，以及規畫此後的人生？

陳宗清：到底怎樣設計讀書和研究的方向？我還很茫然。那個時代台灣的年輕人，男孩子一般有兩個方向，就是理工和醫科，讀文科的不多，因為出路較困難，而且有政治上的發展也有限。成績好的學生都選擇讀數理。

余杰：這跟二二八屠殺、白色恐怖有關，台灣本省人在政治壓迫之下，害怕因言獲罪，叮囑孩子不要唸文科，要唸

比較安全的理工和醫科。

陳宗清：我選擇讀理工科，一九七一年考入新竹清華大學數學系。其實，當時我的心志和興趣，在數學上並不濃厚，雖然我向來喜歡抽象性的思考。我的心被上帝所吸引，花很多時間讀神學書籍、帶人信主。大二時，我當上清華學生團契主席，很多時候都在服事主，用在專業上的時間並不多。我有意識地往神學這個方向預備自己。感謝神的保守、憐憫，讓我比同齡人更積極努力地追求屬靈的事情，同齡人在屬靈方面遇到困惑，都願意找我探討答案。

余杰：我多次去清華演講，覺得台灣清華繼承了北京老清華的傳統，不僅在理工方面相當卓越，而且注重人文和社會科學的齊頭並進。

陳宗清：清華的教育對我影響很大，清華崇尚「大師」，希望學生瞭解中國文化，而我原來的背景正好對中國文化不瞭解。清華遷到台灣之後，最早成立原子科學研究院，核能、物理、數學、化學等學科很強，但梅貽琦校長不忘人文領域的建設。每個禮拜清華都有人文社科方面的演講，我都去聽，也去研究清華的歷史。有一些老師是老清華的，還有西南聯大（國立西南聯合大學，是抗戰時期由中國北京大學、清華、私立南開大學在雲南昆明共同組成的一所大學）的，他們身上有一種特殊的人格魅力。那四年的學習，讓我這個受日本文化熏陶、對中國文化瞭解很淺薄的台灣人，有了更廣闊的心胸和視野，國語也更加嫻熟。

另一方面，清華注重學術，讓我意識到，基督教信仰與學術之間不會有衝突，上帝是一切真理的實體，基督教經得起理性和學術的批判，基督教不怕自然科學的挑戰。我在清華那幾年，讀科學與信仰、心理學與信仰等類書籍，慢慢融會貫通。

在大學時代，我並沒有太多關注政治、文化議題。我早期接觸的屬靈長輩，多是花蓮長老會的牧長，他們對政治社會參與是被動的、冷漠的；還有國語系統的教會，以及校園團契的長輩，都是基要主義（主張聖經絕對無誤，反對一切自由主義神學，反對他們對聖經的批判）的立場，從宋尚節、倪柝聲、王明道傳承下來單純的信仰。我記得有一次看到《教會公報》，上面有很多對國民黨政府的不滿和批判，我對他們抱著懷疑態度：為什麼要這樣做？信仰為什麼要摻雜政治問題？

等到我服完兵役之後，更廣泛地讀書，瞭解台灣教會和台灣的歷史，才慢慢理解長老教會領袖的意識形態和心路歷程。高俊明牧師是我們家的長輩，他是我外公的堂弟。以前在家族氛圍裡或多或少聽到過他的一些政治觀點，但沒有落下很深的印記。長大以後，才瞭解高俊明等長輩的事蹟，明白他們所經歷的心靈煎熬。之後，我讀《高俊明牧師回憶錄：十字架之路》，對他的信仰有了更深刻的體會。

余杰：大學畢業之後，您履行當初對上帝的承諾，沒有像天之驕子般進入大城市的職場，而是從城市到農村，參與了鄉村福音佈道團，這個選擇跟一般人「人往高處走」的價值觀截然相反。

陳宗清：服完兵役之後，我參與了鄉村福音佈道團的事奉，因為深覺台灣鄉村是最需要福音的地方。基督教在台灣的傳播，外省人較多，本省族群較少，客家人最低，鄉下以本省人和客家人為主，我希望可以向他們傳福音。

那時是一九七零年代中葉，很少人到鄉村。有一位美國宣教士以及一位外省籍的弟兄，對鄉村福音特別有負擔，就成立了這個團體。後來又有一位英國宣教士加入。我問自己：「為什麼台灣人不向自己同胞傳福音？」於是，在大四時就參與他們的服事。服完兵役，我投身鄉間服事主。我在台中太平鄉住了一年八個月。那時鄉福（鄉村福音佈道團）正遭受不少困難與打擊，我沒有固定的收入，同工相繼離開，只剩下我一個人。我在孤單中學會憑信心倚賴神。

一九七九年四月，我搬到台北。由於高中時代就認識周神助牧師，他安排我在靈糧堂事奉，那時我剛二十六歲，是一個沒有受過神學訓練的年輕人。

余杰：陳牧師，您跟師母的愛情與婚姻，也一直在上帝的保守和帶領之下，我讀師母寫的《生命織錦圖》，被感動，也被鼓舞。

陳宗清：我們都是晚婚的人。一九八四年年初，我有一次感冒生病，在屋裡感到很孤單，就跟神禱告，求神賜給我婚姻的伴侶。

不久，有一次靈糧堂的同工在陽明山舉行退修會，正好是情人節，除了我以外，所有參與退修會的弟兄都已結婚，他們討論買花送給妻子，我顯得很落寞。休閒時，大家半開玩笑地向我提到一些優秀的單身姊妹，其中也有劉良淑的名字。但當時我並沒有放在心上。

三天後的主日下午，我講完三場道，搭火車回花蓮過年。在火車上我疲憊不堪，心思卻轉向婚姻問題，頭腦中頓時出現劉良淑的影像。我有感動開始為此事禱告，結果神作了奇妙的事，讓我一輩子驚嘆不已！

在神出人意料的帶領下，隔了一週，我們便第一次約會。從晚上六點談到九點，我們驚訝地發現，兩人在同一年悔改重生，事奉的經歷甚多重疊，如：花蓮的學生工作、僑生工作、文字、鄉村福音，而對未來想在訓練與宣教方面事奉的展望也相近。幾天之後，我們再度約會，印證了近期經歷的神的帶領，話題不知不覺談到「結婚」的事。我們從第一次約會到訂婚，只有一個半月；從訂婚到結婚，只有一個月。

結婚卅多年來，師母是我很大的幫助，無論在教會還是在恩福，她都是我離不開的幫手。她是一位勤奮的翻譯家，從事文字事工四十年，翻譯了三十多本書，深受讀者喜愛。

余杰：在離開台灣赴美國深造之前，您在台北靈糧堂事奉了一段時間，請分享這段經歷。

陳宗清：我一出來服事主的時候，就曉得，牧養教會並不是我的呼召。我去做鄉村福音工作時，深刻體會神的國度是一個廣大的範圍，不受有形教會的局限。這個感動一直持續到今天。恩福是個宣教機構，不是教會，卻有它的重要性。

不過，牧會的經驗很重要，如果沒有牧會的經驗，在神的國度裡做其他工作遇到問題時，就無法有效處理。上帝讓我來到台北靈糧堂，我看到靈糧堂走過幾個不同階段，從近百人的小型教會變成上千人的大型教會。教會的組織架構如何發展完善，這中間有相當深厚與全面的學習。

一九八四年，當人數增加到一千人，台北靈糧堂的樓房開始改建，教會面臨很大的轉變。當時還沒有完全轉變為較靈恩的教會，但對聖靈比較開放。靈糧堂跟國民黨淵源甚深，原先禮拜堂外牆正面的右下角，有題字「這是永生神的家」，為宋美齡所題，土地是宋藹齡所贈送。早期的牧者寇世遠曾被邀請到凱歌堂講道。當時的執事會主席是蔣家官邸派的財政部長的夫人。

當時靈糧堂的主要同工不少是從校園團契出來的，神學立場與內地會、學聯會很接近，百分之八十都是外省人，很多是從上海到台灣的，因為創辦人趙世光牧師在一九四二年在上海建立了靈糧堂。由於經過兩次世界大戰，不少教會領袖對人類未來持悲觀看法，認為世界會變得愈來愈糟糕，唯一能做的事是搶救靈魂。很多信徒相信「前千禧年」的觀點，對文化使命沒有興趣，認為文化是敗壞世界的一部分。

其實，早在一九八零年初，我就有了赴美深造的想法。有一次，我跟一位同工辯論靈魂體三元論，有一些問題很難回答，因為我沒有受過語言學和神學的訓練。因此我希望到美國讀神學、預備自己。但當時台灣教育部不允許學生到國外讀神學，到美國讀神學必須先透過內政部，要有美國華人教會出面聘請，以應聘的方式前往，然後再去神學院註冊入學。這個過程相當繁瑣。再加上那幾年靈糧堂的事工很重，周牧師和執事會希望我多待一段時間，於是就把赴美的計畫放下了。本來靈糧堂還計畫按立我為牧師，但我當時已預感去美國唸書之後，不會再回到靈糧堂，就婉謝了。然後，我跟劉良淑結婚，很快就赴美讀書，人生進入了一個新的階段。

讀神學與牧會之路：上帝的恩典夠我用的

余杰：請接著分享在美國讀神學的經歷。在達拉斯神學院讀神學，跟您在清華大學讀數學，一定是完全不一樣的體驗吧？

陳宗清：為什麼去達拉斯神學院呢？一方面是為了事奉，因為想要請我的教會在達拉斯；另一方面，當時正好有一個弟兄從達拉斯回到台灣，來靈糧堂聚會，他推薦我去達拉斯神學院，更把達拉斯神學院教授的講義拿給我讀，當時我覺得很好，就去申請，很快被接受了。

我對神學的興趣遠遠大於數學，我用三年時間完成四年的課程。幾乎每個寒暑假都選課，在一九八八年八月結束所有課程，獲得神學碩士學位。那段時間的費用主要是靠爸爸供應，讀神學拿不到獎學金，我自己少許的收入來自於幫助附近的華人教會，得到一點經濟支持。我記得當時美金跟台幣是一比四十，一大筆台幣換成美金就變得很少。爸爸是醫生，收入在台灣還算好，但他賺錢支持我也很不容易。我們剛到美國時開一輛五百元的破車，媽媽很擔心那輛車會在路上「散架」，就郵寄一筆錢來，讓我們買一輛好一點的車。

達拉斯神學院是全世界「時代主義」的大本營，這是十九世紀英國弟兄會的達祕對聖經的一種詮釋框架。他認為神在不同的時代以不同的方法對待人類，特別把以色列人和教會這兩個群體作嚴格的劃分。從美國司可福神學家到如今，時代主義的神學家不斷修正他們的解經原則，因此有所謂「古典時代主義」、「傳統時代主義」與「漸進時代主義」之分。

這個學派基本的特色，是強調神在不同的時代、使用不同的方式來施行祂的計畫。每進入一個新的時代，神會給人新的啟示和真理，要人作出回應；而人總是背叛，失敗，導致神施行審判；接著進入另一個時代。總之，這個學派主張人類歷史的不連續性，這剛好與「聖約神學」所強調的歷史連續性形成鮮明的對比。

在達拉斯神學院的那幾年，我對「時代主義」有很深的認識和體會，當然也察覺這系統內的一些問題。神學院有很多學術精湛的老師，對系統做了不少反省。老師們亦各自有不同的優點。「時代主義」並非完美無瑕，我在那裡得以擴大心胸，發現不同的神學都有其優缺點，需要取長補短。

中國比較老的一批家庭教會都受「時代主義」影響。在聖靈論方面，「時代主義」很反對靈恩，這一點倒跟改革宗相似，他們認為神蹟式的恩賜、聖靈超然的恩賜在聖經成書之後就終止了。基本上中國的傳統教會對聖靈的恩賜持比較保守的立場。我在達拉斯神學院時，有三個教授對靈恩比較開放，被學校解僱，在學校引起一場很大的波瀾。

余杰：陳牧師，您的這種兼容並蓄的想法，我非常贊同。近年來，中國家庭教會出現了過於強調宗派主義的傾向。有一些教會打出某宗派的旗號，在神學上也十分嚴格，甚至苛刻，對稍稍跟自己不一樣的教會和神學觀點，口誅筆伐，認為比異教徒還要壞。這是我很擔憂的地方。某些牧長和信徒，此前缺乏比較寬廣的人文視野，不瞭解兩千年大公教會的歷史，不知道上帝在不同宗派身上都有恩賜，忽然接觸到某宗派的神學、思想，覺得很好，就引以為至寶，將某些宗派的立場提高到跟聖經真理並列的地步。

後來，您又到芝加哥三一神學院求學，達拉斯和三一兩所神學院的神學立場不一樣，學術傳統也不一樣，請您對比兩間神學院，各有什麼特點？有哪些教授和課程對您日後的

事工和生命幫助比較大？

陳宗清：芝加哥的三一神學院，在傳統上是與美國播道會關係密切，在救恩論方面，則接受不同的神學派別。學校的教授當中，有些傾向改革宗神學（加爾文主義），如穆和、卡森等人，有些傾向亞米念派神學，如奧斯邦。結果，對羅馬書中所講「神的預定」持不同的解釋，讓學生自己來研判，做選擇。

達拉斯神學院向來注重解經的訓練，因此對於我的講道有很大的幫助，讓我注重嚴謹的解經。我在三一神學院攻讀博士時，主要是研究中國哲學和基督教神學的比較，特別花時間思考與研究如何建構「處境（本土）神學」。這對於我日後在恩福的事奉有很大的幫助。

其實，這兩個學校的老師都在基督徒的見證上有美好的表現。他們的榜樣再次加強我向來的理念，即學術與靈性的結合是可以期盼的。

余杰：您在碩士和博士學業之間，有一段時間進入教會牧會。這種學術研究和牧會實踐的結合，其實比一直在學院封閉的環境中要好。

陳宗清：在達拉斯神學院讀書時，我週末去當地一家華人教會恩友堂事奉，禮拜五帶台語查經班，後來成立恩福團契。我很喜歡恩福這個名字，後來成立基金會，就把恩福拿來使用。

一九八九年，我回到美國，住在洛杉磯，正好有機會幫助洛杉磯托倫斯靈糧堂。當時，洛杉磯托倫斯靈糧堂是南灣最大的華人教會，我擔任國語堂牧師，那一年我剛三十六歲。國語堂大約一百五十人，英語堂大約兩百人，粵語堂還有五十人，那個地區的華人生活較富裕，會友大都是到美國很久、事業上成功的人士。

余杰：這家教會有國語堂、英語堂和粵語堂，可見是一家文化多元的教會。牧養這種教會一定會遇到很大的挑戰。廿多年之後，北美的很多華人教會也呈現這種多元文化特質。比如，原來只有台灣人、廣東人的教會，因為移民結構的變化，中國大陸新移民數量巨大，也接納中國大陸的移民。這就必然打破原來單一文化的格局，需要原來的會友走出某種相對封閉的文化系統，與新來的族群對話。牧者更需要處理不同文化背景的會友之間的歧見乃至衝突。您當年的經驗在今天的華人教會中仍有重要的啟示意義。

陳宗清：洛杉磯托倫斯靈糧堂算是當地最早的華人教會之一。二零零七年，這間教會舉辦了成立四十年慶典。

我到那裏事奉一年後，就做了「會牧委員會」主席，原來擔任這個職務的是一位退休的加拿大宣教士，原先在內地會服事。三十八歲的我需要處理複雜的跨文化事務。這一間四百多人的教會，有 ABC（美國出生的華人）牧師，有粵語牧師，有來自上海的傳道人，還有加拿大宣教士，兩個長老也是上海背景的。我們之間的文化差異很大，需要小心處理。在年齡上，也有代際差異，我是最年輕的一位牧師，資深的長老和我相差了三十多歲。

在一九九一到一九九三年之間，我學到很大功課，如何帶領這麼複雜的教會向前走。我們的執事當中，有白人，有東南亞背景的華人，有香港的華人，大家的母語都不同！

更糟的是，我們的神學觀點也不一樣！比如，英語堂牧師非常保守，反對婦女參與服事，禮拜天參與服事的清一色全都是男性。即便是主日學，婦女也只能教初中以下的孩子。而靈糧堂的傳統其實在這方面比較開放，可以按立姊妹作牧師，姊妹可以講道。所以，國語堂就有很多姊妹參與服事。還有，如何看待靈恩也有不同意見，有人比較認可，有人強烈反對。

再來看核心同工的職業和身份，很多是醫生、教授、企業界的高級主管，社會地位很高。當時英語堂內部的衝突，是由牧師與專業人士的爭吵引起；牧師是美國出生的華裔，會友則多為來自海外的華人。雙方僵持了一年半之久，無法和解。再加上神學的分歧，最後牧師遭到解聘。

我到洛杉磯托羅斯靈糧堂前三年，是最艱難的時期，需要面對這些微妙的關係。後來慢慢跟英語堂同工建立起不錯的關係，很多紛爭才平息下去。我一直到一九九七年才離開，之後去芝加哥三一神學院唸博士。洛杉磯托羅斯靈糧堂算是我全時間牧養較長的教會。

余杰：在芝加哥三一神學院攻讀哲學博士的期間，您也在當地的華人教會參與服事，這是非常重要的環節，能夠隨

· 一九八一年參與鄉福的服事

時「學以致用」。

陳宗清：一九九六年，我的母親去世，父親希望我回台灣一段時間。我告訴洛杉磯托羅斯靈糧堂的同工，我的工作只能做到隔年六月，希望此後有新的牧師來接替我。

然後，我回到台灣，有幾個月時間，帶著父親到日本及歐洲旅行，那是我們父子相處最長的一段時間。那時候，我一邊休息，一邊考慮日後的方向。我對人文方面很有興趣，希望比較中國哲學與基督教神學，中國基督徒知識分子必須面對如何處理中國哲學的問題。我寫了這方面的研究計畫。芝加哥三一神學院接受了我的博士申請。

十月，我到芝加哥讀三一神學院開始新一階段的學習。在富勒神學院修過的神碩課程，也可轉過來當作被認可的學分。我在兩年內完成了博士的課程、資格考和論文的提綱。

在三一神學院的第一個學期，當地一所華人教會的一位執事請我吃飯。他告訴我，國語堂沒有牧師，知道我有牧會經驗，想請我擔任牧師。我說，我在唸神學，功課壓力很大，恐怕沒有辦法做全職的牧師。他就說，他們知道我的情

・一九八三年於台北靈糧堂與同工合影

況，希望我能一邊讀神學，一邊做牧師，一個月講道一次，帶領禱告會，也參加長執會，幫助一批執事成長起來。他們給我相當不錯的薪水，讓我可以支付所有的學費和生活費。感謝主！

二千年，我從台灣回到洛杉磯，開始寫博士論文。那時，我們家的儲蓄不多，用完後怎麼辦呢？陳師母需要找一份工作嗎？我也沒有太多擔憂，在禱告中得到上帝的應許，上帝會有供應。

果然，洛杉磯托羅斯靈糧堂又請我回去幫忙，只是負責禮拜天講道，一個月講道三次，不必承擔其他的工作。就這樣，我們三月底搬到洛杉磯，四月就開始擔任代理牧師。教會給的薪水可應付一切開支。

在我寫博士論文期間，也開始考慮日後的工作計畫。台福神學院請我去做教授，但我沒有很大的負擔。台灣的中華福音學院神也有邀請。我覺得如果進入神學院，就像進入某種體制一樣，不得不做很多自己不喜歡的事情，因為學術認證有嚴格的規定，老師必須配合。而我希望做更有開拓性的

· 一九八六年於美國達拉斯神學院

工作。我答應去兼課，但不願全時間做神學院的老師。

這些年來，我事奉上帝，靠信心生活，物質上從來沒有缺乏。年輕時在鄉村傳福音，上帝奇妙地供應我，讓我衣食無憂。服完兵役之後，我告訴父母，要去當全職傳道人。最生氣的是祖父，他把我叫去痛罵一頓。那天我非常難過，哭著向上帝禱告，說：「主啊！你一定要照顧我的生活。」哈利路亞！這卅九年來，神從未失信過！

我結婚後，搬過十六次家，無論在哪裡，都經歷神豐富的供應，有太多奇妙的見證。上帝的祝福從我的祖先那裡就開始了。母親的曾祖父是高長信主後，到馬雅各牧師的診所做傭工。馬雅各牧師說，我支付給薪水給你。他回答說：「我不要薪水，我寧可為耶穌受苦。」他雖然沒有讀過太多書，更談不上神學的造詣，但他願意為耶穌受苦。他翻山越嶺到處傳福音，常常在山上睡覺。有一次，他進入原住民的區域，在樹下睡覺，一覺醒來，覺得有露珠滴到臉上，睜開眼睛才發現，旁邊有一棵樹上，吊著一顆血淋淋的人頭。原來是原住民殺死了一名旅人。上帝卻偏偏保守近在咫尺的他

．一九九一年於洛杉磯托羅斯靈糧堂

沒有被發現。高長建立了一百多間教會，一輩子受苦，死時留下一本《聖經》給八個孩子，再沒有別的財產。有兩個兒子成為牧師，三個成為醫生。老大高金聲在台南神學院當教授，他的長子高天成醫師是東京帝國大學的博士，跟林獻堂的女兒結婚，以後成為台大醫院的院長。他們沒有得到父親在知識上的教導，父親傳福音太忙，但上帝親自教導他們。三個女兒嫁給牧師或醫生。高長沒有受過神學教育，一輩子人們都稱呼他高傳道。但他說，只要事奉主，就是最大的幸福。這些來自長輩們的經驗，影響到我的信仰。我特別強調要培養敬虔的第一代，影響第二代、第三代，從頭開始就要有扎實的靈性基礎。

恩福基金會：培養文化宣教的人才

余杰：陳牧師，您從小在台灣長大，而且是台灣的本省人，然後到美國求學和牧會，跟中國本無太深的淵源。但您後來成立恩福基金會，將工作中心轉向中國的福音化，特別是培養中國背景的神學生和基督徒知識分子。那麼，您是什麼時候開始對中國有負擔的呢？

陳宗清：說來話長。從一九六九到一九七零年，我還在唸高中三年級，常常半夜起來靈修，為中國禱告。中國正處於文化大革命之中，我聽說教會受到很大的逼迫，雖然資訊比較少，但盡量去蒐集。後來做恩福的工作，跟我高中時代為中國禱告有關。

師母在校園團契服事，在《校園》雜誌當主編，大約一九八四年前後，她編一期雜誌，主題為「貼近苦難的胸膛」，探討中國大陸的基督徒如何被逼迫。我們第三次約會時，她剛好製作了中國教會受逼迫的幻燈片，我們一起觀看，並跪下來為中國教會禱告。後來恩福支持的神學生，幾乎清一色是中國大陸背景，是上帝引領我和師母從事中國高層次的知識分子的福音工作。

我到達拉斯神學院讀書以後，第一次接觸到來自中國的留學生，跟他們有面對面的交流。讀完達拉斯神學院到富勒神學院選修宣教課程，希望為以後到中國宣教做準備。在洛杉磯托羅斯靈糧堂當牧師，又跟《海外校園》有了接觸。

為什麼《海外校園》會在洛杉磯創辦？因為蘇文峰牧師是我很早就認識的台灣校園團契的同工，他與師母在台大團契就相識。蘇牧師曾在東岸的「使者協會」工作過。一九八九年天安門事件之後，很多中國大陸在美國的留學生信了主，迫切需要為這些知識分子辦一份刊物，他選擇在洛杉磯辦這份刊物。

《海外校園》剛剛創辦時，很多靈糧堂的弟兄姊妹都來幫忙，陳師母還負責打字，第一期的文章全是陳師母輸入電腦的。民運中有一批人信主，很多人在普林斯頓中國學社（一九八九年六四事件後在普林斯頓大學東亞學系成立的組織，接納因六四事件流亡海外的知識分子與學生）。林慈信牧師對很多人提供幫助，蘇文峰牧師也跟他們聯絡，也請他們參與編輯工作。蘇牧師搬來托倫斯後，靈糧堂便成立了「神州團契」，專門做中國大陸留學生的福音工作。

一九九零年代，《海外校園》常常辦特別聚會，我也認識了早期一群中國背景的傳道人，比如：馮秉誠牧師、王峙軍牧師等。我在芝加哥讀博士時，王峙軍請我擔任《生命季刊》的董事，我經常帶他們一起禱告，因此與《生命季刊》

及其同工們建立起了關係。

那段時間，我第一次接觸到民運裡面信主的人。我的心不單單在一個教會，而是在整個神的國度，天安門事件讓中國知識分子追求比「自由主義」、「理想主義」更高的精神信仰，他們需要更多屬靈糧食餵養、滋潤。我有了對這個群體的負擔。我期盼這個群體中出現一批政治家、文學家、藝術家，盼望經過他們的努力，讓中國社會可以經歷轉化，一點一滴地根除中國文化的惡習。我為這些人禱告，將他們當作關注的對象，也花一些心思在他們身上，跟他們交朋友，在神學上跟他們有交流和討論。

余杰：那時，您大約也發現您的文化背景跟在中國長大的這群基督徒有相當的差異？雖然大家講差不多的中文，但幾十年不同政權的統治，使大家在很多問題上的想法差別很大。所以，這也算是跨文化宣教吧？

陳宗清：我剛出來事奉，在「鄉福」那幾年，深刻體會到文化差距所帶來溝通上的困難。由於我從小在基督教家庭成長，父親是醫生，對鄉村的環境和民間宗教的背景沒有太多認識，要將福音傳給他們，感到有多重文化上的障礙。加上同工的背景差異很大，有美國宣教士、英國宣教士及不同省籍的人，讓我體會到東西文化不同所造成事奉上的挑戰。

在洛杉磯托羅斯靈糧堂七年餘的牧會期間，我最大的學習就是與不同文化、不同教義立場、不同事奉哲學的牧師、長老執事們一起配搭同工。尤其在處理幾項複雜又有爭議、衝突的個案中，所得的教訓令我刻骨銘心。

一九九六年，家母被主接去，我離開牧會的工作到芝加哥的三一神學院進修，專攻文化宣教方面的課題。我所寫的論文，與影響中國數千年的儒家思想有關。在這幾年的學習、反思與研究之下，我對「如何促成中華文化基督化？」，有了更具體的概念。

余杰：有了前期的這些準備工作，恩福的成立可謂水到渠成。請接著分享恩福基金會成立的經過。

陳宗清：我早期經常為《海外校園》寫文章，主題大都跟神學護教或文化宣教有關。我也在思考，有沒有更好的方法推動中國的福音工作？

一九九四年，洛杉磯托羅斯靈糧堂有一位執事尤弟兄，他建議成立一個專門針對中國福音工作的基金會。我就找到蘇文峰牧師一起討論。後來，又有企業家駱弟兄和其他兩位弟兄加入，五個人成了董事會。

如果要進行中國的福音工作，哪裡是重點？我們一致的看法是，在中國傳福音，主要是文化的障礙，是意識形態和世界觀的爭戰。無論是中國的傳統文化還是當代的共產主義、唯物主義，都不能解決中國的問題，必須有基督信仰的光照。這是來自於薛華的研究與反思，他主張基督教不能放棄文化使命，要在哲學思想和學術領域上占據至高點。我們認為，開墾文化土壤，使它成為福音沃土，應是當務之急。

至於基金會的名字，我們就取當年在美國達拉斯帶領的團契的名字「恩福」，既表明是上帝的「恩」，又包含了中國人都願意得到的「福」。

恩福剛成立的那兩三年，陳師母作幹事，後來作總幹事，所有的瑣事都是她幫忙打理。

一九九六年，董事會又經過評估，認為當下的工作重點應當是培育人才，扎實培養受神學訓練的獻身者。於是，我們設立了「恩福神學生獎學金」，主要支持兩種對象：一類是有潛力從事學術交流的學者，另一類是能在大眾傳播上有所發揮的人才。這兩類人才將來志不在牧會，或許不能像其他神學生那樣容易在教會中得到支持。

余杰：是啊，這個群體的出現是時代的呼喚，也是上帝美好的計畫。但是，華人教會有這樣看見的很少，也不願將有限的資源用到支持這種似乎暫時看不到效果的事工上。

陳宗清：這類學生未來要走的路是少有先例的，或許會相當孤單。他們信主的時間不長，更需要有長期的靈性輔導。恩福的負擔是，不僅對他們提供經濟的支持，更要提供靈性上的輔導，每個董事都要跟他們保持密切聯繫，為他們的生活和事工禱告。

很多在學術界努力的年輕人，在精神上很孤單。我們希望跟他們建立終身的關係，為每一個支持的神學生禱告。他們在學術上很精專，而在靈裡需要得到扶持。每年，每個恩福家人都會寫年終感恩家書，我們得以看到他們屬靈的成長以及困難。我們也抽時間去拜訪他們，現在全球很多地方都

·二零零二年畢業於美國三一神學院

有恩福家人。這種幫助是非常具體的。比如，有一位姓陳的恩福畢業生，他高中就到美國生活，後來到牛津讀博士，讀了六、七年，研究聖經中關於大洪水的記載。他在唸書期間結婚生子，夫妻兩人帶孩子非常困難，孩子是美國出生、英國長大。他們參加英國人的教會，英國牧師在單一文化中牧會，難以體會他們多元文化環境中成長的背景。我們有機會去英國，就會在這些方面幫助他們。恩福的寶貴就在這裡。

我有敬虔派主義的背景，雖然看重神學生的學術成就，但最重視的還是他們自己跟神的關係。比如，儘管他們很有才華，但還是需要謙卑下來，我會觀察他們如何對待配偶和同事，如何處理人際關係。當然，每一個人讀書求學的過程不一樣，文化背景和政治觀點也不一樣，但我們向任何「恩福家人」都敞開家門。「恩福家人」雖然不是一個有形的機構，卻在神奇妙的帶領之下，組成了一支無形的隊伍。

余杰：我也曾應邀參與恩福家人的聚會，非常喜歡這個大家庭溫馨友愛的氛圍。陳牧師，做恩福的會長這麼多年，您有那些心得和體會？人才培養方面最大的難題是什麼？

陳宗清：二零零一年，我取得哲學博士學位，面對未來的事奉，覺得應當在「文化宣教」方面盡一些心力。恩福基金會成立之初，我就是董事之一。當時董事會鑒於此一異象的重要與使命的艱巨，非常想聘請一位有抱負的總幹事，來推動各項事工。但是好幾年一直未能邀請到適合的人，因此只能請陳師母義務幫忙。

在我完成學業之際，我存著戰兢之心接受了恩福會長的責任。從那時到現在，我的工作重心都在恩福上。其間，我幫助過一些教會，比如美國和平台福基督教會、美國橙縣中華福音教會等，但不是做全職牧師，只是參與主日講道、門徒培訓。我的大部分時間還是在恩福。我在募款方面並無特別的才能，但這十六年來，上帝一直保守我們，很少出現財務困難。我記得只有一年出現了困難，同工少發一個半月的薪水，其他時候都夠用。

我就任會長後，制定了三個策略：栽培人才，學術交流以及運用傳媒，以後又加上神學培訓與差派連結。

在培養人才方面我們也有過失敗的案例，不是策略的失敗，主要是人的失敗，靈性比才華更重要。所以，我愈來愈小心謹慎。

在介紹恩福的時候，我會畫一棵樹來說明恩福的服事理念：樹根為禱告和屬靈的戰爭，樹幹為組織和研究，樹葉部分為出版、傳播、聚會。我們重視禱告，在禱告中尋求上帝的心意。我們的第一間辦公室內，有「進門先禱告」的橫幅。我們深知，學術交流是讓我們有機會見證基督的生命與榮美，但真正能征服人心的，不是知識和學問，乃是聖靈的工作。

余杰：我注意到恩福有一個方面是培養在新傳媒有特長和負擔的人才，您覺得在新媒體無孔不入的時代，如何利用這個管道來傳福音？

陳宗清：一切科技的進步，是神給人類的恩賜，所以我們必須善用現今的新媒體來宣揚神的真理。首先，基督徒必須是神的忠心管家，而不被新媒體控制，乃是運用新媒體為真理作見證。

其次，基督徒因為有聖經的啟示，可以從神的高度來看萬事萬物，因此對任何事件都能提出由信仰而來的見解。我們不妨在有影響力的博客發表看法，如幾年前范學德提出「借窩下蛋」的作法；或藉著臉書、微信、推特等社群媒體來轉發福音性的文章及影視等。

第三，現今的社會多元化，我們需要針對不同的族群來設計內容。同時，我們也要注重溝通的技巧，善用公眾性的語言，並訴諸受眾能接受的權威。在這個網友迅速增加的時代，我們需要禱告，讓福音能透過新媒體的資源，發揮最好的傳播效果。

第四，我們應當增加自己這方面的知識，譬如，參加介紹新媒體的活動，或利用各種管道學習新技術，不斷提升自己的傳播水準，善用最新研發的傳播工具。

如何讓基督信仰光照和更新中國文化？

余杰：您多次到中國宣教，您是對中國教會有比較深入和廣泛的瞭解的海外華人牧者之一，請您談談對中國教會的觀察，並提出一些建議和意見。

陳宗清：除了三自教會之外，當代中國教會可以分兩塊來看。一塊是農村家庭教會，有較強追求靈恩的傾向，比較情感化，注重神蹟，這樣異端就容易進入，真理上容易偏差，根基相對脆弱。未來需要在神學培訓上加強，接受完備的聖經真理。

另一塊就是城市家庭教會。各地的城市教會呈現不同的風格。若以北京為例，我發現近期追求真理的熱忱比十年前有所退步，主要是因為世俗化、物質主義的衝擊，信徒不願意付代價，不願進一步追求。

我認為，以下七個方面需要特別注意：

第一，一般基督徒面對危機和困難時，如何活出信仰來？他們需要得到實踐神學方面的教導。

第二，對講台的重視不夠，釋經講道比較弱。牧者需要按照經卷來講道，讓信徒熟悉聖經真理。牧者在講道方面的訓練很不足。

第三，普遍開始面對教會體制的問題。是不是施行會員制，用較民主的方式來運作？傳統的家庭教會是一言堂，帶領人說了算，沒有章程。現在，城市教會的會員中知識分子的比例愈來愈高，他們有文化，有民主意識，有參與決定教會事務的需求。這樣，教會的體制就要轉型。

第四，政教關係仍然比較棘手。北京守望教會跟政府抗爭多年，仍然看不到解決的希望。未來習近平對教會將採取什麼手段，目前看不出來。但學術界和宗教界提出的「基督教中國化」的思維，可能是新一輪逼迫的前奏。

第五，教會目前是否需要走宗派的路？獨立教會要轉型成宗派教會嗎？王怡牧師在成都帶領的長老會，帶來一股新的風潮，也建立了區會，但也有可能發生分裂，一是公安外

・一九九四年陳宗清牧師（左二）於農村的家庭教會培訓

部的壓力，二是教會內部的路線之爭。

第六，第二代子女教育問題。如果讀公立學校，會受世俗價值觀污染，尤其今天的中國是無神論共產黨統治的國家。第二代基督徒如何走出一條敬虔的道路？教會是否需要辦學？

第七，神學方面的學習和訓練。早期的家庭教會比較注重實用主義，今天有所不同。家庭教會傳道人學習神學的途徑很多，比如透過網路來遠距學習，也有到國外的神學院學習。很多重要的神學著作大都翻譯成了中文。這方面的工作，很多神學院和機構都在做，都在向中國推廣，中國教會的確是很大的一塊市場，是神學競爭的市場。

這些年，我跟中國家庭教會有過多方面的合作。我發現，西方的神學辯論也在中國發生。中國如何培育成熟的神學思維？過去是西方宣教士主導，現在是中國傳道人自己掌握方向。未來如何處理神學上的分歧？需要建立一個協調機制，彼此之間溝通、對話。什麼是正統？什麼是異端？需要有清楚的界定。中國教會中，異端的滲透和發展也很厲害，異端和正統在神學市場上爭奪人心，需要有一個公認的機制，就像早期教會那樣來處理這些問題。但是，中國政府打壓教會，家庭教會彼此之間的聯絡受限制，這是未來家庭教會面臨的一大挑戰。

中國教會如何參與普世宣教？過去一百多年來，中國是西方教會宣教的對象，但當中國教會成長起來，是不是中國自身應當成為宣教大國？這就需要跟普世教會接軌，讓中國教會有普世的眼光、視野，跟其他國家的教會彼此學習，在真理、愛、聖靈中彼此相交，為耶穌基督打美好的仗。如果不能在宣教上有所突破，中國教會就容易陷入封閉與孤立之中。

我相信，像中國當局阻攔家庭教會成員參加洛桑會議這樣的事件，還會再發生。這是一個對事奉主的工人其生命和信心的操練。我們需要的是委身、順服、愛和高舉耶穌，住在神的旨意裡面，沒有任何一個人、也沒有任何一個政權，能攔阻教會的成長與拓展。

余杰：對於中國家庭教會中呈現的一些神學爭論，甚至彼此攻擊，您如何評價？

陳宗清：我的神學路線比較寬廣，我有長老教會的背景，也學習過改革宗神學。我知道改革宗神學有優點，但它並不是完美的神學。我也研究過其他神學系統，包括時代主義、衛理宗、甚至靈恩派的神學。其實，靈恩派中也有好的神學家。不同的宗派讓基督的身體比較豐富，讓人比較謙卑，使我們認識到，我們不能代表唯一的正確，需要瞭解別人的不同看法，彼此相愛、互相尊重。

當年我牧會時，同工對婦女在教會中的事奉方式、對靈恩等的看法和領受都不一樣，但我們竭力做到「合而不同」。當我們到了天家，都是天父的兒女，那裡再沒有改革宗和亞米念主義的區別。

有一個笑話說，有一個很強硬的加爾文主義者，到了天上，發現有兩扇門，一扇門上寫著「相信自由意志的人從這裡進」，另一扇門寫著「相信預定論的人從這裡進」。他選擇預定論那扇門，但當他要進去時，看門的天使說：「你為什麼站在這裡？你不是出於自己的選擇嗎？你要去那邊。」這個人只好去「自由意志」那一扇門，看門的天使又問他：

「你為何站在這裡？」他說：「有位天使叫我過來的。」天使就回答：「那你就要排在預定論那扇門那邊。」

我在唸三一神學院時，發現一個很有趣的現象，同一個神學院講同一卷聖經，不同的教授有不同的立場。美國的神學院容許有這種事情。它的好處是，讓學生瞭解，每一個宗派或神學立場都有其優點和缺點，需要更加謙卑。另外，有利於培養一種寬容的氣氛和精神。

余杰：您的博士論文是關於中國儒家的文化與基督教的比較研究。您認為，中國儒家文化的長處和短處是什麼？如何用基督教文化更新儒家文化？

陳宗清：儒家文化有四方面明顯的缺陷：

第一，在孔子的觀念裡，「天」是不講話的，所以演變成儒家傳統對於超越的認識是從內在經驗著手。既然缺乏客觀的、絕對的外在超越，很自然在過去兩千年中國的歷史中，人很容易把地上的英雄人物絕對化。這種把有限權威放大到無限的現象，在中國傳統中經常發生。文化大革命時期的造神運動，清楚表明了這個儒家傳統的問題。

第二方面，由於「天」或「帝」的位格化愈來愈模糊，所以中國人失去了真正的懺悔意識，因為懺悔需要有一個絕對超越的對象。既然在中國的文化中，上帝不再被認可，「敬神」與「畏神」的情懷無法培育，人最多只能夠透過良心來審視自己，無法面對上帝絕對的真理與光照，以致無法徹底的悔改認罪。

第三方面，由於「罪」的概念是在法律的情境中形成的，若法律不定罪，就沒有罪可言，所以兩千年來中國的文化產生不了「救贖」與「恩典」的觀念。缺乏「救贖」，文化就無法被更新與轉化，人與人之間只講利害關係，不會有真正的饒恕。「傷痕文學」正反映出中國文化缺乏救贖的歷史與情懷，內心的傷痕始終無法得到醫治。

第四方面，儒家思想對於「時間」的概念不是直線型的，而是循環式的，所以無法對未來有光明的展望，或欣然的憧憬。孟子認為，自我有兩個層面，一是所謂「大體」，另一則是「小體」。「大體」代表天命之所賜，因此是神聖的，而「小體」代表獸性一面，傾向墮落。中國的歷史顯示，人的「小體」總是轄制人的行為，導致歷史充滿禍患與悲劇。

余杰：是的，在以上四個方面中，對「罪」的認識是基督教文明和東方文明最大的差異。儒家說，人之初，性本善。基督教說，人之初，性本罪。

陳宗清：儒家的一大弱點是，由於儒家視終極實體為一個有機整體，對罪的認識非常淺薄，對世上罪惡猖獗的現象無法提出有力的說法。儒家的人性論對人性持樂觀看法，正如思想史家張灝所說，與基督教的原罪論相比較，儒家對人性的幽暗面的認識顯然不足。

基督信仰針對儒家的缺陷提供了圓滿的答案。除了肯定造物主的存在外，聖經清楚指示：人問題的根源在於與神失去和諧的關係，因此需要透過基督的救贖，才能夠恢復神原先創造人的樣式。儒家文化需要被基督信仰更新，讓「天」可以具位格性，以致中國人能謙卑接受神的啟示，實現生命的真實意義與目的。

余杰：是的，我常常向張灝先生請教，他提出的「幽暗意識」的理論就是從神學家尼布爾那裡來的，針對儒家所說的「人之初，性本善」，是非常有力的質疑。正是儒家的這種人性觀，使得儒家一直存在對明君賢相的想像和期望，以至於無法像基督教文明那樣，在政治學中發展出權力的劃分和制衡的理論，也就無法產生民主思想。

陳宗清：我在《宇宙本體探究》中指出，新儒家的代表人物之一杜維明認為，儘管儒家缺少關於「墮落」的神話，但人的脆弱性、易墮落性、邪惡性等在儒家的符號系統中都得到了充分的認識。但仔細閱讀儒家經典會發現，小人之心從何而來？既然人性與心之本體沒有本質上的差異，人性為何會與本體隔離？若人性本善，自私的慾念從何而來？杜維明對這些問題也從未提出充分而令人信服的答案。

余杰：儒家文化跟基督教的衝突在中國已經發生。一九九零年代之後，儒家文化在中國官方的支持下，又有強勢發展。近年來，很多儒家知識分子都故意製造新聞事件來反對基督教。比如有多名博士發表公開信拒絕過聖誕節，新儒家人士阻攔曲阜城內建教堂等等。

陳宗清：近代宣教學家希伯特說過，十九世紀的戰爭所圍繞的是不同的表面層次，諸如行為模式、制度、象徵等；廿世紀則是以不同的主義之爭為特色，比如民主與專制、資本主義與社會主義。極有可能，廿一世紀將以不同的世界觀為衝突與競爭的中心。

余杰：這也就是美國政治學家亨廷頓所說的「文明的衝突」。九一一事件在本世紀的第二年就發生，就是一個標誌。基督教文明與伊斯蘭文明的衝突，是更加明顯和激烈的，跟儒家文明的衝突則要隱蔽得多。那麼，基督徒知識分子如何參與這場屬靈的戰爭呢？

陳宗清：在第三世界建構神學，不單要做到不歪曲真道、按正意分解聖經，還要仔細注意聖經的世界觀與當地世界觀之衝突，竭力將其披露出來。基督教對神的瞭解為「實存」（位格化的實存），這跟新儒家視「道」為「轉化」的概念正好相反。

基督徒要勇敢地去面對新儒家，進行對話，無異於從事一場艱難的探索之旅。可是，基督徒並非沒有仲裁的依據，基督徒不是多元主義者。基督徒認定聖經是最高的權威。從這個意義上來看，宗教對話是一場屬靈的戰爭，而它可以被全能的上帝所用，使得凡是同樣存著熱心的程度和堅毅的精神來探尋終極價值的新儒家人士，內心和思維都能得到造物主的啟迪和光照。

我相信，儒學中有上帝普遍的恩典，透過人的良知良能，限制了罪惡的泛濫。聖靈對魔鬼有限制，讓人有殘存的良心。中國文化與基督教的對照，有兩個前提。第一個是，立足點、哲學的預設不一樣，對超自然採取的看法不一樣。第二個，如果只是從道德行為來交流比較，儒家的仁和基督教的愛有相似的地方，儒家的利己利人和基督教的登山寶訓也有價值的相通之處。但是，背後的動機不一樣，基督徒是為榮耀神及服務鄰舍，這樣才能提升自己。儒家則是自我修養的善行；行為的根源也不一樣，基督教是靠上帝，儒家是靠自己。

通過比較，我們會發現，耶穌基督是唯一的真理，也可以看清聖經真道的優越性、突出性。在比較之下，儒家信徒慢慢能瞭解到自己體系的困境和弱點，逐漸轉向追求基督信仰。

儒家不是宗教，宗教必須有終極關懷，孔子的思想是為現世服務的，孔子談靈性非常膚淺，靈魂從哪裡來、到哪裡去，他不願或不能解決，所以孔子說，「未知生焉知死」，對生死問題他沒有答案。從這個意義上說，原始儒家不是一種宗教。後來，宋明理學從佛教中汲取資源，有宗教化的傾向。清末康有為也是如此，後來的新儒家更是如此。

余杰：今天是全球化的時代，與之相反，民族主義也空前強大。在這兩股互相撕扯衝突的思潮中，神學何為，或者說，漢語神學為何？

陳宗清：中國教會的牧者和神學家需要具備普世性眼光和國際視野。今天中國的很多方面都已融入全球化體系，如果教會具備普世胸懷、國際視野，就能從歷史、從其他民族和國家的經驗中得到教訓，更好的處理各種難題。比如，今天中國仍有嚴重的民族衝突問題，是不是可以從曼德拉和杜圖主教那邊學習種族和解的經驗？

國家事務是這樣，教會事務不也是如此嗎？中國教會需要融入兩千年大公教會的傳統，從各國教會的經驗中學習。比如，學習改革宗、長老會神學上的嚴謹，組織方式上的分權制衡；學習敬虔派的敬虔生活，像衛斯理掀起的敬虔運動、佈道熱忱那樣，不僅有教會的復興，還帶來整個社會道德倫理的提升。中國教會需要跟外界對話，不同背景的教會也要對話，不能說神「只對你一個人或一個教會講話，神不對別人講話」。華人教會界深受中國傳統文化的影響，有一種把聖經真理當作武林祕笈的心態，自己有祕笈，功夫一定比別人高，「上帝特別眷顧、恩寵我們中國人」，這會帶來很大的問題。

恩福的負擔是幫助華人教會在中國文化的土壤中產生更大的影響力，比如，培育用中文寫作的基督徒文學家，有基督教神學的根基，用當代的素材詮釋真理，中國需要有自己的托爾斯泰、杜斯妥也夫斯基、雨果、彌爾頓。所以，中國教會還有一段漫長的路要走。願神幫助憐憫我們！

第 7 章

大學無自由，主內有真理
——基督徒法學學者、公共知識分子謝洪果訪談

耶穌是木匠的兒子，我是鐵匠的兒子 |

在法學研究中追尋公平正義的價值 |

蒙恩信主與戒酒見證 |

因真理，得自由：我為什麼辭去穩定的大學教職？ |

走向民間，作一名精神獨立的公共知識分子 |

諶洪果簡介

一九七四年五月，生於四川西昌禮州鎮。一九九四年考入西北政法大學，二零零三年進入北京大學賀衛方教授門下，讀「西方法律思想史」博士；二零零六年博士畢業，回母校西北政法大學任教，被破格提拔為副教授。

二零零八年七月，帶領六名學生參與汶川地震救災；十一月，開始去西安明德教會聚會。二零零九年六月十四日，受洗歸入基督。

二零一三年十二月廿三日，從西北政法辭職。二零一四年春節過後，去北京一家企業工作，並在「傳知行」兼職工作兩個月，後「傳知行」被迫關閉。

二零一五年春節後，受錢鋼教授邀請去香港大學訪學，編輯《浦志強律師辯詞集》。

二零一五年八月八日，創建西安「知無知文化空間」。

訪談緣起

二零一三年十二月廿三日，諶洪果從西北政法大學辭職，轟動一時。由於我們都是基督徒，此前在微信上就是好友，從此特別關注他的人生去向。

二零一五年春節，得狄馬夫人清清姊妹引領，去西北政法大學拜訪諶洪果。洪果少年心性，待人單純透明，誠實無欺。一見面，我們即成好友。

他創建「知無知文化空間」後，我也受邀分享「中國的私學傳統中人性觀的變遷」及「知無知與陝西關學的源流」。

二零一六年十月，我對他做了一個訪談。感謝「知無知」的淑慧，把訪談筆記、錄音辛苦整理成文；二零一七年二月，我們又補充了一次訪談。

耶穌是木匠的兒子，我是鐵匠的兒子

阿信：洪果，我童年的家在陝西渭南之南原。南原為渭河平原南面之隆起，南原之南為秦嶺，陝人稱之為「南山」、「終南山」。小時霧霾極少，晴空時節，南依秦嶺，北望渭河，視野空闊。

而你則在大涼山安寧河畔長大，其後到長安西北政法讀書，畢業留校。二零一三年辭職，二零一五年創建「知無知」，立志成為西安文化地標。先從你的父母和家庭談起吧，從童年時代開始。

諶洪果：我出生在四川涼山西昌禮州鎮。據《西昌諶氏族譜》記載：諶氏始祖大節公為堯帝後人，在周平王時興晉伐戎有功，被賜予洛陽東部諶地。從此中華有諶氏。

我的出生地禮州古鎮，歷史上也稱「蘇祁」，距離西昌市區只有十幾公里，是西昌的北大門。禮州是古代南方絲綢之路的一大驛站，有人甚至說禮州古鎮比廣元的昭化古鎮、資中的羅泉古鎮，大邑的安仁古鎮年代還要久遠，是四川年齡最老的古鎮。我的家族在當地曾經很顯赫，但到我爺爺、外公那一輩已經衰落。爸爸諶貽懷是一個手藝精湛的鐵匠，在農機站工作幾十年，但一九九零年代被迫下崗。他離世前還感慨說，「鐵匠這個行業從他這一代失傳啦！」我的精神導師蘇格拉底的父親是石匠，我信奉的耶穌基督的世俗父親是木匠，想到我的父親是鐵匠，我就覺得有一種莫名的榮幸。

我外婆也姓譙，是家裡的老大，下面還有兩個弟弟。七歲那年，父母雙雙去世，幼小的年齡就承擔起養育弟弟的責任，造就了外婆堅毅、實在的品格。

一九五零年代土改，我外婆四十歲。雖是文盲，但因為出身好，積極上進，入了黨，被推選為土改農協會主任，後來還當上西昌縣法院副院長。據說她當了副院長以後，仍然是一字不識，蓋公章的時候經常分不清反正，經常蓋倒，祕書就在章子背面刻一個箭頭。

後來，外婆被選派到重慶的西南幹部管理學院學習，應該就是今天的西南政法。她非常認真，幾年都不回家，一邊認真學習，一邊在學校裡養豬種菜，收成一車一車全送給學院廚房。

我媽媽名叫費昌珍，年輕時體弱多病，讀女子中學到高一就輟學了。後來頂替我外婆工作，做了一名小學老師。小時候那首歌《每當我走過老師的窗前》，其實是我最真切的記憶。母親勤苦一生，但也缺乏主見。

我四歲前生活在農村，媽媽調到禮州小學教書，後來全家也搬到那裏。從小學到高中，我都在禮州讀書。我外婆雖然是文盲，但家裡有很多書，所以我從小就很喜歡讀書。小時候我常去鎮文化館看書，爸爸也買了許多連環圖畫書給我看。初中的時候，我就讀了《西廂記》、《京華煙雲》、四大名著等等，外婆書架上的《馬克思恩格斯選集》、《毛澤東選集》、《列寧的國家與革命》等書也被我拿來讀。

高中的時候我迷上古龍武俠小說，尤其李尋歡、阿飛等孤獨的存在主義式的悲壯感很打動我。我也寫過武俠小說，當然沒成氣候，從此斷了當小說家的夢。那時我還迷上佛洛伊德和尼采，看了《夢的解析》和《查拉圖斯特拉如是說》，說實話沒完全看懂，但肯定的是，它們成了我重要的思想積澱。

中學時，我還是一個詩人——「濕漉漉的人」。那個時代流行席慕蓉、汪國真的詩，但我最喜歡台灣詩人瘂弦的《深淵》，那個時候我寫了很多詩。

古龍書中的英雄都好酒。從高中起，我就抽煙、喝酒，是不折不扣的酒鬼。記得最清楚的一次，別人都在上晚自習，我喝得酩酊大醉，推開門走上教室講台，念自己寫的詩：

小阿妹你有一個好好聽好好聽的名字叫索瑪……

當天晚上，校長餵我喝紅糖水，幫我醒酒，勸我不要喝酒。我對校長說：「校長，你不理解我的心啊！」這種和諧的師生關係後來也影響我一生。

高中時情思湧動且又貪玩，畢業沒考上大學。第二年，我不得已走出禮州，去西昌一中復讀。復讀的那個班，今天想來都是傳奇，全班七十來人，來自涼山十來個區縣，後來有吸毒死的，打架鬥毆死的，寢室裡不時有男女混居的，多元而混亂。

在法學研究中追尋公平正義的價值

阿信：考大學的時候，你為什麼選擇學法律系？

諶洪果：今天回想，還是受我外婆的影響，想將來畢業後有體面的工作，可以升官發財。我報考的是法學，但錄取時被調配到勞改法組。當時的勞改法組，主要是學習監獄管理，如何改造罪犯，屬於學校的邊緣科系。進了學校以後，我卻很喜歡這個班，去過監獄、少年感化院考察，受益匪淺。

大一的時候，我在班裡當生活委員，做些打掃衛生等雜事，因為做事踏實、勤勤懇懇，大二時被選為班長。做班長一個學期，很不喜歡每天要攀比、逢迎、假話、溜鬚拍馬（諂媚奉承）等不符合自己心性的事，於是第二學期堅決辭職，卸任之後大大地鬆了一口氣。

不當班長之後，我就經常蹺課，整天泡在圖書館裡讀書。說實話，大學四年，我沒有在課堂上遇到一個真正觸動我、改變我思維觀念和在思想學問方面能夠引領我的好老師。我從小生活在偏僻的山鎮，我外婆又是「新中國」成長起來的領導幹部，我從小讀《毛選》，其氣勢、文字很令人佩服。大一、大二的時候，我思想的底色還是「愛國主義」和「革命浪漫主義」。大學期間雖然刻苦做好學生，但遺憾看了許多「垃圾」教材，並且整天腦子裡想的都是全人類的解放問題。

由於沒有好老師引領我，我就像四川人打麻將一樣，是「自摸」摸出來的，浪費了很多時間，走了很多彎路。當時，對我影響比較大的有義大利犯罪學家龍勃羅梭的《犯罪人論》、羅素的《西方哲學史》、宗白華《美學的散步》、李澤厚《批判哲學的批判》、沙特的《存在與虛無》等書。

我家有四兄弟，限於家庭條件，每月的生活費不多，經常處於半飢餓狀態，但我買起書來毫不吝惜。若要讓我給現在的大學生提建議，我建議少讀或不讀教材，大量閱讀經典作品；不要太注重系統，要廣泛性地讀；讀書要從簡到難，先別急著啃「大部頭（很大本的書）」，先從培養興趣入手，慢慢深入；手頭要勤，做點讀書筆記。當然，能尋找到好老師指引更好，可以事半功倍，但這是可遇而不可求的，而且不是必要條件。

大學畢業，考上研究所。我為了穩妥，報考同校法理學碩士班，結果成績出來以第一名錄取。（後來一下子就後悔了，本應該報考北京大學的呀。）不過我的導師還不錯，第一位是劉作翔教授，當時是西北政法大學《法律科學》刊物主編，他指導我讀費孝通的《生育制度》和陳顧遠的《中國婚姻史》。我讀了以後很受啟發，就在核心期刊上發表了一篇〈法律能做什麼——婚姻與性的法理思考〉。第二位是葛洪義教授，現在擔任浙江大學法學院特聘教授，他激發了我對哲理思辨的興趣。

一九九九年初，我同寢室的楊同學，年齡比我大，很有政治頭腦，是碩士班黨支部書記（中國共產黨基層組織負責人）。在多方考察後，他喜歡上我們學校一個研究生，決定向她發起進攻。在他的策劃下，我們兩個寢室成為友好寢室，經常往來。友好寢室有一位來自陝西鳳翔縣的女孩，名叫徐芳寧。她從陝西經濟學院畢業、在鳳翔法院工作兩年後，考入西北政法研究所。徐同學人很單純、勤勉樸實，我和她談起了戀愛，後來結婚。

同年五月八日，中國駐南斯拉夫大使館被美國轟炸，我那時還有很強的「愛國」情結，如果不是忙著談戀愛，我肯定參加街頭遊行抗議。感謝愛情，讓我遠離政治，避免一次「腦殘經歷」。

阿信：你是如何認識北大法學院教授、著名的公共知識

分子賀衛方？後來，他成為你的導師，對你此後的學術和政治觀點都產生了關鍵的影響。

諶洪果：讀研究生期間，因為西北政法葛洪義教授和賀衛方老師很熟，邀請賀老師來學校演講過兩次。我還受邀和賀老師吃過一次飯。賀老師人很文雅、熟悉很多歷史掌故，在講座上旁徵博引，令我大為佩服，心想我畢業後就報考他的博士班，將來也成為他這樣的好老師、好學者。

雖然經過大學時代的啟蒙，我的「愛國」情節已經消退不少，但頭腦裡的國家主義依然很頑固。我記得賀老師在課上和我們開玩笑：「如果我們山東獨立了，我去北京辦事，就是出國遊，要辦理護照。」他就這樣用玩笑話消解掉我頭腦中頑固的東西。在那段時間裏，我還讀了托克維爾的《論美國的民主》，深受啟發。

研究所畢業後，我報考賀老師的博士班，名落孫山，於是決定申請留母校任教。留校前需要先試講，當時有十多個人參加。因為我在學校時就經常參加辯論會、演講會，因此信心十足。三十分鐘試講結束，參加面試的學校教務處處長郭捷老師評價：「諶洪果這樣的人不留，留誰啊？」

二零零二年，我以「法律思維與法律方法」為課題，帶領研究生去基層法庭調查，形成調查成果〈法庭調查一周誌〉。

二零零三年對我是一個關鍵年。三月十七日，剛從武漢科技學院畢業兩年、在廣州達奇公司從事平面設計工作，年僅二十七歲的河北青年孫志剛，在廣州街頭行走時，因為沒有隨身攜帶暫住證（中國的居住證制度），被員警帶走。三月廿日，他卻莫名其妙地死在收容所。這個事件經媒體披露，立即引起全社會的關注。那時還在 SARS 時期，教師、圖書館關閉，學生沒法正常上課，在操場上搭帳篷，每天打撲克牌消磨時間。我和柯嵐老師一起在操場上舉辦講座，討論中國法治和收容制度的不公。有上千人聽我們的講座，參與討論交流，學校也很支持。那種被學生認同的感覺真是美好！

二零零五年秋天，我終於考入北大賀衛方老師的「西方法律思想史」博士班。讀博士期間，主要是自己看書。賀老師會給予適時的引導。那時賀老師每年在全國要做一兩百場講座，典型的空中飛人。但他每週都堅持給我們上一堂兩個小時的《比較法》。賀老師上課很隨性，沒有講稿，但他會指定一些閱讀書目，課堂上請同學談談讀這些書的感想，也把自己的疑問拿出來討論。

上課時，賀老師穿一身西裝，在教室裡邊隨意走動，邊講課，和哪個同學目光交會，就報以微笑。在他的課堂上，同學可以隨時打斷提問。有時，有些同學提一些很「Low」的問題，賀老師也從來沒有不耐煩過，他總是一邊耐心地聽，一邊頻頻點頭，聽完後耐心地提出自己的觀點，不是強加給對方，而是供對方參考。曾經在賀老師課上旁聽的中國政法大學副教授蕭瀚說：「賀衛方教授是我見過最有耐心的老師。」

賀老師的學術品味很高，對我有很大的薰陶作用。從學術方向來說，賀老師偏向史學，而我偏向哲學。也許受到錢鍾書、胡適等人的影響，賀老師很擅長做一些小考據（對古籍文字音義和古代典章制度等進行考核辯證）。我在課堂上聽過他對朗費羅的「扇子」做的考據，非常有趣，印象非常深。

二零零四年到二零零六年，我參與北京大學司法研究中心與華盛頓大學共同組織的「中國憲政研究」課題組，該課題組的負責人就是賀老師。

賀老師推薦閱讀的書，很多都對我影響很大，比方德國K・茨威格特《比較法總論》、美國伯爾曼《法律與革命》、何炳棣《讀史閱世六十年》等等。此外，朱蘇力《法治以及本土資源》、馮象《木腿正義》、梁治平《清代習慣法》也讓我迷戀上法律理論。

從開始讀書，我一直都在尋找好老師，感謝上帝，賀老師就是我一直在尋找的好老師。他的溫和與理性、眼光與判斷、做學問的方法都讓我終身受益。雖然在學術路徑上賀老師偏考據，而我重義理，但我們都有一個共同的特點，深受英美法治傳統精神的影響。放眼改革開放後三十年來的中國法學界，基本立場從未改變，「吾道一以貫之」的只有賀衛方老師一人。

賀老師對我的影響不僅是在學術上，還體現在「請學生吃飯」的行為上。每月一次，他請我們學生在北大旁邊、藍旗營對面的「紅辣子湘菜館」吃飯，喝酒聊天，每次都是賀老師買單。師門的這一傳統也讓我帶到了西北政法。

阿信：博士畢業，回到西北政法任教，最初一個階段，工作還算順利吧？如果在學術體制內攀爬，以你的聰明和勤奮，一定有出頭之日。

諶洪果：博士班畢業後，我回到西北政法任教。參與「農村法律志願者服務」專案，負責調解制度和調解方法，也參與陝西省高院「法院職能轉變」調查課題，到黃陵法院進行「黃陵模式」司法改革的實地調研，並組織研討會；也受邀參與華南理工大學葛洪義教授的司法部重點課題「司法權的監督與制約機制」，負責「政治權力結構中的司法權」部分。

值得一提的是，作為西北政法大學與浙江諸暨市人民政府合作課題「楓橋經驗與現代法治」課題組一員，我參與實地調查，調查成果寫成〈楓橋經驗與中國法治生成模式〉一文，後來在《核心期刊》發表。但其實啊，我的文章是批判解構的。

回到西北政法當年就被破格提拔為副教授，可謂春風得意，前途無量。

蒙恩信主與戒酒見證

阿信：基督教有種說法：「人的盡頭是神的開始」，聽你講述，感覺你的人生順風順水，你為什麼會信仰基督呢？

譙洪果：順利什麼呢？研究所畢業後就重病一場。我從初中起就抽煙，一天抽幾包，這下得了支氣管擴張症。咳血，一盆一盆地咳，病危通知書下了好幾次。後來動手術，肺切掉了三分之一。那時芳寧也剛從研究所畢業，去北京進修；我的兩個兄弟從禮州趕到西安，在醫院陪我。

出院之後，我在明德門附近社區租了一間房子，整個冬天一個人窩在一間蝸居裡養病。心理的反差非常大。你想，研究生畢業順利留校，美好的前程就在前面，突然來場大病，覺得上帝對我不公平，人生毫無意義。

在這段孤獨、寂寞的日子裡，巴斯卡的《沈思錄》陪伴和安慰著我，幫助我度過那個艱難的冬天。巴斯卡英年早逝，一個人面對上帝孤獨地思考，他說：「人是會思想的蘆輩。」對我影響很大。

現在回想起來，我接觸到聖經的時間其實很早。一九九四年，我在西昌一中讀書時，離學校不遠就有一間天主堂。每天上學經過，記得天主堂裡有許多修女，課間我也去過幾次，還買了一本聖經翻了翻，對亞當夏娃犯罪吃「蘋果」有點印象，僅此而已。

我信仰基督，和我逐漸地捲入一些公共事件，成為半個公共知識分子有很大的關係。我讀博士時，北大有一個很著名的網路論壇，叫「一塌糊塗」，這個論壇後來被強行關閉了。郭玉閃也是從這個論壇開始介入公眾事件。當時發生北大校方調配宿舍不公的事件，我在「一塌糊塗」上寫文章抗議。

因為西北政法地處西部，那幾年人才流失特別嚴重，學校希望以此為號召，引進優秀人才，當時建好一個青年公寓，名叫博士樓。博士樓建好以後，跟原本訴求不同，而是論資排輩，按工作的時間長短，廳級、處級的官職，教授、副教授這樣的標準排序。按照這個標準，很多青年博士是不能分到房子的。博士們當然無法接受這樣的分配方案，於是簽名上書學校，要求「就分房方案的公正性和合理性進行公開的協商，至少給大家有一個公開的說法」。結果學校根本不理睬，逕自公布了分房名單。

於是，大家在西北大學百度貼吧裡公開討論此事。我在新浪博客上連續發了廿一篇「西北政法分房事件及其他」的文章，每篇文章都引起熱議。由於我們的抗爭，最後的分房方案有所更改，我也在「博士樓」裡分到了屬於自己的房子。我們既理性、合法地為自己維權，也向學生們傳遞法治規則和民主決策的理念，也希望使其成為建構西北政法學術與民主之風的公共事件。這次抗爭的結果還算滿意，不過，我既落下了「勇氣」的名聲，也被學校認為是這次事件中的「刺頭」（遇事刁難，不好對付的人）。

在這次事件中，西北政法貼吧的管理者不顧我們的抗議，刪去了所有討論的帖子，我的「門及閘」學術網站也被關閉，這一切讓我對高校（大學院校）頗為失望。那時，我枕邊放著聖經，但我還沒信主。

阿信：那麼，是怎樣的契機讓你走向信仰、走向教會？當我們回頭想，上帝讓萬事互相效力，讓愛神的人得益處。

諶洪果：二零零八年，我的母親因病去世，終年六十六歲。我非常傷痛。對於母親這麼早去世，我也想不通。我覺得自己很不孝，沒能力讓她享福。

一個月之後，汶川地震爆發。地震過後，我受中國環境保護部直屬社團「中國環境文化促進會」的委託，帶著六個學生去災區做了十二天的實地調研，調研的主題是「環境災難下的公眾參與和可持續發展」，結束後形成三十萬字的記錄報告。我們跑了汶川、安縣、北川重災區，也去了甘孜州的康定、理塘等地。我們的關注點是制度關懷，考察和調查災後重建的制度問題。

當年正值中國改革開放卅周年，但大家突然發現中國辛辛苦苦進行了三十年的制度建設，成效似乎不是很大。用賀衛方老師的話說：「現在走回頭路了」。那麼學法律的意義在哪裡？教師從事法學教育的意義何在？大家都很迷茫。

在實際調查中，發現了許多和「主旋律」不和諧的東西。我很憤怒，也很委屈、無奈，「我做的是好事，對社會有好處的事啊，這社會怎麼會這樣呢？」面對體制內「主動作惡者」，我像吃了一隻蒼蠅般噁心。

十一月，在校園碰到李娟老師，她也是賀衛方老師的研究生。我聽說她週末在一個家庭教會禮拜，突發奇想問她說：「聽說妳在家庭教會，帶我去看看，怎樣？」她回答說：「好啊！」

那個禮拜天，我就和她一起到西北政法大門對面超市樓上的「西安明德教會」，帶領人是王友宜弟兄。牧師講道的內容不記得了，但清楚地記得那天唱的讚美詩是《奇異恩典》。我和大家一起唱，心裡如有清泉在流。

又過了兩天，李娟又帶我去趙菲姊妹家查經、交流。這個小組交流的內容和方式，跟學者之間相互討論很不同：學者討論問題，總喜歡表現自己更有知識，觀點更深刻，更標新立異，但主內弟兄姊妹一起交流時，當然也鼓勵文本精讀和獨立思考，但卻感覺更加純正，更立基於相互生命的塑造，而不是拼命想說服對方。

趙菲姊妹和吳萬華弟兄結婚之後，全家移民澳洲，他們夫婦帶領我的信仰，也對我的靈命成長幫助很大，他們到如今依然在幫助我。

阿信：就這樣，你參加了團契。如德國神學家潘霍華所說，團契生活是基督徒生命中不可或缺的一部分。

諶洪果：是的，從此我堅持禮拜、堅持去查經。二零零八年，我在博客上寫了「平安夜的幾句祈福」：

讓我們感受他的光芒

讓我們傳布他的溫馨

讓他注滿我們的生命

讓他帮助我們走出迷途

讓我們喜悅，成為他愛的見證

讓我們得救，得到光明和力量

我讀《聖經：加拉太書》五章一節的經文：「基督釋放了我們，叫我們得以自由，所以要站立得穩，不要再被奴僕的軛轄制。」我重新翻譯：

基督解救了我們，讓我們得以自由。從此我們要站起來，堅如磐石，不要再屈從於奴性的重軛。

寒假期間，我堅持讀經，寫讀經小記。

二零零九年清明節，王友宜弟兄帶我做了決志禱告，決心歸向基督。受洗前我接受了四次輔導，每週一次。在這期間我學習「豐盛生命」課程，在博客上持續記錄自己的讀經筆記。

二零零九年六月十四日，教會帶我們到終南山裡的一個農家，那裡有一個很大的池塘，我就在池塘裡受洗。說實話，我當時以為是要在河裡受洗，到了一看，沒有清清流水，只有池塘，還有點失望。受洗那天，我的妻兒、岳父岳母都來觀禮。受洗當晚我還和岳母吵架，那時老人和我們住在一起。老人家對基督教不理解，提醒我要把精力用在多幹「正經事」上，把課上好，多賺錢顧家。我覺得信仰是我的自由，她這樣說是在干涉我的自由。現在回想起來太自我，很慚愧。在西昌補習時接觸基督教到受洗，中間走過十六年，耶穌一直在尋找我、呼喚我。

我的家鄉禮州是儒釋道文化濃厚的城市，從小我的身體不好，一到夜晚就感覺街上陰森森的，哪家有人去世，整條街就搞得烏煙瘴氣，小時候街上還不時有年輕人喝農藥自殺的事情發生，所以我從小就有死亡的懼怕。

受洗之前，有兩本書對我衝擊很大，劉小楓的《走向十字架上的真》，楊腓力的《耶穌真貌》。尤其是《耶穌真貌》對耶穌復活的闡釋，對我這個學者型的人而言，很有說服力。

受洗的時候，聖經我還沒有通讀過，但仔細研讀了一些經卷，如《創世記》、《約伯記》等等。當時看的比較多的是護教學方面的書，比如麥道衛的《鐵證待判》；我那時常引用書上的話在飯桌上、網上和人辯論信仰的事，覺得蠻有用。無知者無畏。

受洗那段時間，我和幾個學生一起讀《約伯記》，讀到約伯在苦難中詛咒自己的生日，我才發現，約伯對上帝的抱怨不就跟我當時抱怨一樣嗎？這篇章給了我很大的共鳴和安慰。我媽媽從小身體不好，辛苦工作、勤儉持家，把我們四兄弟拉拔長大，還縮衣節食供我讀大學。在人世間，我最該感恩的就是我的媽媽，可是我卻經常抱怨她。

二零一一年四月，《法律人的救贖》在中國民主法治出版社出版，我在這本書的扉頁鄭重寫下：「謹以此書獻給我的母親費昌珍女士，願她的靈平安。」書中收錄了我的一篇文章：「苦難與自由：《約伯記》第一章、第二章雜記」。

阿信：信主之後，你身上有沒有發生特別的變化，或者說是見證？

謀洪果：受洗之後差不多一年，我就把酒戒了。以前怎麼戒也戒不掉，特別奇妙。

從北京回到西安，我把師門習慣也帶回西北政法，每月工資的一半都拿來和學生一起吃飯、喝酒。我上《法律與文學》課，贏得很多粉絲，自己也很驕傲。上完課，一、二十個同學一約，我就帶他們去學校週邊的蒼蠅館子吃飯。基本上都是我買單，當然後來有已經畢業的同學或是朋友，來偶爾買單一次。在飯桌上，我和同學們輪著敬酒，敬酒至少要轉三圈，口到杯乾；勸人喝酒也需要口才，我口才好，在酒場上找到存在感。

戒酒前我大醉過一場，之前我也大醉過很多次。但那次大醉後，第二天醒來，我覺得心理很不安。我就向上帝禱告說，「我願意戒酒。」喝酒的人都知道，靠自己戒酒是很難的，看到酒就兩眼放光、就興奮；喝酒的人其實都是自己把自己灌醉的。

為喝酒的事，太太常和我吵架。我那時每週必喝，每喝必醉，她嫌我每次喝得醉醺醺的，而且成天和學生玩在一起，不顧家。我不覺得自己有什麼大錯，和學生一起，又沒幹啥壞事？我們經常為此吵架。

我之前也賭咒發誓，戒過很多次酒，但都沒有成功。戒了酒以後，過幾天又想喝，不喝酒的感覺太難受了。但這次太奇妙，一到上帝面前戒酒，上帝把我喝酒的心癮拿掉了。我才知道酒癮其實是心癮。從那以後，再好的酒放在我面前，我都不動心。這件事讓我太太都感到很吃驚。她也發現我比以前更顧家了。榮耀歸於上帝！

因真理，得自由：為什麼辭去穩定的大學教職？

阿信：冉雲飛也是信主之後把酒戒了。從你們兩人的經歷來看，信仰基督還有「戒酒」的功效。《聖經・箴言》裡說：「敬畏耶和華是知識的開端，愚妄人藐視智慧和訓誨。」這裡的「知識」和「智慧」同義。我讀你的《大學城裡的公民》，看到從二零一二年起，你的風波不斷，先是公開發文「拒評副教授」、讀書會風波，接著就是從大學辭職，創辦「知無知文化空間」。你的選擇可能在很多人看來不可思議，但在我看來處處都透著神的美意，「保守你遠離惡行」。

諶洪果：是的。感謝神「為我造清潔的心，使我裡面重新有正直的靈。」我被破格提拔為副教授後，到了年底，我就徹底想通，這輩子堅決不再參評教授了，因為我發現大學已經成了官場、名利場，每前進一步，都要付出「降低人格」的代價，不得不主動或被動地參與到弄虛作假的把戲。在這種體制下，視治學如生產，讓許許多多教師尤其是青年教師年輕學者生存壓力巨大，他們很多人在學術上很有潛力，卻因職稱、課題和各項量化考核評價機制，而無法把才華和精力用在自身的學術興趣和關懷上。另一方面，很多如願以償評上教授的人，在這個過程當中，乾脆放棄學術理想，而在名利場中如魚得水，其獨立的反思能力、學術的視野和洞察力、對時代問題的敏銳把握力等等，都會逐漸外行、遲鈍而不自知。

當然，我決定不再參與這種職稱評審，最直接的理由就是不想再按這個標準活下去，害怕自己因此越陷越深，自廢武功。我雖然知道自己學術視野和能力都有很大不足，但我更嚴峻地意識到，如果我竟然在這種評審機制中如魚得水獲得成功，那麼恐怕我殘存的一點點治學的能力和一絲絲精神的獨立，也將喪失殆盡。

從性格上來說，我從小跟野孩子一樣，在野地裡一玩就是一整天。而且我們家人人平等，氛圍很民主。我從小不喜歡受束縛，崇尚個人主義和自由，非常害怕自己被體制化。我的家庭算是「根紅苗正（文革時期的說法——家庭出身好的人）」，大學時候組織要發展我入黨，我當時也有點動心，「有利於升官發財嘛！」結果我宿舍一個哥們說我：「你比共產黨還壞，入什麼黨？」從此我斷了入黨的念頭，甘心作一個體制外的閒雲野鶴，感謝神。

二零一二年四月，武漢大學法學院副教授陳少林因沒有評上教授，拳打一位評委，此事經媒體報導後引起軒然大波，於是我寫了一篇文章——〈我為什麼不參評教授〉，發表在五月二日《南方都市報》上。這下我也成為這個事件中的熱點人物，並被貼上一個標籤「終身副教授」我自己很喜歡這個標籤。

為了讓學生開闊視野，教職那段期間我以民間和個體的身份，利用自己的人脈，請我老師賀衛方，秦暉、張千帆、吳思、崔衛平、王克勤、浦志強、笑蜀、楊海鵬等學者和知名人士來西北政法開辦講座，和學生面對面交流。

我覺得自己做的，是對學生和學校都「只有好處、沒有壞處」的事情，但卻在舉辦這些活動時，常常受到百般阻撓，熱心協助我開展活動的學生也紛紛被找去個別談話、訓斥、和恐嚇。

我深愛西安這座城市；作為法學教師，也對這座文化底蘊深厚的古城所發生的暴力感到憂心，於是當時決定和學生一起開展「公民教育和合作計畫讀書會」。讀書會分四期，閱讀四本政治學和法學經典書籍，分別是彌爾《論自由》、羅伯特・道爾《論民主》、韋伯《學術與政治》、托克維爾《舊制度與大革命》。每期參加人數三、四十人，歡迎校外人士旁聽討論。讀書會的方式是先由兩三位本科生或研究生分享讀書心得，然後再請老師點評，休息時間也給大家準備一些小橘子、小點心。

第一、二期讀書會正常進行。第三次就受到校方極力的阻撓，最後在我和同學們的堅持下，讀書會先是我在學校行政樓二樓大約三坪的辦公室，後因地方的確狹小，就改在樓梯口舉辦。雖然當時受到勸阻和威脅，活動前我也在微博向學生明示了風險，「請各位做成熟公民，想清楚再來。」但當天還是有四十名學生前來參加，大家在樓梯口站著，把書讀了，開了一場別開生面的「樓道讀書會」。

浦志強律師在微博中即時發布了我們讀書會在樓梯口舉辦的消息，迅速引爆網路。《環球時報（英文版）》記者林美聯寫了《被壓制的讀書會》；《南都週刊》記者絳雪發表《諶洪果：把我當鬥士，是最大的誤會》。

我從來沒有想到「一個讀書會」會引起這麼大的麻煩，引起這麼大的風波。我在軟弱中剛強、在妥協中和學生一起堅守。我們堅守的是在大學讀書的權利及大學自由獨立精神的底線。

二零一二年十二月廿七日，我發表一篇長文《留下你的名字來：讀書會最後事件告白》。在文中，我講述了自二零零八年九月，舉辦「汶川地震」調研說明會活動受阻，到邀請專家來校講座受打壓，直到這次「讀書會」風波中，和我一起承受、共同經歷煎熬的同學們的故事。我在文中一一留下他們的名字，紀念我們在風風雨雨中共同成長的重要功課，向他們表示我的尊敬和感謝。他們是我的驕傲。

那幾年，我也常常軟弱，懷疑這樣的抗爭有沒有意義。而我的導師賀衛方，一直戰鬥在風口浪尖，為捍衛中國憲政和法治苦苦堅守。當二零一一年四月十二日，在重慶「唱紅打黑」如日中天之際，賀老師公開發表「致重慶法律界並王立軍的公開信」，給薄熙來、王立軍等人當頭棒喝。看到賀老師的文章，我感覺很溫暖，感覺為自己的堅守又找到了答案。

阿信：二零一三年之後，中國的言論自由和學術自由狀況每下愈況，你是受害者，也是戰鬥者。

諶洪果：二零一三年剛一揭幕，就爆發了「《南方週末》新年特刊事件」。《南方週末》新年獻詞「中國夢、憲政夢」，在版面已經簽版定樣，編輯和記者在完全不知情的情況下，被廣東省委宣傳部修改多處。《南方週末》編輯部在微博上發表公開聲明，以破釜沉舟的姿態公開抗爭。很多追求社會正義的人士也聚集在報社門口支持。我每天關注，並寫成「起來，公民——《南方週末》獻詞事件」一文。事件過後，學校參與支持簽名的師生都被約談，我當然不能例外。

四月廿二日，中共中央辦公廳印發《關於當前意識形態領域情況的通報》，簡稱九號檔。這份檔案的主旨被通俗地概括為「七不講」，我在微博上看到，非常氣憤，立即公開表明「老子偏要講」。

五月卅一日，西北政法大學法理學研究生時政學習會上，我演講了十幾分鐘，直言不諱地指出：

我身為一個法學的教師，你讓我不講公民權利，不講司法獨立，一個法學教師還有什麼資格站在法學院的課堂上？我只能說他的人格是分裂的，整天講法律信仰，實踐上連這都不敢講、不讓講，還談什麼法治？

這就是我的底線，我接受採訪時多次申明，我不是一個鬥士，我的所知所為，只是在捍衛高校的底線，當這個底線底褲沒了，我們還在那兒正兒八經、冠冕堂皇地說我們要談民主法治，這是不是很荒唐？如果連司法獨立、公民權利都不要講，那整個民法、憲法這些課程還有什麼意義？

我們的法律還能稱其為法律嗎？乾脆取消算了。

很快，學校黨委書記和校長就找我「談心」，勸我「安心搞學問，少在網上發言，外面的學術會議少去參加。」書記還語重心長地說，我們也知道大學的行政化弊端，大會小會我們都在說，但一切都得慢慢來。我不禁暗中苦笑：大學真要「去行政化」，首先要撤銷的不就是「黨委書記」這一職務？

十一月底，我受邀去香港大學參加一個學術會議，去機場的路上接到學校領導的電話，勸告我不要去。我執意前往。從香港回來後，我的港澳通行證被吊銷。我嚴格按照程式申請補辦時，沒想到處處遭遇推拖。連續一週，一天數次，從早到晚，我往返於學院、政府機關部門、黨政辦公室、校長辦公室、書記辦公室，甚至相關領導家門口，費盡心思口舌，主動溝通交流。每個人對我態度都很好，沒有人說你不能申請，卻也沒任何人說你可以辦理。

十二月十九日一大早，我又去找法學院張書記和王院長交涉。他們是非常關心我的領導，也是非常瞭解我的師友。他們耐心地和我談了一個多小時，但是依然看不到任何解決的徵兆。我們坐在那裡，無奈地「你嘆一口氣，我嘆一口氣。」我看出來再坐下去不會有任何結果，就流著淚，在嚴冬裡，黯然走向被霧霾籠罩的冷清清的操場。

我突然猛醒：再這樣下去，我有何面目面對自己的學生？補辦港澳通行證這樣簡單的小事，這樣基本的權利，做為法學教師，我都爭取不來，我還有什麼資格站在講台上，給將來從事法律職業的學生們講法治的信仰、法律的權威、城市的價值、正義的底線、權利的重要？

十二月廿三日，我在博客上公布「辭職公開聲明」。

做這個決定並不容易。我們夫婦都是普通的大學教師，我平時忙於教學，哪有時間去兼職掙錢？而且我差不多一半的收入都拿去請學生吃飯了，我可以說是西北政法最窮的老師。在體制內這麼多年，我對自己是否還有獨自謀生的能力感到懷疑，如今年近不惑，卻要像剛畢業的大學生一樣求職打工……。

辭職無論對我自己，還是我的家人，都是一道難關。感謝我的太太芳寧、兒子遇園，他們沒有指責我，而是關愛我，和我一起承受。

走向民間，做一名精神獨立的公共知識分子

阿信：我三十八歲生意失敗，遭遇過失業，當時的處境至今不堪回首。這個年齡的男人上有老、下有小，有實實在

在的家庭責任要擔當。因此我非常理解你，而且我也是通過這次「辭職事件」，開始特別關注你的。

在你辭職期間，《環球時報》發表評論說，要把自由知識分子趕出大學。你雖然是主動辭職，但其實也是走投無路、逼上梁山。他們的目的就是要讓像你這樣的自由知識分子沒有了飯碗，在社會上失去尊嚴，最後向他們搖尾乞憐。那麼，你是怎樣一步步走出難關的？

諶洪果：辭職之後，從受人尊敬的高校教師，變成了「社會閒雜人員」。聽聞我辭職的消息，很多師友伸出了援助之手。知道現在沒有哪個公立高校敢聘用我，浦志強律師等師友設法為我聯繫私立高校，我發現和公立學校相比，私立高校的壓力更大，更沒有自由和空間。

周澤、伍雷（李金星）等人力邀我加入他們的律師事務所，但我沒有做過律師，也覺得自己的學者性格，不適合在一線戰鬥，而且我屬於「宅男型的吊絲」，不喜歡跑來跑去。想來想去，律師職業不適合我。

辭職前的那個月，我的信仰狀況其實已經變得很糟糕。

・諶洪果（右）與他最敬愛的賀衛方老師。

各種事情接踵而至，讓我猝不及防。辭職之後，也想過要去教會服事。在我發表辭職聲明的當晚，香港評論家梁文道剛好到西安來看望我。知道我是基督徒，借用《聖經・提摩太後書》四章七節的話勉勵我：「**那美好的仗我已經打過了，當跑的路我已經跑盡了，所信的道我已經守住了。**」

中國有句話「德不孤，必有鄰」。辭職後，因為找不到合適的工作，一開始我打算先休息半年，給自己編一本文集，沒想到北京一家企業老總看到我的辭職信後特別感動，他根本就不認識我，這時主動聯繫，邀請我去他公司做法律總監，待遇特別優厚。

春節過後，我就去北京，過朝九晚五的生活。每天坐在辦公室裡，下面還有幾個律師助理，他們每天拿很多文件給我簽，有的連看都不用我看。

對這位在我最需要幫助的時候，為我雪裡送炭的企業家，我終生感激不盡。在北京，我心情漸漸平靜下來，有更多時間反思和總結自己的人生。我的工作沒有任何壓力，大家也都很尊敬我，但我覺得自己拿很高的薪資，沒有為企業

・知無知文化空間一角。

做任何實質性的貢獻，心裡慢慢不是滋味。

我不甘心這樣下去，就想著要不要自己創業。我們單位在三裡屯，樓下有一家「老書蟲書吧」，書店不大，老闆買來許多老式桌子、書架，把書店隔成一個個小間，書架上擺上書，用餐的客人就在書香中吃簡餐、喝咖啡。我很喜歡這個書店，每週都去，就琢磨有沒有可能回西安開一家？

二零一四年六月，我去台灣訪問。台灣有許多特色餐館和小型的文化空間，我走訪了好多家，其中有一家「公共冊所」，是個二手書店，對我啟發很大。

郭玉閃邀請我去傳知行作兼職研究，我認為自己也適合幹這個。沒想到兩個月以後，傳知行被迫停業了

二零一五年年底，我向北京企業辭職。春節過後，應錢鋼教授和陳琬瑩教授的邀請，去香港大學新聞與傳媒研究中心做了五個月的訪問學者。

在港期間，我參與編輯了一本書《我辯護：浦志強律師辯詞集》。我也把自己「讀書會風波」到「辭職事件」期間所寫的文章，編輯成書，取名《大學城裡的公民》，寄託了

· 諶洪果與著作《大學城裏的公民》

我的基本理念和關懷，也留下了我的生動抗爭見證，是今後研究中國大學教育之淪喪的一本不可迴避的書。在我看來，大學本應成為一座充滿共和榮耀的城邦，它擁有獨特而高貴的精神目的，其中生活著一群平等自由的公民，他們獨立思考、開明理性、追求真理、賡續文明。但現實中的中國大陸高校，卻是政治意識形態掛帥，違背教育的本性，使大學裡再也找不到真正的人。那些本來是正常的教學學術活動，那些本來可以自由研究的領域，都隨時可能被政治化，成為敏感的話題。而大學需要培養的完整的人，卻都淪為政治化的動物，不會思考和判斷，喝著有毒的狼奶，盲目偏狹而不自知。

正如陳丹青先生直言，政治和體制劫持了教育，生產出一批批「沒有思想、沒有靈魂、沒有地位、沒有尊嚴」奴性人格，這樣的人所構成的國家就是武志紅先生所著的《巨嬰國》。

去香港之前，我已經和一些學生、朋友協商，在西安開一間「文化空間」，集讀書、交流、講座、喝茶、簡餐於一體的店。我也發現，全國一線城市都有類似的文化空間，就西安還沒有。在西安開一家，應該有存活的空間。甚至，當時大家集思廣益，為文化空間想名字，想了十幾個，都覺得不好，直到想到「知無知」，大家眼前一亮，隨即請賀衛方老師提寫了店名。

開店需要投資，我當時想自己投資十到二十萬，不夠再找朋友借，先開再說。

但一個書生，以前從來沒有做過生意，要下決心開店，心裡還是有很多糾結。我到香港之後，其實可以選擇一直留下來，辦法也是有的。但我心有不甘。我有很多朋友因為在國內受到打壓，選擇出國。出國以後他們很快就在國內銷聲匿跡，被邊緣化了。這個體制的目的其實就是要讓你消聲和沉默，我這樣做，不是說明他們已達到目的了嗎？

我辭職以後也遭遇被「污名化」的處境。說「諶洪果不就是想搞政治、想出名」等等，但我很清楚我就是一個書生，僅僅是希望能在校園裡和同學們自由、開心地讀書而已，我要為自己正名。

而且我很喜歡西安這座城市，我捨不得離開西安。我覺得以我的知識結構、我的經歷和人脈，創建「知無知文化空間」，對西安這座歷史文化名城是有價值的。我心中有這樣一份使命感。

在香港，我遇到原新東方公司高管、武漢分校校長李杜先生。李杜兄很有教育情懷，閒聊時，我和他談及我創辦「知無知」的夢想，當時真的沒抱什麼希望，沒想到李杜兄很認可，覺得對社會有益處，很有發展前途，而且將來的目標是辦成像美國的「博雅教育學院」。

・中國的希望在民間，自由在民間。

我去註冊了營業執照，租好房子，決心開始經營。回香港後，我的學生開始緊鑼密鼓地裝修。李杜兄很快匯錢進來，成為我們主要的投資人、西安的企業家錢程先生也投資支持。

二零一五年八月八日，「知無知文化空間」正式對外營業。

阿信：錢程兄是基督徒，是我們在主內親愛的弟兄。我專門在微信上問他，為什麼要投資「知無知」？他回覆說，的確在「知無知」有小小的投資。他之所以投資，源於對你的信任和支持。你從北京回來那會，他聽到你打算創建「知無知」，他也知道體制內已經沒有你的空間，因此就希望幫助你，使你的生活愈過愈好，也透過「知無知」實現自己的教育理想。

諶洪果：感謝神的恩典。辭職前後，我總覺得我特別像《聖經•創世記》中的約瑟。即使是現在，我創辦「知無知」，仍然覺得自己很像約瑟，「背井離鄉」，少有人理解。但是我看到約瑟受到很多誤會和冤枉，但他有信心，知道神與他同在。所以，我相信創辦「知無知」是神的心意，我的文化教育夢想也在這裡重新起航。

「禮失求諸野」，當年孔子周遊列國，希望進入體制實現自己的理想，晚年在曲阜家中設立「杏壇」，開中國私人講學之先河。我創辦「知無知」的初心之一，就是像蘇格拉底、柏拉圖等的古典學園傳統，以及像孔子、王陽明等的私學書院傳統致敬，也承繼陝西源遠流長的「關學」傳統。

我就是一個書生，一個知識分子，一個很普通的人，但我對熱愛這片土地。「知無知」立足西安，服務西安這座城市，也希望在這個浮躁、變動不安的時代，通過建立一個古典人文通識教育的平台，為社會提供一個更溫和、更理性、更寬容的思考和判斷視角，慢慢建立這樣一個符合未來中國發展需要的公民社會的社群。

我們邀請來的朋友自發成立「美好生活讀書會」，請他們來「知無知」共讀一本書，大家一邊喝茶，一邊認真交流。讀書會共讀的第一本書是柏拉圖的《理想國》，後來還讀了柏拉圖《蘇格拉底的申辯》、布蘭・路西華德《抗壓高手》、加爾文《基督教要義》、約翰・洛克《政府論》，以及《紅樓夢》等等。現在「知無知」又有了「女性主義讀書會」和「唐詩研讀會」等等。

離開高校後，我在「知無知」找到了自己的舞台。我開設了講座，包括「四十期人文通識課程」、「一百期諶洪果講《金瓶梅》」。

除了「讀書會」和「人文講座」，「知無知」至今已舉辦幾百場「人文沙龍」，邀請專家學者和社會愛心人士來「知

・西安文化地標「知無知文化空間」的標幟由賀衛方老師提字。

無知」開展講座交流，優秀紀錄片放映觀摩等等。

前輩馮從吾先生曰：「學之當講，猶飢之當食，寒之當衣。」當年魏忠賢當道，「天下皆建生祠，惟陝西獨無」。先生講學關中書院，「凡農、工、商、賈中有志向者鹹來聽講」，今天「知無知」也似乎符合這樣的氣息，得到西安各界朋友大力的支持。我們團隊也不斷尋求和嘗試更為成熟的商業模式，也不斷經營狀況改善。很多朋友交會員費來支援我們，也有一些企業家朋友及關心我們的人雪中送炭。

賀衛方老師在「知無知」講座中說，以前擔心我離開高校後吃不飽飯，現在發現我過得很好。兩千多年來，中國知識分子大多依附於體制，缺乏自己獨立的經濟來源和追求精神。而在今天看來，中國的希望在民間，自由在民間；或者說，民間是自由的空氣。說實話，創辦「知無知」完全超出了我的能力範圍，有很多朋友為我擔心，我自己也經常忐忑。「知無知」剛開業，就被「污名化」，也的確有一些人認為「知無知」要不了幾個月就會關門，等著看我們的笑話。

中間的確也遇到各種各樣的問題，政治壓力、商業壓力，團隊合作管理問題也不斷。但在這過程中，我們不斷反思、不斷調整、不斷成長。

「賞賜的是耶和華，收取的也是耶和華。」我知道，在目前的環境下，「知無知」有可能被隨時叫停。但我懷著美好的信心，因為我的團隊在做的是光明的事業。沒有上帝的賜福，我不可能做成這件事。我就像一個瓦器，現在被神使用的方式，就是我存在的最好方式。而且，面對這個無力空虛的世界，我們除了抓住上帝，被上帝抓住，還能依靠什麼呢？

第 8 章

當將你的糧食撒在水面

——基督徒作家、學者冉雲飛訪談

在野地裡瘋長｜

在血泊中奔跑｜

從浪漫的作家到嚴謹的學者｜

龍潭放尿、虎洞喝茶｜

驕傲有時，謙卑有時｜

我是一個知罪的罪人，也是一個基督裡的嬰孩｜

冉雲飛簡介

一九六五年生於四川酉陽，一九八三年考入四川大學中文系讀書，一九八七年至今在《四川文學》雜誌社作編輯。

一九八九年，因聲援天安門學生運動，被下放到四川阿壩州《草原》雜誌，寫作大量「在血泊中奔跑」的詩歌。

一九九一年，開始讀胡適及民國時期的作品，思考一九四九以後，中國社會接連發生「反右」、「大饑荒」、「文革」、「六・四」的深層次原因。

二零零一年，開始在「天涯論壇」、「牛博網」等知名網路平台寫文章，開設專欄。

二零零四年，開始「每日一博」，以實際踐行自己提出的「日拱一卒，不期速成」，批評中國社會諸多問題，六年共寫了兩千多篇文章，實施推動中國社會走向民主和自由的理念。

二零零八年，汶川地震後，作為志願者，和牛博網博友一起，積極參與汶川地震救災工作；同時以個人之力辦理整合救助及災區社會觀察的週刊《NGO和公民社會發展週刊》一四三期。從二零零八年起，多次入選「百位最具影響力的華人公共知識分子」名單。

二零一一年，以「顛覆國家政權罪」被逮捕，關在看守所一百七十一天。同年八月九號公安機關以變更強制措施，釋放其回家，改為監視居住，至二零一二年二月九日解除監視居住。

二零一三年，六月八日，開放家庭，建立成都秋雨之福教會「尼哥底母查經班。」

二零一五年，十月卅一日，悔改信主。

二零一六年，六月十九日，受洗成為成都秋雨之福教會會友。

採訪緣起

雲飛兄是長我兩屆、不同系的大學學長。在大學時我就聽學姐多次講過他的事蹟，其才華橫溢和不修邊幅在母校傳為美談。

大學畢業後雲飛兄在文壇、學術界高歌猛進，而我則進入商海沉浮。二零零八年汶川地震後，我們的交往多了起來。後來他開放自己家，設立「尼哥底母查經班」，我也常去學習聖道。靠著神的恩典，如今我們在主裡是一家人，對他的訪談乃水到渠成。

在野地裡瘋長

阿信：雲飛兄，很多朋友讀過您的《像唐詩一樣生活》，也聽過你講古詩文，曉得你在古詩文方面有深厚的功底。但是最奇特的是大家知道你古詩文的啟蒙教師是你的媽媽，一個大字不識的農村婦女。這真是太神奇了，可否介紹介紹？

冉雲飛：一九六五年陰曆三月，我出生在四川酉陽（今歸重慶），那裡是湘黔川鄂四省交界的地方。我出生的宜居鄉旱田壩位於酉陽土家族苗族自治縣西部，距酉陽縣城六十多公里，素有「半幅園林如畫，四周山水宜居」的美稱。風景雖然美好，但在酉陽屬於窮鄉僻壤。

我媽媽姓邱，是當地的望族。我的外公是個私塾先生，在我母親小的時候，經常背著她去私塾玩，但不能進學堂上課。我母親記憶力非常好，在旁邊玩耍時，一些古詩文都背得下來，她的古詩詞就是這樣學來的。

在我出生前幾年，中國在風調雨順的情況下發生了所謂的「三年自然災害」，這是一場實實在在、慘絕人寰的「人為災難」。我們家是這個災難的受害者。我們那個小小的村莊，大災難之後從一百八十多人銳減到六十多人。

一九五九年冬，我的祖父、祖母、父親（其實是哥哥們的父親）、不滿十歲的三哥、四哥，全家五口人餓死。媽媽告訴我，三哥聰穎異常，臨斷氣前說：「媽呀！娘呀！綑得綁綁緊啊，要過貴州去！」彼時貴州的政策比四川要好得多，不像四川那麼左。那時的政策，老百姓只能在家裡等著餓死，不准外出討飯；那些偷偷逃跑的人，一旦被抓回來，就要用繩子五花大綁，遊街示眾。

三哥臨死前提醒娘：「逃，被五花大綁也要逃，不逃就沒命了！」我出世後，她多次和我回憶起三哥，說，「你哥那麼小就讓我逃跑，真是聰明啊！」

當時媽媽眼睜睜看著親人一個個餓死卻無能為力。她雖然沒有讀過書，但卻是一個剛強、有主見的女子。一天深夜，她偷偷帶著十二歲的大哥和十歲的二哥，逃到家裡隔壁紅井公社的高寒地帶——黃家岩，在親戚朋友的幫助下，在岩邊地角種田，受了不少白眼，艱難地生活了三年。在平時，那個地方比我家居住的壩子更窮，但是當時卻因為地處深山，距離「紅太陽（毛澤東）」遠一點，反倒救了我媽媽和兩個哥哥的命。

我的親人很不幸，生活在中國歷史上少見的政治狂人時代。一九六三年，大饑荒過去。媽媽帶著兩個哥哥回到家，卻被生產隊長（中國大躍進時期農村基層的行政編組主管）、未出五服的族叔拒絕。

但我家祖上留下的房子很寬，一場大饑荒要了五個親人的命，房屋更顯得寬敞、空曠。媽媽為人善良、正直、能說會道，時常幫忙調解鄰里糾紛，在我們村受人敬重。每每有工作組進駐我村，就會在我們家吃住。

一九六四年，我家那一帶發生水災，宜居鄉黨委書記親自帶隊下村救災，在我家住了八個月。那時媽媽是剛過四十歲的寡婦，書記比我媽媽還小三歲，住著住著，他們兩人有了感情，就住在一起了。

不久，媽媽發現自己懷孕了。書記是有家的人，不可能與媽媽組建家庭。我媽媽那年已經四十二歲，有一萬個理由不把我生下來，因為書記顯然不可能和她組建家庭；而生下一個來歷不明的孩子，勢必有很大的生存壓力和道德壓力。可是我媽媽死活不肯。

我出生那年，大哥十七歲，二哥十五歲，我的親生爸爸書記因此受處分。媽媽中年得子，特別寵愛我。小時生活清苦，但我過得很快樂。雖是「私生子」，但從未因此被人嘲笑、欺負。兩個哥哥都很愛我。我到十四歲時才知道自己和兩個哥哥不是同一個爸爸。那時我在上初中，學校上「農業基礎知識課程」，相當於今天的生物、化學。老師在課上不經意間講說「人懷胎，十月就要生出來。」說者無心，聽者有意，我突然想到我兩個哥哥的爸爸已經在一九五九年餓死了，但我是一九六五年出生的，我不可能在媽媽的肚子裡待六年，因此我不可能和兩個哥哥有同一個爸爸。「那我是什麼人呢？」

我就注意觀察我哥哥們。很感動，他們依舊疼愛我，保護我。他們都是大人了，學校裡有人敢欺負我，他們就警告對方說：「你再欺負我兄弟，我就揍扁你！」雖然知道我的身世比較離奇，但我母親不說，哥哥們不說，我也就不問。我這個人特別能裝事，懂事也比較早。

我後來聽媽媽說，我出生後不久，鄰村支部書記家裡生了三個女兒，沒有兒子，託人帶話想讓我過繼到他家。媽媽不願意把我給人，但又擔心兩個已經長大成人的哥哥心裡有想法，就和他們商量：「陳書記要把我們弟弟送給他，你們願意不願意？」我兩個哥哥異口同聲地說：「不願意。要死，大家一塊死。」

五歲那年，家中的堂屋被村裡拿來當作村小的教室，來了一位叫廖太良的公辦老師，我跟著那些上學的小孩子「哇啦哇啦」亂叫，瞎起鬨。我既不寫作業，也不背課文，算不得正規學生。每到中午，餓得實在不行了，就去偷吃廖老師正在煮的白米飯。我偷吃的米飯時常是半生不熟的，吃了就去跑毛坑（廁所），得了一個「子炮（我小時玩的一種「後一顆子彈塞進去，前一顆子彈被彈出」的遊戲，子彈是用紅木兒樹結的籽做的。）」的綽號。氣不過我的廖老師乾脆就罵我是「造糞機」，我就回喊她「廖大娘」，以示羞辱。

母親知道了，狠狠地教訓我。我就問，要怎樣才吃得到白米飯？母親說：「要好好讀書」。我外公也曾說過：「讀書好，書讀到肚子裡，害病害不掉，打擺子打不掉，賊也偷不走。」

母親將自己幾次淋著瓢潑大雨（只有如此才不出工）去

挖到的麻芋子（中藥）拿去賣，得了兩元錢，就給我報了個名。氣憤的廖老師不收我，我只好到離家五里遠的完全小學念書，一讀就還喜歡。

有一次村小的老師生病，讀三年級的我，幫老師代過兩天課，教一年級學生。由於我個頭矮小，寫板書時只能站到桌子上，下課便與學生玩成一片。我把一個學生打得鼻青臉腫，自己腦袋上也被打、起個包，等我上台給學生講課時，台下哄堂大笑，包括那個和我打架的學生。這樣幾天的「小先生」生活對我自己來說是難忘的經歷，它使我自信大膽而無所畏懼，至此以後成為我性格的一部分。

我家境非常貧窮，幾代沒有什麼讀書人，但很奇妙，我從小讀書很好。我六歲時，母親教我背誦《增廣賢文》、唐詩。母親是個文盲，但她會背很多唐詩。不管再怎麼勞累，睡覺之前，她總會跟我聊天，聊這個詩是什麼意思，怎麼背誦等。

上小學後，我母親常常和我一起背課文，我背上句，她接下句。她很驚訝我的記憶力，說「我家兒子一教就會。」

媽媽手特別巧。她二十七歲那年，重慶有工廠招工，已經被選上，但因為家裡成分不好（中農），最後沒有去成。

我從小屬於老師又愛又恨的學生，恨是因特別調皮搗蛋，經常頂撞老師。愛是成績好，特別喜歡看書。家裡一本書都買不起，就時常拿著別人的報紙與小人書（連環圖畫書）看半天。那種對書的熱情，難以用言語形容。

一九七四年，我九歲，上小學三年級。一天媽媽發愁地告訴我：「你看別人都有姊姊妹妹，你只有哥哥，沒有弟弟妹妹。將來長大了，誰給你紮鞋子穿？」

我說：「媽媽，我長大了給妳買皮鞋！」

媽媽很驚訝：「你看到過皮鞋沒？」

「我聽人家說起的，皮鞋穿起來舒服得很。」

「你拿什麼買皮鞋？」

「拿錢買啊！」

「你哪裡來的錢？」

「不知道。」

後來大學畢業，我第一次領到工資，做的第一件事，就是買雙皮鞋給媽媽寄回家。

一九七六年早春的一個晚上，媽媽用一點油和鹽給我炒了點春天剛發芽的刺老苞葉（楤木，價值高的藥用植物）來吃。我問：「媽，今天為什麼做這麼好吃的東西？」

媽告訴我：「兒啊，今天是你十一歲生日。」

當時大哥在冷水河工地上修水庫，二哥在師範學校讀書，我端著那碗飯，看著媽，淚水在眼眶邊轉呀轉，使勁咬著嘴唇，沒有哭出聲來。

上高中之前，只是在媽懷抱時進過一次縣城，沒見過大輪船，沒見過火車。一九八一年秋，我進入酉陽縣高中讀書。一九八三年，我十八歲，才第一次坐輪船，第一次坐火車，來到四川大學讀中文系。

阿信：一九八零年代是中國大學生最幸福的時代，思想活躍而自由，請分享你的大學生活。

冉雲飛：我從偏遠的小縣城來到省會成都，拿到貧困生助學金，與錦江水的浪花，崇麗閣的夕陽朝夕相伴。可我特別討厭聽一些老師講課，覺得他們是在講台上「坑蒙拐騙、誤人子弟」。當然也有例外，比如給我們講魏晉南北朝文學的吳朝義老師，他的課很生動，我很喜歡。

那個時代，哲學熱遍及校園，不管你是不是學哲學的，床頭若不擺上幾本哲學書，如《存在與虛無》、《悲劇的誕生》，你都不好意思出去找女孩子談戀愛。我天天蹺課，鑽圖書館讀康德、黑格爾、尼采，乃至「哥本哈根詮釋」等與科學、哲學有關的東西。

我看書時有一個壞習慣，當然從做學問的角度，你也可以說是一個好習慣：一看書就喜歡在上面勾勾劃劃，有時還搞些眉批、旁批。圖書館裡的書當然不允許你這樣「勾畫」，家裡寄給我的零花錢，除了吃飯，買最簡單的衣服，我全部用來買書。

但這還不夠，我就去「勤工儉學（一邊求學讀書，一邊工作）」，給系上各年級的學生分發報紙，每月可掙八元錢。那時的八元可不得了，能買十幾二十本書。

除了讀書，我還愛惹事，積極參加學潮，是老師和校長認為「極為頭疼」的學生。我成績還可以，已經有一些詩歌和雜文發表在刊物上。一九八七年大學畢業時，四川省作家協會下屬刊物《四川作家》副主編輯鄒仲平，這人是軍人出身，他看重我的才華，三番五次來學校，點名要我。

當時我的人生理想並不是當作家、學者。我的理想是成為美國著名編輯康明斯——海明威和福克納的發現者，我要成為「發現作家的人」！

這樣，我大學畢業，到《四川文學》雜誌任編輯。當編輯沒到一年，我就很不耐煩：每天讀到的稿件，絕大多數品質很差，我就想：「寫成這樣，還想當作家，那我不如自己寫！」

在編輯之餘，我開始寫作詩歌、雜文、批評時政。

沒過多久時間，風雨突起，「六四」爆發。

在血泊中奔跑

阿信：當時你已經畢業了，是如何捲入學生運動的？

冉雲飛：一九八九年五月，我和四川省作協的一些朋友用一把大掃帚，在一塊大大的白布上寫下「中國≠鄧小平」的超大幅標語，遊行到人民南路廣場（今「天府廣場」），聲援學生。

「六四」屠城之後，作協召開大會批鬥我，逼我寫檢討。我堅決不寫。批鬥會上，單位一個年長的同事，勸我說：「年輕人，你做了些什麼，就老老實實向黨交代。你心裡不要有包袱，要把包袱卸下，向組織認錯，這樣才能求得解脫，輕輕鬆鬆！」如此之類。

我這人語言很刻薄、很惡毒。勸我的人是個駝背，我就反過來嘲諷他：「我是沒什麼包袱。我只怕有些人一輩子，背上的包袱都甩不脫！」

全場哄堂大笑。

現在回想起來，我的確不應該拿別人的身體缺陷譏諷他，說不定別人對我還是好心。但我年輕氣盛，說出這句話，心裡很得意，驕傲自己很機靈、有口才。

我在單位以「狂妄驕傲、不聽領導話」著名，有人想趁這個機會，狠狠地整我。當時四川作協的領導之一是著名作家周克芹，人很不錯，暗暗地想保我。他把我叫到他的辦公室，勸我說：「雲飛啊，我們作協在四川大竹有一個實習基地，我安排你去那裡體驗體驗生活，要不要？」

我嫌大竹毫無特點，回答說：「要我下去體驗生活可以，但我不去大竹，要去我就要去藏區，去廣闊天地！」

有人反對說：「小冉這小子也太狂了，他現在是下放改造，還能由得他來挑肥揀瘦。再說，他萬一在藏區惹了事，怎麼辦？」

周克芹最後決定派我到阿壩州《草地》雜誌社體驗生活。臨行，他委託一位副主編和我談話，叮囑我「三不可」：一、不可打架惹事；二、不可出桃色事件；三、不可再出政治問題。

副主編說：「只要不出這些問題，一年之後調你回成都。」

一九八九年歲末，我孤身下阿壩州，十二月廿五日，我行至汶川。汶川古稱威州，我在威州大橋旁尋一個小旅館住下，打開收音機就聽到羅馬尼亞共產黨總統尼古拉・希奧塞古被處決的喜訊。那天下著鵝毛大雪，我在路邊小店花一塊錢買了瓶酒，信步到威州大橋橋上，頭上漫天雪飛。我看岷江兩岸雪景，抱起酒瓶，一邊大口大口喝酒，一邊縱情高唱。

《塵埃落定》的作者阿來，那時是《草地雜誌》編輯，到阿壩州首府瑪律康後，我在他家斷續吃了半年的飯，沒有給他一分錢。我那時的工資是每月五十八元，全拿去買書啦。

我在美麗、遼闊的阿壩草原上混了一年，一九九零年八月，周克芹病重。當時作協有人想把我踢出去，他們說：「冉雲飛那小子，他不是覺得自己很牛 B（厲害）嗎，就讓他在瑪律康自生自滅。」

周克芹把他的意見寫成文字：「冉雲飛是作協的人才，我們將來會以他為榮，感到驕傲。」我那時其實不算什麼，但周先生看到我的潛力，說這種人才是真正搞創作的，敢說話，愛讀書。周先生也來自農村，看到我對我媽很好，以此推斷我的人品，認為這個年輕人是可造之才。

一九九一年，我經歷了一次短命的婚姻。我的妻子姓趙，我曾在詩中這樣寫她「我想到妳極端的美，不是漂亮，而是沉默、單純和溫順」。妻子家族有精神病史，十一月十二日，她回家和他哥哥吵了一架，在杜甫草堂附近的浣花溪投水而去，過了差不多十天的時間，遺體才找到。

每個人的生命都只有一次，我很痛心沒有把她照顧好。

一九九二年，中國一個八十八歲的退休老人，在指揮一場大屠殺三年之後，開始了一場「南巡」，這個國家的知識分子，又像「文革」結束時一樣歡呼和狂奔。不過上一次是奔向高考，這一次是奔向經商，奔向金錢。

一九九二年一月廿一日，在這人南巡的第四天，身為一個靜靜觀察者的我寫下了這首詩：

我悲傷地注視著這一代人
他們將被捉住
在生活裡揮動可憐的手
猶如沒有縫釘的破布
沒有土地的雙腳
沒有自由和心胸的頭腦

我的詩歌激情洋溢，那是我生命中青春期叛逆和人生活力的迸發。從瑪律康回到成都之後，我開始讀胡適的著作。認真思考為什麼在這個國家，會接連發生諸如反右、「三年大饑荒」、「文革」這樣匪夷所思的事情？

德國哲學家西奧多・阿多諾在《棱鏡》中有一句名言：「奧斯維辛之後，寫詩是野蠻的」。流沙河先生說：「六・四之後，不好意思再歌功頌德了！」

受他們影響，一九九二年四月之後，我幾乎不再寫詩。

從浪漫的作家到嚴謹的學者

阿信：一九九零年代初期，中國知識發展面臨一次大的轉型，因為時代背景完全不同了。你也逐漸經歷了從作家到學者的轉型。

冉雲飛：一九九二年初秋的一天，流沙河先生突然來辦公室找我，他帶來新出版的《莊子現代版》贈給我。我打開扉頁，只見沙河老師寫了贈言，是「大象拔河」幾個象形大字。

先生時年六十一歲，是名滿天下的詩人和學者。我這人沒有粉絲心態，和他同在一個單位五年，偶爾見面點點頭，從沒有主動結識他。我的辦公室在七樓，沒有電梯，老先生居然爬七樓來看望我這個後輩，還寫這樣嘉勉的話給我，我一時很驚惶，連聲說：「老先生，您這樣誇獎，真是不敢當、擔當不起！」

那時我很狂傲，但和流沙河先生相比實在是無名小輩。他讀到我的幾篇文章，這些文章用現在的眼光看實在是不足道，但他認定我是個人才，起了愛才之心。我後來讀梁漱溟的文章，知道他年輕時住在北大父親家裡，默默無名時，蔡元培、胡適等大學者都曾上門拜訪，勉勵和提攜。我明白流沙河先生身上，承接了民國學者的優秀傳統。

古語謂：「經師易得，人師難求。」從此我經常向沙河先生請益，這是我的福氣，是我人生的一大幸事。

不甘寂寞的讀書人都下海經商去了，我對經商毫無興趣，一方面守住書齋讀書，一方面做了一個業餘淘書家，混跡於成都每一個舊書攤，日積月累，也漸漸搞出了一番動靜。

從研讀古書開始，我慢慢轉向學術研究。學問之道，如農夫耕作，一開始「只問耕種，不問收穫」，至終必「一分耕耘，一分收穫」。後來為寫《吳虞和他生活的民國時代》，讀《吳虞日記》凡十遍。讀書之道，冷暖自知。

編輯淘書之餘，應出版社相邀，我精心校點明朝張岱的《夜航船》等古典文學著作。我不坐班（不坐在辦公室工作、彈性上班），不討領導喜歡，但單位的活幹得還不錯，別人沒有話說。

個人生活方面非常狂放，有很長一段時間，我蓄長髮，仿魏晉風骨，傲然過市；呼朋喚友，天天醉酒。

我敗壞到一個地步，只喜歡戀愛，喜歡找不同的女孩子玩，不喜歡結婚。先後談過不少次戀愛。我那時就讀聖經，耍女朋友時還常常引用聖經中「一宿雖然有哭泣，早晨便必歡呼」的經文，不以為恥，反以為榮。

我太太王偉年輕時漂亮，在結婚之前，為我墮了好幾次胎。她臉上的黃斑就是我的罪證。一九九五下半年，她發現又懷孕了，不管我怎麼勸，這次她堅決不墮胎，哪怕與我離開也要把孩子生下來。我說那就結婚吧！我從小是一個沒有得到父愛的人，不希望孩子沒有父愛。

結婚前去她家裡作客，我的岳父是攝影師，岳母是川劇演員，兩人堅決不同意女兒嫁給我，特別是岳母，說：「這小子啥人嘛，人又窮，又好酒，脾氣又大，還結過婚，我女兒嫁給他，這一生就沒指望了！」

我完全理解岳母，她老人家的擔心是實實在在的。一九九六年二月，太太已身懷六甲，一天我又跑出去喝酒。

我信主後，讀到《聖經‧箴言》：「才德的婦人誰能得著呢？她的價值遠勝過珍珠。她丈夫心中依靠她，必不缺少利益，她一生使丈夫有益無損。」我由衷地感謝上帝，祂恩待我，在我還不認識祂的時候，就把我太太這樣好的女人賜給我。我媽媽當年不顧我親生父親的勸阻，生下我；我太太又毅然決然，生下我們的寶貝女兒。

我現在有一個和美的家庭，有可愛的女兒小苒，都是我太太的功勞，她是神賜給我一生最為美好的祝福。

一九九六年六月四日，女兒冉小苒出生。對女兒的出生，我有點措手不及。

女兒的出生改變了我，把我從一個缺乏責任感的男人，變成了一位承擔責任的男子漢，也使得我開始關注中國教育。

《沉屙》出版前，我在扉頁題詞：「獻給我可愛的女兒小苒，她將接受未來中國最殘酷之教育，我為她祈禱，阿門！」書出版後，因為眾所周知的原因，這段獻詞未能印上。但可以說，我能成為一名教育領域的學者，我的女兒小苒實為「第一推動力」。

龍潭放尿、虎洞喝茶

阿信：那麼，你是如何開始寫那些「敏感」文章、然後自己也成為「敏感」人士的？

冉雲飛：二零零一年，我開始在中國著名的網路論壇「關天茶舍」寫文章。我給書房取名「反動居」，很多朋友看到這個名字會心一笑，其實這三個字語出《道德經》：「反者道之動，弱者道之用。」在我眼裡，這個世界，「反動」，只有「異見」。「反動」是我的權利，就像惡搞是言論自由的一部分。中國文字之美妙全在言語可以雙關，看你如何去理解。

二零零一年七月，作家、文學評論家李陀先生來四川，阿來、扎西達娃、雷立剛和我等人在白夜聚餐。雷立剛帶來一位靦腆的眼鏡男，介紹說這是他的大學同學，也在天涯豆瓣寫文章。這位朋友很年輕，不怎麼說話，交流中他告訴我，他叫王怡，還遞給我一張名片，上面的頭銜大約是「成都大學法律系教師」。過後也沒有再交往。

二零零二年夏，有一天，老朋友、成都作家廖亦武打電話給我。他驚喜地告訴我，「在天涯社區的『關天茶舍』發現一個人的文章，實在是太好了，你不應該錯過。」我想，簡直是太陽從西邊出來了，這個猖狂的廖鬍子，哪個時候這樣誇獎過一個人呢？他說，「你一定要去看，不然你會覺得可惜。」

我上網一陣猛看，真是暗暗佩服。這才回憶起一年前便與他相識了，可惜後來無任何交道。還好，王怡的電話號碼還在，我便打電話送上我的表揚。

他雖是高明的傢伙，但也還是服「表揚」這包藥，很快兩人約起喝茶，也領他來我書房參觀，這傢伙當然是羨慕得不行。我看他生得胖，便隨口給他起了一個綽號「王胖子」，他也欣然接受，不久在朋友中傳開來。

阿信：後來你母親的去世，對你影響很大吧？

冉雲飛：二零零四年四月廿二日，母親八十一歲高齡離別此世。母親晚年身體硬朗，七十歲還時常騎車上街。

安葬母親時，我在墳前哭暈過去，此乃至情，絕非作假。母親去世之後，我想起在我小時候她口授淺白唐詩予我，給我最初的古詩啟蒙，內心的傷痛轉化為寫作的動力，《像唐詩一樣生活》一書，可說是對媽媽的紀念。

母親去世之後，我心無旁騖，更加肆無忌憚地在網上寫文章，批評時政。這一年我還應邀做主編，編輯出版《廿一世紀中國文學大系・二零零四年網路寫作》。《冉雲飛詩歌選》也於同年出版。

二零零五年六月廿九日，我在天涯開博客「匪話連篇」，從此開始每日一博。在「匪話連篇：冉雲飛」博客下面的佈告欄，我寫了一句話：「一：異議是愛國的最高形式；二：更能消幾番風雨，最可惜一片江山——梁任公集辛薑聯」。

我「每日一博」的宗旨是「日拱一卒、不期速成」，或者用胡適一九三二年在北大畢業典禮上的演講的話說，是「日拱一卒，功不唐捐」。我批評社會和政府，並無特別想法，只是就事論事來批評時事。我這人做事，不太管結果。而且只管自己做，不管別人怎麼看。天天喊，是因為我要喊著才舒坦，不喊我就憋屈得慌。我也不知批評後對這個社會有多少作用，但我相信「日拱一卒，功不唐捐」。我批評教育尤烈，因為我自己可以忍受這種糟糕教育的侮辱，但不能忍受它繼續奴役我的孩子，這便是我揭露教育弊端的原動力。

二零零七年七月卅一日，羅永浩創辦的「牛博網」正式開通，很快成為國內意見領袖雲集的平台，有人戲稱為「牛B人士的博客」、「公共意見市場」。

進入牛博網後，我依然堅持「每日一博」，從胡錦濤、溫家寶、周永康開始，「以修理領導為娛樂，謔批偉光正為快事」，指名道姓地激烈批評時政。

曉波入獄前，每天必看我的博客，看到拍案叫絕的地方，就打電話鼓勵我。身在美國的前輩學者高爾泰也常讀我的博客……。

於此同時，我的虛榮心得到極大的滿足。

二零零八年二月，我的隨筆集《通往比傻帝國》在花城出版社出版。五月十二日中午，我正在書房睡午覺，突然房屋被搖得嘎嘎怪叫，門窗震碎，樓上大批的書籍被震落掉到樓下，天花板震掉，書櫃也傾倒數個……

汶川大地震發生了。

牛博網沒用幾天就籌集到上百萬賑災基金，由羅永浩親自帶隊趕往災區救災，我也和朋友們一起積極地參與災區救災。然而，救災過程中出現的問題也讓我倍感心痛和憤怒，五月卅日，我在病中寫了一篇文章《最不可辜負的是民心》，在我的博客發表。

在媒體鋪天蓋地的「多難興邦」類「偉光正」文章中，我發出的「雜音」當然異常刺眼。文章一出，四川省作協黨組與《四川文學》主編找我談話，「對其錯誤言論提出嚴肅批評。」省作協黨組宣佈，關閉我辦公室的網路系統；省作協三刊一報，今後一律不再刊發我的所有作品。我不為所動。

六月三日，我看到災後重建必將是長期、艱苦的工作，就利用自己家在成都的優勢，就發起創辦《四川資訊捎客週刊》（後更名《NGO和公民社會發展週刊》），每週二將災區需要的各種資訊透過我的博客平台向外發佈，其目的是「將各位志願者及公益組織機構的能量通過我的傳播，放大一點。讓更多的人知曉，進而支援在災後重建中做些修補工作。」

二零零八年十二月，我首批連署「零八憲章」。十二月廿四日，平安夜，我在牛博網的博客被關閉，這一年，我一共五個博客「壯烈犧牲」。

聽聞我的博客被關閉的消息，剛認識不久的香港文化人梁文道在博客佈告欄寫出「還我雲飛」幾個大字。

阿信：也就是在這段時期，你終於與親生父親相認了？

冉雲飛：二零一零年七月，我小時候一起長大的玩伴來成都，我請他吃火鍋。我們就左一杯右一杯的喝酒，喝的過程中他就表揚我，說：「雲飛啊，你出了不少書，有社會責任感、對家族也盡責、小家日子過得也不錯，重情重義等等。」我說，「你都把我表揚成一朵花了，人生哪有萬事如意呢，人生不如意者常八九！比如像我就不知道自己的父親是誰，你說遺憾不遺憾？」

他端起一杯酒，愣了七、八秒鐘，說：「雲飛，我知道你的父親是誰！」

我大吃一驚，罵道：「我們從六歲就一起玩，一起上學，都四十年了，你知道怎麼不告訴我呢？」他說，「雲飛兄，這事你不問，我哪裡能說呢！」

二零一零年十二月卅一日，我同父異母的姊姊在我二哥（同母異父）的陪伴下來成都與我見面。姊姊怕父親直接來，我會不認父親，就先來打個頭陣。我這才知道二零一一年二月廿日，是父親八十五歲的生日。我和姊姊約好，在父親生日的那一天給父親打電話，祝父親生日快樂，父子正式相認。

二零一一年二月三日是大年初一，我寫了一篇博文《檢討我的二零一零》，文中提到「去年最高興的事，是找到了失散多年的親人」。

阿信：二零一一年歲末年初，在北非突然發生「茉莉花革命」。中國民間人士深受激勵，你在此時也就此發表評論，惹禍上身。

冉雲飛：二月十七日，我接到「自由亞洲電台」記者電話，要我談談「中國會不會發生茉莉花革命」。我回答說：「從邏輯上遲早會發生，只是事實上多久發生，那是人們沒辦法猜到的。」我還胡套了托爾斯泰在《安娜・卡列尼娜》開頭的名言：「一個專制政權的統治是相似的，垮台卻各有各的不同。」

二月十九日中午，我接到派出所電話，說找我有事，叫我到派出所去一趟，我說：「我跟你們「喝過」多少年、多少次的茶，你們又不是不知道我要午休，你們也從不在午休時找我，今天是為什麼呢？」

警察很客氣，說：「是上級的意思，有急事找你，請你配合一下。」我想，大家雖是「道不同，不相謀」的人，但沒有必要鬧僵，何況自己也沒覺得有什麼事情需要迴避，因此毫無戒心地，例外地放棄了午休。到了派出所，他們也說不出什麼理由，只是說今天不在派出所談，而是把我拉到成都三環路以外的一個度假村，名字好像叫「蜀仙園」。

在去度假村的路上，剛開始我還可以打電話給家人。到了度假村有五、六個警察陪著，以分局的人為主，開始還打麻將，晚餐我還與他們喝酒，喝吐了。

一月二十日晚上，熟悉的幾位員警來做筆錄，我還以為做完筆錄要回去了，根本不把這當一回事兒。後從度假村帶到派出所時已是廿一日凌晨，接著在深夜二時四十分，我又被帶回家中，讓我在搜查令上簽名，以便搜走我的電腦主機。

我們家中養的「大白熊」，我們給它取名「狄更斯」，見有生人來非常興奮，汪汪地叫著。我怕牠把女兒吵醒，就提醒牠這是非常時刻，不要吵鬧，不要把姊姊吵醒了。至此之後，到查抄完，警察帶我走，牠再也沒有叫過一聲。出獄後，我聽太太說，自從我進去後，牠變得一天比一天陰鬱和暴躁。我回家，他撲到我懷裡，好像陽光又回到了牠的心裡。

二零一五年，「狄更斯」離別此世，我們一家人都感到失去了一位最好的朋友。

回到二零一一年一月廿一日下午三時，兩位警察到派出所來，下達拘捕令，罪名是「顛覆國家政權罪」。我笑著對他們說：「你們太看得起一個書生了，給我這麼高的榮譽！」

誰也不想坐牢，因為這實在不是件好受的事。但對大多數坐牢者來說，家人的煎熬，才是不安的原因，我也並不例外。但理智告訴我，所有擔憂揣測都是徒勞的，「人為刀俎，我為魚肉」的現實明擺著，一切努力都是徒然。因此到了看守所，我第一個想的是「既來之則安之」，就請辦案警察帶信給我太太，要她捎一點適時的衣物給我，但帶書才是重點。我一邊讀書，一邊接受審訊，等待被拘一個月後的結果。不出意料，三月廿五日我被正式批准逮捕。

阿信：你的案件讓海內外知識界、律師界的很多朋友牽腸掛肚，大家用各種形式向你表達了支持和聲援。

冉雲飛：是的，終於到了我必須請律師為自己的權利進行辯護的時刻。我寫了一封信給我太太，附上我的意見，請張思之、浦志強二位為我辯護；如張先生的身體狀況不允許，則請浦志強、夏霖兩位朋友做我的辯護律師。

我後來知道，早在三月七日，我還未被正式逮捕，夏霖律師就受張思之先生的委託，打電話給我太太，自動表示為我出庭辯護。

四月五日晚上，警察把信送到我太太手裡。其實，我姊姊住在我家，她們就一同到和我同住一個大院的流沙河先生家，把信拿給他看。

這時，一位在社會上相當有影響的人，由於他濫用自己的文字諛公肥私，被我點名直言不諱地公開批評過，就挾私報復，在漢字文化圈說我的壞話，意欲阻止張先生為我辯護。

沙河先生聽到這個消息，非常著急。因此當六月初夏霖來成都，為預備我出庭辯護搜集證據時，沙河先生和吳茂華師母連袂寫了一封親筆信給張思之先生：

思之兄長：

老驥出場，壯心未已。道義鐵肩，光照青史。喜我兄長能為雲飛辯護，我和茂華十分感激，特向兄長致敬。

學友雲飛為吾蜀之頭號藏書大家，讀書良種，寫書快手，平時不與政治動作。此次繫獄，純係文字罹禍，其文字尖銳暢猛，直話直說。弟亦曾去歲勸其暫時停筆，不必日日博客，以求緩和關係，待到口徑鬆動再寫。然其為人剛烈，未能採納愚見，終至犴狴，令我和茂華傷心且愧。

雲飛尋找生父數十年，今春找到了，正欲晤其嚴親，而忽被緹騎逮去。其生父為川東酉陽縣幹部，退休多年，八十五了，恐此今生難見其骨肉矣。我等為之悵然欠然。

炎夏屆臨，兄長保重身體，為中國之法治，留得青山。

2011.6.12 流沙河吳茂華敬稟

六月十七日，張先生回沙河先生及師母信如下：

冉先生作為公民，就國事聊發幾句感慨，關「顛覆」何事？為此欲置人於死地，作為法律人難免不平。端巧獄中傳出訊息，邀我處理訟事。經與京中小友會商，認為責無旁貸，也就再拾「戰袍」了，不幹青史，如此而已！

然而中國律師，人微力薄，又不易挽既倒之狂瀾，無非是可能留下一筆記錄罷了。

我後來還知道，在我的信未達家人，律師未聘定之前，宋石男兄就為我聯繫上海著名律師斯偉江弟兄，我與他並不相識，但他慷然快遞來委託書。翻看上海快遞日期非常早，是二月廿五日，那時我家人應才拿到拘留通知書。偉江弟兄俠肝義膽，令人感佩。

聘請律師之外，朋友們知道我一介書生，收入不高，家裡並無多少積蓄，加上太太是家庭主婦，女兒正在讀高三，於是紛紛行動起來，以實際行動關愛我的家人。

我西陽老鄉張國慶弟兄，是成都秋雨之福教會的會友。他信基督教之後，跑來我家看我，希望說服我信仰基督教。我不屑一顧：「你是基督徒，老子更是基督徒！就憑你是基督徒，老子就不願意做基督徒！」我入獄之後，他提起申請，並經秋雨之福教會長老會同意，發起「良心犯關懷事工」，這是秋雨之福良心犯事工的開始。

慕容雪村是我非常要好的朋友。他在澳洲訪問時，聽到我被捕的消息，搭飛機連夜趕回成都，想方設法找到我的家裡。他把銀行剩下的五萬元提出來交給我太太說：「嫂子，請律師需要錢，不夠再跟兄弟說！」

我入獄以後，最牽掛女兒小苒，擔心我的事情會影響她。結果學校沒有一個老師和同學歧視她。老師安慰她說：「小苒，你爸爸是什麼樣的人，我們都清楚！妳不要想太多，安心學習！」

我的朋友李鎮西老師也特別幫助她聯繫自己滿意的高中就讀。

在《古今義烈傳序》中，明張岱有言：「天下有絕不相干之事，一拳憤激握拳攘臂，攬若同仇。雖在路人，遂欲與之同日死者。」中華古道，此等高義，我永不能忘。

阿信：陳獨秀說，監獄是圖書館和研究室，你在裡面也讀了不少書吧？

冉雲飛：面對刑法一零五條「顛覆政權罪」，沒有人知道我會被判多久。我也不知道。在寫給太太的信中，說自己在監獄別無所求，唯書籍不可斷絕。辦案機關與看守所也同意每月送書，於是羅列了四月份至十一月份要的書目，分別是《翁同龢日記》（六冊）、《吳宓自編年譜》、《吳宓日記》及其續編（二十冊）、錢鍾書《管錐編》（五冊）及《談藝錄》、孫詒讓《周禮正義》（十四冊）、《鄭孝胥日記》（四冊）、《陳寅恪文集》（多卷本）、徐珂編《清稗類鈔》（十三冊）、《契訶夫全集》等。結果後面三種還沒來得及送，就於二零一一年八月九日出獄了。

當晚回家時已是晚上九點過，忍不住高興的心情，分別給自己的親朋好友打電話。流沙河先生接到我的電話，簡直不敢相信。早在四月五日晚上當我太太、姊姊從他家走後，他曾非常悲傷地和師母吳茂華說：「形勢這樣獰惡，我八十歲了，恐等不到雲飛出來的日子了。」

沙河師告訴我：「現在只有杜甫的《羌村三首》中的兩句詩，才能形容我們現在的心情！」在電話裡，我們兩人不約而同地讀出「亂世遭飄蕩，身還偶然遂」，真是「漫捲詩書喜欲狂」。

驕傲有時，謙卑有時

阿信：神讓萬事互相效力，這次入獄的「飛來橫禍」，反倒成為你走向基督信仰的「臨門一腳」。

冉雲飛：我在監獄裡面留過兩次淚，兩次都跟女兒與太太有關，我太太年輕時也因父親坐牢沒能接受比較系統的教育，我擔心這樣的事在女兒身上再次發生。但最令我糾結的是，活了大半輩子，我不知道父親是誰，胸中有一種莫名的、或許連自己都難以去面對的悲涼。我總覺得是父親遺棄了我。我花了四十六年，總算把父親找到了，可是就在父子相認的前一天，深陷囹圄。父親已經八十五歲，我相信家人會盡力隱瞞，但也擔心萬一他獲悉這個消息，身體能否吃得消？

我太太二十一歲的時候，她的父親被關起來，坐了六年牢。在最需要父親的時候，她的父親卻不在身邊。我知道「顛覆國家政權罪」（後改為煽動顛覆國家政權罪）「起步價」是五年，按這態勢，判個八年、十年也說不準。如果這樣，女兒小苒在最需要我支援的時候，我卻無能為力，在她的知識譜系和幸福上「掉鏈子（東北方言俗語，事情做砸了）」。沒有我在背後撐腰，她就只能被迫接受「非人性」教育與世態炎涼的折磨。每想至此，我都心如刀割。那種傷心、那種掉淚，表面上並沒有哭，是心裡在流淚，在流血。

出來之後，我深感愧對自己的家人，如果說我坐牢是「求仁得仁」，那麼我的親人則是被迫陪綁。而且她們因為有

・冉雲飛是出名的孝子

一定的行動自由，遭受的苦痛甚至比我更甚。

我對母親很孝順，別人都說我是一個大孝子，我也這樣自傲。但成家以後，我母親和我太太之間也有很多矛盾。媽媽是一個來自鄉下的老太太，我太太王偉姊妹從小生活在成都，兩人看問題的視角和習慣都差別很大。每次發生矛盾，我都毫無保留地維護媽媽，這讓我太太覺得不公平，感覺自己被忽視，很受傷害。

在裡面，我最擔心的是女兒，回到家中，發現女兒比我想像的棒！棒得太多！我被關之後，我太太很激烈，幾次對警察破口大罵，但不滿十五歲的女兒小苒反倒很平和。我讀到女兒在我入獄期間所寫的禱告詞，實在是令人動容，何況是她的爸爸。我不知看了多少遍，每看一遍都止不住潸然淚下：

天上的父親：關於我的爸爸。我一直都知道他是一位非常善良的人，在我看來，他一直致力於用自己的力量來使這個國家的未來更自由。

主，求祢保守我的爸爸以及我的媽媽，特別是我的媽媽。當她面臨這些事的時候，她很焦慮，做事的時候很極端，她心中沒有顯現出平和，求主在她心中播下平和的種子，並讓它長大。

我知道喜樂、平和一直都在我的周圍，所以無論發生了什麼我都不會害怕，因為那一切都是祢作的決定。我是祢的孩子，我的爸爸媽媽也是祢的孩子，我很愛他們，但我知道祢給他們的愛遠遠大於我的愛，所以我知道祢不會傷害祢的孩子。我知道他們現在都在你祢手上，祢是如此的愛他們。

求祢保守我的爸爸，也讓我們這個國家變得更好。

我進去之前，女兒已經決志信主，不過還沒有上過主日學，尚未受洗。我剛被抓那一會兒，由於不知道我的事最後是什麼結果，女兒心裡很迷惑。她就向神禱告，神把平安放進她的心裡，女兒感到她和我的關係更加確定了。我問女兒，這話怎麼說？女兒說認識到不管發生什麼事，我都是她的爸爸，她都是我的女兒，因此，即使判十年、二十年也改變不了這個事實，沒有關係。

女兒寫這份禱告詞，只是「為著地上的父親，開始呼求另一位天上的父親」，沒想到要給別人看。後來，我太太在女兒的電腦裡面看到了這份禱告詞，非常感動；拿給王怡牧師，王怡也受感動，在他家的〈火焰肯定是存在的〉一文中引用了女兒的禱告詞。

八月十二日，父親在姊姊等親人的陪同下，從故鄉酉陽趕來看我。其實我雖然回家，但是被處以「監視居住」，不能離開成都。父親是老黨員，談到我為何坐牢的問題時，我跟他打趣說，是貴黨讓我進去的，是貴黨搞的文字獄啊！

我父親回答說：「是」。他馬上就對我背了一首唐代詩人章碣的《焚書坑》：

竹帛煙銷帝業虛，關河空鎖祖龍居。
坑灰未冷山東亂，劉項原來不讀書。

我很驚訝，說，「父親您是文盲啊，你怎麼懂得唐詩？」他說，「我十二歲給人家放牛，別人在學堂上課，我在旁邊聽著，老師講的，我就聽懂了，也會背了。」

我父親小時候，家裡面也是一貧如洗，他曾經做過五年的背夫，就是在大山裡揹運鹽巴之類，是很重的體力活。他自己也很傳奇，他的爸媽在他十二歲時去世，後來他過繼給人家做兒子。

一九六四年他做了公社的書記，來我們村救災時住進我們家裡，從此世上就有了我。

我花了四十六年才找到自己的親生父親，要跟父親相認的第二天失去自由；自由之後第四天，有生以來第一次和父親見面，一見面，從小是文盲的父親給我念起了唐詩。

出獄之後，我感嘆於女兒面對災難時出人意料的平和和堅定，不由得相信，有上帝光照的人果然不一樣。上帝也在我內心作工，讓我開始放下外在的驕傲，讓我關愛自己的家人。

以前我覺得自己是個大男人，家務活從來不做，掃帚倒了也不會扶起，一點都不內疚，覺得「我賺錢，妳管家務，是理所應當的，社會分工嘛。」我坐牢出來後，突然意識到這樣是不對的，覺得對我太太特別虧欠。太太的生日是八月十三日，我原本沒想到會在八月九日出來，在裡面還特地寫了一封信祝賀她的生日，誠懇表達我的歉疚。這封信當然沒有派上用場。

一出來，我就主動向太太表示，「飯我的確不會做，但從現在開始，只要我在成都，家裡的碗筷我來洗。」從此，不管我回家多晚，家裡的碗都在等著我呢！

中國文化是垂直化的，是血緣聯結。上面是父母，下面是小孩；夫妻關係反而是次要的，所謂「兄弟如手足，妻子如衣服」。衣服舊了可以換新，手足斷了豈可再補？我以前自認是「大丈夫」，更要處處顯示自己仗義。因此常年在外醉酒、應酬兄弟，很少在家吃飯。現在我開始明白余杰、王怡告訴我的，在基督教裡，夫妻關係是第一位的，不是血緣，而是神聖盟約。

「如果你連陪家人吃飯的時間都沒有？你說自己愛家人，不是空口說瞎話嗎？」從此我經常在家陪太太、女兒吃晚飯，即使偶爾外出，也要事先打電話向太太請假。以前，這是連想都不會想的事。

阿信：回顧你的信仰歷程，有很多朋友是先行者，你對他們的信仰有什麼樣的思考和感動？

冉雲飛：感謝主，祂在我還不認識祂的時候就憐憫我，差派很多弟兄姊妹關心我，為我禱告，慢慢地在我心中動工。

我記得最早給我傳福音是來自菲律賓的一對姐妹。時間大約是一九八七到一九八八年。兩姐妹在西南民族大學學藏語，中文說得很好，她們給我傳福音，告訴我畢業後準備去藏區宣教。我當時很驚訝：「妳們幹嘛要去藏區啊？」根本無法理解。她們邀請我參加查經小組，我也從未去過。

我和查常平是川大同級的校友，他在外文系，我在中文系。在學校我們就是好朋友，畢業後我們也常常在一起吵架。和我一樣，查常平很好勝，表現慾非常強，我們只要在一起，就爭論誰讀書多。

一九九五年，查常平突然告訴我，他信基督教了。我覺得他簡直是神經病。不過我發現他信主之後，為人變得隨和、安靜。但我不喜歡，認為他沒以前有個性，不好玩了。

四川人裡，余杰和王怡是我很投契的朋友，兩位都是七零後。兩人先後信主，對我衝擊非常大。雖然我無法完全理解他們的選擇，但以我對他們的瞭解，很清楚是深思熟慮之後的選擇，沒有得神經病。

二零零五年十一月，我與成都幾位考古、博物館方面的專家，前往阿肯色州和華盛頓參加「中國地方文化與遺產保護」學術交流會議。

我太太的朋友不多，只有三兩個，平時深居簡出。王怡家裡面剛好在開查經班。我怕太太寂寞，就告訴她說：「你到王胖子他們那裡去走走，他們有個學習聖經的小組，相當於讀書會，應該很好玩。而且妳和蔣蓉也熟！」

一個月之後，我從美國回來，哈！她信主啦！這麼快，我覺得簡直不可思議！後來聽太太講，那時常去王怡查經班的有吳茂華師母、黃姐（黃維才）、範美忠、汪建輝、李亞東等人。

太太在查經班是一個「問題人」，問題特別多。而且老覺得牧師「說的和做的」是兩回事，不夠「知行合一」。每次聽道，用眼盯著牧師，要看他那裡、那裡不對。也打過退堂鼓，沒想到蔣蓉特別熱心，每到星期六晚上，就打電話過來，電話裡都能感受到她在笑瞇瞇：「王姐，明天來查經啊！」

在查經班，蔣蓉告訴我太太，是余杰、劉敏夫婦給他和王怡傳的福音。她先信。她信主的過程很神奇。蔣蓉有痛經，每次來都非常痛。有一次，她特別難受，其實她在信仰上還處在「將信將疑」的狀態，就試著向神禱告說：「上帝，若妳是真的，就讓我不要痛了。」

蔣蓉說：「然後馬上就不痛了，立刻。以後再也沒有痛。」

有一天聚會時，馬來西亞的鄭牧師給他們講道。講道結束，鄭牧師說了幾句話，他的中文不好，我太太沒聽清楚。她看見坐在她前面的吳茂華師母站起來，又看見鄭牧師的眼睛似乎在盯著她看，有點不好意思，就跟著站起來。

這時鄭牧師就帶著吳師母作決志禱告，太太一下明白鄭牧師剛才是呼召人決志。「啊，搞錯了。我還沒信呀！」想坐回去，又覺得不好，「管他呢！將錯就錯，先跨進門再說。」

我太太就這樣成了一個基督徒。

二零零六年四月十六日，復活節，太太受洗，我和女兒一道前去觀禮。洗禮結束，王怡請我說幾句，我也當仁不讓。

信主後，我太太很積極地參與事工。女兒小苒那時大約九至十歲，她就跟著媽媽一起去，她看到查經班禱告時，媽媽和其他人哭得很厲害，禱告時經常哭。她是一個小孩，當

· 冉雲飛（左一）在小組聚會查經中

然體會不到這樣的情感，太強烈了，女兒無法接受。她告訴我：「我媽媽得了神經病！」

馬來西亞鄭牧師經常邀請我太太和小苒去他們家玩，鄭師母懂家庭教育，待人非常熱情、體貼，小苒很喜歡她。王怡也送了女兒很多書，諸如《安娜在祈禱》、《納尼亞傳奇》等等。小苒看了這些書，很喜歡，就學習裡面人物的禱告，簡簡單單地相信了。

人的靈命都有跌宕的時候，有段時間我太太很少去教會。女兒就跟媽媽說：「媽，我想週末跟你去教會」。我太太說：「妳要上學，要做作業，別去了。」

我在旁邊聽見，發表意見說：「一個人有道德感比寫作業重要多了，讓她去嘛！」

老婆信主之後，生命發生變化，但是我覺得她變得很慢、很慢。我在家裡和她吵架，又多了一個利器：「妳都是基督徒了，怎麼還是這樣？妳做得那麼差，難怪我不信基督。基督徒都像妳這樣，我還信什麼信？我不是基督徒的幾十次方了嗎？」

· 冉雲飛與愛妻王偉

王偉回我：「基督徒也是人，大家都是罪人！」

我說：「妳不要以此為藉口！」

太太說不贏我，但她現在有了幫手，有了牧師。我太太是羊，王怡成了牧羊人。羊受了委屈，牧羊人就來找我，說在聖經裡，夫妻關係是第一位的，人要愛護自己的妻子。我經常被小自己八歲的人這樣敲打，心裡當然很不爽，但我沒話說。我自己很驕傲，從不輕易認可誰，也不覺得許多浮在水面上的聞人（有名望的人）有多麼了不起。而王怡、余杰他們的確對太太好，我看在眼裡，很清楚，自己的確不如他們。偶爾我也會反思：「我怎麼會這麼差呢？」

二零零八年汶川大地震，在積極參與民間抗震救災的同時，我也開始關注以晏陽初（中國平民教育家和鄉村建設家）為代表的民間 NGO 活動，發現背後有很強的基督教背景，是從「人人被上帝所造平等」及「神怎樣愛你們，你們也要怎樣愛人」這樣的教義出發，完全超越了中國傳統的「以血緣和地緣為紐帶的民間社會救濟理念。」

二零零九年左右我認識李英強，受他邀請作立人大學的導師。他後來全家搬來成都，我們也成了很好的朋友。

聖經裡說：「流淚撒種的，必歡呼收割」。從一九八七年開始，主內弟兄姊妹經過廿五年左右的「接力」，收割的時候就要到了。

二零一二年十一月中旬，我出差去貴陽。之前聽說我的老朋友、《「窄門前」的石門檻》一書的作者張坦突然信主了，很吃驚。我和他聯繫，他先陪我去貴陽很有名的舊書攤「萬東橋」淘舊書，晚上約了幾個朋友一起吃飯。我記得那天一起吃飯的有貴陽活石教會的蘇天富牧師、羅漢果、黃燕明、高冬梅，還有五之堂書店的老闆舒奇峰等人，連阿信你也來了。

我們在飯桌上聊天。喝啤酒喝到酒酣耳熱，我突然想起你以寫作《台灣的自由是怎樣煉成的——黨外運動與美麗島事件》為由，從我家借走兩本書。時間已經過去一年多了，可書還沒有還我。我問你什麼時候還，你還支支吾吾。我心想：「哪有借書不還的！」氣一下子上來，順手抓起一隻杯子，朝你砸過去。

結果，你沒有生氣。笑嘻嘻地對我說：「學長啊，書會還的，下次回成都就還。要不在你家裡開個查經班，你看如何？你們這些知識分子也應該學習聖經啊！」

我從未遇到過這樣的事，感覺很詫異。按說你應該拿起杯子砸過來，我們就扯平了，誰也不欠誰。我就覺得這個人是怎麼回事，砸了他，他還不生氣？我當眾讓別人出醜，讓人感覺很沒有涵養，心裡難免有點愧疚。

你又說：「你太太王姐也是主內姊妹，她肯定支持你！」

我自知風度欠佳，理虧缺德，於是順坡下驢，說了句：「好啊！」

就這樣，「尼哥底母查經班」在我們家開了起來，想起來很神奇，但現在我明白，這都是神的恩典。

是神的時候到了。

一個知罪的罪人，也是一個基督裡的嬰孩

阿信：我研究歷史，發現最有趣的，是同一事件，在不同的當事人筆下，會有差別。這就是為什麼都是記耶穌的故事，聖經裡會出現《四福音書》的原因。日本作家芥川龍之

介在《羅生門》裡也敘述了一個事件，在不同的當事人口裡講出來完全不一樣。

學長，我聽您講貴陽飯桌上發生的事之後，曾仔細地回憶過當天的場景。不見得真實，也說出來展示歷史的多樣性。在你摔杯子之前，還發生過一件事，我在飯桌上用言語當眾頂撞了你，冒犯了你的「虎威」。當時說了什麼話，現在我的確不記得了，但這件事的確發生過，而且應該是你向我摔杯子的前因。

我記得你摔的不是杯子，而是啤酒瓶。我清楚的記得你並沒有用力，看上去有點像把酒瓶舉過頭，略略向前一丟而已。我記得酒瓶摔到桌子中間，落在盤子裡。這說明你當時其實並沒有怎麼用力。我從這裡面看到你對我的愛。

酒瓶掉落菜盤，當然聲響不小。當時在場的人都有點尷尬，但我更覺尷尬，因為我認為是我的言語衝撞了你，才引發了這場「小風波」。激你當眾失態，我其實心裡很歉疚。

等氣氛融洽之後，突然我靈光一現，給您說了那番話。現在想來真是神的帶領，因為當時我們雙方心裡都責備自己不好，這時機稍縱即逝。而且我和張老師事先並不是像你說的「擺鴻門宴」，我們也並沒有預謀。張坦老師信主之後，的確有在其他城市興起查經班的想法，但那天晚上他就是簡單地約我來和你見面，吃飯。我們哪裡能想到神在掌管一切！

期間還有一些曲折。你回去以後，很長時間沒有動靜。二零一三年五月下旬，張坦老師電話問我：「冉匪家的查經班怎還不開起來？」

我就在新浪微博裡私訊你，我記得我說了句：「雲飛兄既已答應，遲遲不見行動，可謂『知行合一』乎？」

你回答說：「不是我不願意，是別人不來啊。」

於是，我給李英強打電話，張坦老師給王怡打電話。得到的答覆是「六・四」過後的第一個週六，即六月八日，在你家開始「尼哥底母查經班」。

冉雲飛：二零一三年六月八日，在我家書房裡開起了「尼哥底母查經班」。尼哥底母是《聖經・約翰福音》裡面的一個人物，是猶太人的高官、大學者，他想找耶穌認識真理，但有怕別人笑話，或許還擔心他的同類說他「立場」不堅定，就夜裡偷偷地去見耶穌。耶穌很耐心地和他談天，給他講「重生得救」的真理。

這個查經班每兩週六一次，時間是早上九點二十分至十一點半（現在則改為九點至十二點）。第一次的查經班，王怡牧師和李英強過來帶領，張坦弟兄、貴陽活石教會蘇天富牧師等朋友也專程從貴陽趕來祝賀。

我們從《約翰福音》第一章「太初有道、道與神同在、道就是神」開始查起。我這人有一個特點，一旦下定決心做一件事，比較有恒心，從那時開始到現在，不管我的事情有多忙，從未缺席過任何一次查經班。只有幾次時間實在衝突，我就申請調換一次時間。

我是我們這個查經班幾乎唯一一個沒有缺席過的人（唯一一次是記錯了國際換日線，從美國飛回來沒能趕上）。

光陰荏苒，我們老老實實查經，轉眼臨近二零一四年六月，查經班還沒有一個人信主。帶領人李英強未免有些著急。在我家開這個查經班，教會裡面原本就有不同意見，認為教會已經有了那麼多查經班，為什麼要去「還沒信主的冉雲飛」家裡再開一個。「不能因為他是名人，就搞特殊化。」基督教對偶像崇拜、崇拜名人這些東西很敏感。基督教會是西方自由的基礎，由此可見一斑。

秋雨之福教會每年都公開舉辦「六四國家禱告會」，和往年一樣，二零一四年六月四日一大早，王怡就被警方從家裡帶走，教會同工隨即發佈資訊說晚上在王怡家聚會。汪哥、張星夫婦是我的老朋友，我們家第一次查經時，張姐介紹她的一位朋友過來。因為擔心她的朋友和我不認識，她就約好一起來。結果她的朋友有事沒來，她和汪哥卻成了我們家查經班的常客。張姐是大學法律系的老師，汪哥畢業於川大哲學系，一九八九年時在四川省社科院工作，「六四」之後，他和李瑾一起被捕，出來後與李強先生聯合創建《糖酒快訊》雜誌及網站，是兢兢業業的企業家。在商場拚搏的同時，他們夫婦無法忘懷「六四」，每年一到六月四號就禁食一天，以為紀念。

汪哥、張姐聽聞王怡牧師被帶走的消息，非常震撼。他們覺得「六四」的參與者大多都已淡忘，而王怡是一九七三年出生，當「六四」發生的時候還在讀初中，按說這件事和他沒有關係，可是王怡卻冒著坐牢的危險，在教會發起「六四禱告會」。他們很敬佩，也想去他家關心關心師母蔣蓉。臨行，張姐給兒子小汪哥打了一個電話，說：「兒子，你王怡叔叔今天被警察帶走了，爸爸和我今晚要去王怡叔叔家參加禱告會。我們不知道去了以後會發生什麼，被拘留起來也有可能。如果我們沒回來，你就自己做飯照顧自己。」

兒子的回答讓他們很溫暖：「爸爸媽媽，我理解你們。你們放心地去吧。如果你們回來了，我們就像以前一樣去吃火鍋。」

那晚王怡家去了幾十個人，從十多歲的孩子，到八十多歲的老人都有。聚會時，張國慶弟兄和汪哥給大家分享他們「六四」中的親身經歷，在場的人都流淚哀哭。看到有這樣一個群體與自己同哀傷、同哭泣，汪哥夫婦覺得廿多年以來無處可訴的傷痛被醫治。他們當時心裡就已經信了。不過沒有人問他們而已。

他們離開時王怡還沒有回到家。第二天聽說王怡當晚快十二點才到家。六月七日，在我家查經時，張姐首先站起來說她信主了，緊接著汪哥站起來說他也信。他們夫婦是我們查經班結出的第一批果子，也是最早信主的兩個人。

早在二零零六年，我就認為自己是個罪人。當然那時的認識還很膚淺。但在查經班，很多弟兄姊妹一起查考聖經，我愈來愈明白聖經所說的是全然無誤的，我不僅是個罪人，而且是個全然敗壞的罪人。我發現聖經「摩西十誡」中的任何一條我都無法做到，使我站立不穩。

我平常都自傲於自己有愛心、行公義，對家人、對社會，我都覺得做得不錯。但用《聖經》一對照，聖經說怨恨就是殺人，雖然我很少批評我的女兒，更不用說罵她、打她之類，所以我覺得自己有資格來談「愛」。

我在「家庭教育五講」中講「如何愛孩子」的事情，理念與實踐，連袂起作用，振振有辭。但既然聖經說怨恨就是殺人，我就反思自己：「老天爺，我連自己最親的人，我都殺了幾百遍了！女兒、母親、妻子等等，不一而足，我都殺過很多次，我還算是什麼人啊，還那麼自義。」知道這事後，如果還這樣自義，那簡直是罪上加罪，覺得自己真是

「豈有此理」！從此我覺得自己的全然敗壞，與我有血肉的關聯，就不再是一種抽象的理念。也就是說，若不信靠基督，若無磐石之愛，若無活水源泉，那麼我的愛就是無能的，就是終究要乾涸的「自義表演」。

再進一步說，「愛無能」是我們人類深深的罪性，這種罪性貫穿我們人生的始終，沒有任何人有例外。基督說「你要愛人如己」，因為我們是有限的存在，有深深的罪性，做不到愛人如己。你連鄰舍姓什麼，做什麼工作，都不一定知道，更不用說愛對方了。

最無法面對的難題，簡直會令人瘋狂的，是耶穌居然教我們：「要愛你們的仇敵，為那逼迫你們的禱告」；「你的仇敵若餓了，就給他吃；若喝了，就給他喝」；「有人打你的右臉，連左臉也轉過來由他打；有人想要告你，要拿你的裡衣，連外衣也由他拿去；有人強逼你走一里路，你就同他走兩里」。這種瘋狂的要求，簡直超越了人類的理解力。在無法愛自己敵人的時候，我們不是看到自己的渺小與無助無能，卻只抱怨耶穌這想法實在瘋狂到「不是人所應該有」的想法。

是的，人若做得到的話，你自己就是神了。於是，我們說，我承認自己不是神。可是，你除了承認這句話以外，你任何時候都在「自己做主」啊！人類喜歡做自己的主。

我想中國知識分子最難信主，尤其是自己有一點名堂的知識分子很難信主，因為他自己就是自己的主，他覺得說什麼他自己都能搞得定，個人奮鬥、自我稱義，對不對？

我以前不認識主，特別驕傲，我大哥、二哥家的孩子，整個大家族，全是我帶出來的，我把他們帶到成都，教他們辨別古書，幫助他們在成都成家立業。我認為自己就是我們家族的摩西，摩西帶領以色列族人出埃及，我帶領我們冉家出西陽。

我覺得我自己就是神，學習聖經之後，我慢慢明白這不是我冉雲飛很厲害，這一切都是神的看顧、神的恩典。

我憶起一九九零年代中期，流沙河先生有一次和我聊天，他說「你要是早幾年出生，推薦上大學輪不到你，因為你沒背景，沒後門；你要晚幾年出生，上學要交很多錢，你上不起學，不可能讀書。如果不讀書，你就不可能有今天，怕只有冉泥爬，到成都來打工，睡在城郊的窩棚裡了。你就在那個夾縫之間，從山裡長出來了。」

我想，沙河老師說得好，真是神奇啊。我再往前回顧，就覺得我媽媽當年根本沒有理由把我生下來。我能出生，能來到這個世界，本身就是奇蹟，沒有主的保守，我根本活不下來。正如聖經《詩篇》所說：「我的肺腑是你所造的。我在母腹中，你已覆庇我。我要稱謝你，因我受造，奇妙可畏。」

中國文化講究「人定勝天」、講究「個人奮鬥」，特別是通過個人奮鬥取得一點名堂的人，很難理解「恩典」。我們從小所受的教育也灌輸給我們說「世界上沒有無緣無故的愛」。妳是一個美女，妳上大街，有人對妳微笑，妳說「這個老流氓！」，因為這無緣無故的笑妳不能理解。但是我在美國大街上看見美女，我對她笑，她也回以微笑，很自然。但是回來我就不敢微笑了。

我們或許可以理解「人為好人去死，為朋友兩肋插刀」的事。但我們無法理解耶穌為什麼要為罪人去死，為罪人走上十字架，因為我們總覺得自己是好人、是義人。我們自我稱義，不知道我們需要神的拯救，我們自己的心思、意念需要被神翻轉。

中國文化最容易犯道德主義、犯「自我稱義」的錯誤，雖然我愈來愈清楚自己是一個罪人。但我還是不願意公開承認。我想，「我憑什麼要認自己的罪呢，別說我自己做得比較好，就算不好，也比那些千刀萬剮的貪官污吏好啊！」我以前的思維是，「在中國這個道德表演無處不在，但道德卻極度淪陷的國度，我即便什麼都不做，我也比這些人好，我憑什麼要承認自己有罪呢？何況還要承認自己是全然敗壞的罪人。我都有罪的話，那些人得有多大的罪啊？罪大惡極、惡貫滿盈的人，天天都表演自己是道德楷模，我倒來承認自己的罪，那不是虧大了嗎？」

壓垮我這層「自義」防線的最後一根稻草，來自我的實際生活。以前，我以為《聖經》中所說的「殺人」，就是動用任何力量將別人害死，那才叫殺人。但耶穌告訴我們：「你們聽見有吩咐古人的話，說『不可殺人』，又說『凡殺人

・冉雲飛為讀者簽名

的，難免受審判。』只是我告訴你們：凡向弟兄動怒的，難免受審斷。」

在耶穌那裡，怨恨、謾罵他人就等於殺人。這樣一來，可說凡人都是「殺人犯」，我自然更是。在別人看來，我對女兒不錯，還給她寫特別感人的家書。按中國文化來說，作為父親的我對女兒的教育是不錯了，但我其實常常對她有很多不滿，心裡有怨恨，只是不說出來。「怨恨就是殺人啊！我不知道在心中把自己的老婆、女兒殺了多少遍？別說愛你的鄰舍，愛人如己，愛你的仇敵，這樣高難度的愛了，我愛自己的至親愛得如何？」

我原來認為自己還不錯，但現在發現我特別糟糕。你說這樣的人，怎麼做教育專家？還到處道貌岸然地到處給讀者講「怎麼做一個好父親」，這不是很搞笑嗎？我不是一個全然敗壞的人又是什麼？

我以前總覺得自己比大多數人高尚，現在總算認清了自己的污穢，明白保羅在《羅馬書》所說：「就如經上所記：沒有義人，連一個也沒有。」

· 冉雲飛在書山中筆耕不輟

既然認識到自己的「自我稱義、道德主義、愛無能、把自己當主」等罪性，認識到自己的全然敗壞，我就告訴自己不要再假裝自己是個義人了。因為如果誠實地面對自己，那就不能不面對令自己頹喪的現實。

古希臘哲學家泰勒斯的學生問他：「人生何事為最難？」答曰：「認識你自己。」認識自己是如此之難，我花了整整五十年，才藉著聖經的光照認清我自己。難怪《聖經・箴言》裡說：「敬畏耶和華是知識的開端，愚妄人藐視智慧和訓誨」。中國文化看上去有悠久的智慧和知識，但是因為不認識神，我們人是「爾虞我詐」，我們國是「比傻帝國」。

承認自己是個全然的罪人需要誠實，不撒謊。而這就是很長一段時間我不敢信仰基督教的原因。感謝主，是祂賜給我力量和勇氣，讓我剛強壯膽，公開承認自己是一個罪人。連太太王偉都說，你信主之後真是特能說真話，問我「難道不看重自己的形象嗎？」我說自然看重在世人面前的形象，但更在乎的是向上帝面前的坦白。

豁然開朗後，我從藏在書堆後面的坐位上站起來，以為

・王怡牧師為冉雲飛施洗

自己會像往常一樣，發表一段高見。但在那一刻，神讓我的理性「短路」了，我說出來的第一句話居然是「我願意決志。」

此話一出，我自己都嚇了一跳，回過神才認定是自己說的。我後來接受朋友蕭蕭採訪時說：「決志的一瞬就如懸崖一躍，靈魂出竅。」

李英強嚇了一跳，查經班的朋友們也都愣了一下，沒回過神來。接下來我分享時，大家才開始鼓掌。

後來發現，決志這天正是馬丁・路德九十五條改革論綱發表、宗教改革 498 周年的紀念日。我們完全沒有預謀和計畫，但神在作工，祂的意念高過人的意念。

我在還沒有信主的時候開放自己家作查經班，堅持讀經和聽道，不到兩年半時間，歸入基督。正如《羅馬書》所說，通道是由聽道來的，聽道是從基督的話來的。

誠哉斯言。

阿信：信主之後，你的生命有那些改變？

冉雲飛：我信主之後，神大大地賜福我，在我身上顯出

· 冉雲飛受洗歸主

的神蹟，超出我的所思所想。

信主之前，我是個酒鬼。用好朋友宋石男的話說，我常常是夥同別人把自己搞醉。我們這個文化裡，對人的評價是有問題的，那麼多喝酒的詩，一個文化人喝酒，狂狷，大家就覺得這個人耿直，豪爽，有才氣。我也這樣自傲。

但在內心深處，不是沒有掙扎。媽媽生前就為我喝酒的事擔憂，老人家去世後，我跪在她墳前發誓，再也不喝白酒了。

我做到了不喝白酒。但啤酒照喝，照樣每喝必把自己灌醉。太太、女兒、沙河老師及師母等為此沒少說我，吳茂華師母每次看見，都很關心：「雲飛，又喝酒了？得注意身體啊！」

我不是不想戒。我這人自認自控力很強，「每日一博」都堅持得下來，也很以此自傲，但「爛酒」這個毛病怎麼也改不了。最後，心裡自己放棄了，還給自己找了一個理由：「人無完人，人哪能沒有缺點？」

決志之後，我的酒癮突然沒啦！我自己都沒有注意到。一天，汪哥、張姐請我吃飯，要開始吃了，張姐說：「哎，雲飛，我們還是要點啤酒吧。」我這才發現自己好久沒喝酒了。

我現在吃飯，哪怕外出吃火鍋，經常忘了喝酒，即便偶有喝酒，也從沒醉過。感謝主，祂把我喝酒的心癮拿掉了。

如果信主前，別人告訴我說：「雲飛，你信主。你信以後主就拿掉你的酒癮！」我肯定認為這人有神經病。但這事的的確確發生在我的身上。

二零一六年一月，我去美國大急流城參加一個主內學術會議，廿九日，橡樹出版的許國永弟兄發生車禍。那天他還找到我，請我回國後給他們寫點書評。沒想到晚上就出了車禍，兩天後去世。

那天晚上，我第一次跪地禱告，受聖靈感動的我說：「主啊，沒有祢的保守，我們一分一秒都不能活。」我這時忽然就真正理解《聖經・馬太福音》十章廿九節所說：「兩個麻雀不是賣一分銀子嗎？若是你們的父不許，一個也不能掉在地上。」

我們是有限的人，國永弟兄的離世對他們一家人來說，是現實意義上的苦難，就像約伯的苦難一樣。但是，人要是不認識神，就無法理解苦難，也很難理解基督教。苦難背後，若是沒有恩典和救贖，苦難本身就沒有意義。因著國永弟兄的離世，神讓我第一次跪下來向他禱告。感謝神，將來在天堂，我們必與國永弟兄再見，也願上帝祝福國永弟兄一家。

決志之後，我更加渴慕神，盼望能被神所用，成為祂合用的器皿。我報考華西聖約神學院，積極地裝備自己，現在已經是華西神學院的神學生。

自從一九八七年兩位姊妹給我傳福音以來，我就像一位在逃的犯人一樣，幾乎每年在許多地方都有人傳福音給我，我被「福音」追捕了廿八年，終於在二零一五年十月卅一日決志，二零一六年六月十八日，受洗歸入基督。

我四十六歲尋到肉生之父，五十歲「知天命」之年尋到我在天上的父。五十年尋父的懸疑劇於斯閉幕，但信靠在天上的父，在天路歷程上奔跑，打那美好的仗，做光做鹽，還只是開始。

願主保守帶領，榮耀歸於上帝。

阿門。

生命記錄系列5

從今時直到永遠

作　　者：余杰、阿信
社長兼總編輯：鄭超睿
編　　輯：李瑞娟、汪佩慈、楊雪蓁
封面設計：馮鯨聲

出版發行：主流出版有限公司 Lordway Publishing Co. Ltd.
出 版 部：臺北市南京東路五段123巷4弄24號2樓
電　　話：0981302376
傳　　眞：(02) 2761-3113
電子信箱：lord.way@msa.hinet.net
郵撥帳號：50027271
網　　址：http://mypaper.pchome.com.tw/news/lordway/

經　　銷：

紅螞蟻圖書有限公司
臺北市內湖區舊宗路二段121巷19號
電話：(02) 2795-3656　傳眞：(02) 2795-4100

以琳發展有限公司
香港九龍灣啟祥道22號開達大廈7樓A室
電話：(852) 2838-6652　傳眞：(852) 2838-7970

財團法人基督教以琳書房
臺北市忠孝東路四段210號B1
電話：(02) 2777-2560　傳眞：(02) 2711-1641

2017年8月　初版1刷
書號：L1708
ISBN：978-986-95200-0-3（平裝）
Printed in Taiwan

國家圖書館出版品預行編目資料

從今時直到永遠 / 余杰, 阿信作. -- 初版. -- 臺北
市 : 主流, 2017.08
面 ;　公分. -- (生命記錄系列 ; 5)

ISBN 978-986-95200-0-3（平裝）

1. 基督教傳記　2. 見證　3. 訪談

249.933　　106012249